Frank Fechner / Axel Wössner
Journalistenrecht

ARTIBUS
INGENIIS
J·C·B·
M·
1·8·0·1

Frank Fechner
und Axel Wössner

Journalistenrecht

Ein Leitfaden für Medienschaffende:
Social Web, Online, Hörfunk, Fernsehen und Print

3., überarbeitete und aktualisierte Auflage

Mohr Siebeck

Frank Fechner, geboren 1958; Studium der Rechtswissenschaft in Tübingen und Lausanne; 1989 Promotion; 1996 Habilitation; Vertretungsprofessuren an der LMU München und Universität Halle-Wittenberg; seit 2000 Universitätsprofessor für Öffentliches Recht, insbesondere öffentlich-rechtliches Wirtschaftsrecht und Medienrecht an der TU Ilmenau; Autor zahlreicher medienrechtlicher Veröffentlichungen, insbes. des Lehrbuchs „Medienrecht".

Axel Wössner, geboren 1960 in Villingen-Schwenningen; Studium der Rechtswissenschaft in Freiburg i.Br.; seit 1992 Jurist im MDR Landesfunkhaus Thüringen; 1992–1994 Redakteur (Recht) im „Thüringen Journal"; 1999 stellv. Hörfunkleiter bei „MDR 1 Radio Thüringen"; 1997 Zulassung zum Rechtsanwalt; 2007 Fachanwaltslehrgang „Urheber- und Medienrecht"; Seit 2008 Honorarprofessor für „Medienrecht" an der Fachhochschule Erfurt; Trainer für medienübergreifendes Presserecht.

ISBN 978-3-16-153728-8

Die Deutsche Nationalbibliothek verzeichnet diese Publikation in der Deutschen Nationalbibliographie; detaillierte bibliographische Daten sind im Internet über *http://dnb.dnb.de* abrufbar.

1. Auflage 2009
2. Auflage 2012 (überarbeitet und aktualisiert)

© 2015 Mohr Siebeck Tübingen. www.mohr.de

Das Buch wurde von Gulde Druck in Tübingen auf alterungsbeständiges Werkdruckpapier gedruckt und gebunden.

Vorwort

Dieses Buch haben wir geschrieben, weil Journalisten im redaktionellen Alltag oft auf Rechtsprobleme stoßen. Um herauszufinden, welches die brisantesten Fragen für Journalisten sind, haben wir Print-, Rundfunk- und Online-Journalisten befragt.

Die 40 meistgenannten Rechtsprobleme werden in diesem Buch praxis- tauglich, medienübergreifend und wissenschaftlich fundiert erörtert. Der Begriff „Journalistenrecht" wurde eigens für dieses Buch geprägt.

Der Aufbau dieses Buchs ist so gewählt, dass er den typischen Arbeits- abläufen der medienübergreifenden Strukturen in den Redaktionen ent- spricht. Die rechtlichen Besonderheiten des jeweiligen Mediums werden besonders hervorgehoben, damit sich der medienübergreifend tätige Jour- nalist rasch einen Überblick über die Rechtslage aller Medien verschaffen kann. Besonderen Wert haben wir auf die Klarheit des Texts gelegt und ihn mit anschaulichen Fällen, praxisrelevanten Mustertexten und Schaubildern angereichert. Die im Text kursiv gesetzten Stichworte werden am Schluss des Buchs in einem Glossar noch einmal erläutert. Damit ist der Journalist selbst für ein Gespräch mit einem Juristen gut gerüstet, da rechtskundliche Fachbegriffe verständlich erläutert werden und jederzeit rasch nachge- schlagen werden können.

Die aktualisierte 3. Auflage wurde vor allem um viele Einzelheiten zum Social-Web Auftritt ergänzt. Damit sollen Journalisten und Seitenbetreiber gegen alle juristischen Fallstricke gewappnet sein, die ihnen auf den sozia- len Plattformen wie z.B. auf Facebook, Google+ oder in Blogs begegnen.

Außerdem konnten wir weitere Themen berücksichtigen, die von Le- sern und in journalistischen Lehrgängen nachgefragt wurden, und wir haben die neue Rechtsentwicklung mit teilweise neuen Fallbeispielen ein- gearbeitet. Wir danken Frau Rechtsassessorin Olivia Betz bei der Recher- che zu den Akteneinsichtsrechten und bei allen, die uns schon bei der Vorauflage geholfen haben. Unser Dank gilt aber nicht zuletzt vor allem Journalisten für ihre freundlichen Rückmeldungen. Über Hinweise zur Optimierung des Buchs und über zusätzliche „brisante Fragen" aus der Praxis freuen wir uns weiterhin sehr.

Erfurt/Ilmenau im Februar 2015   Frank G. Fechner / Axel Wössner

Die Verfasser sind unter folgenden E-Mail-Adressen erreichbar:
frank.fechner@tu-ilmenau.de
axel.woessner@fh-erfurt.de

Inhalt

Dritte Phase: Themenumsetzung

Achte Phase: Verwertung des Beitrags

Neunte Phase: Professionelle Beratung

Erste Phase: Themenfindung

In einer ersten Phase überlegt sich der Journalist, über welches Thema er berichten soll. Wenn er damit rechnen muss, dass ihm das Thema in einer Redaktionskonferenz von einem Kollegen „weggeschnappt" wird, behält er das Thema zunächst für sich. Er wird sich auch überlegen, inwieweit er seine eigene Meinung zum Ausdruck bringen darf oder ob er vielmehr die Vorgaben seines Chefs zu beachten hat. Ein Thema wäre aber auch dann uninteressant, wenn es bereits von einer anderen Redaktion „monopolisiert" worden wäre. Schließlich wird sich der Journalist schon bei der Themenwahl überlegen, ob nicht der Rechercheaufwand eine aktuelle Berichterstattung verhindert.

1. Darf jedes Thema aufgegriffen werden?

Bei der Themenwahl gibt es keine Tabus. Aufgabe der Medien ist es, dem *Informationsinteresse der Allgemeinheit* zu dienen. Immer dann, wenn der Bürger Informationen benötigt, um sich zu bedeutenden gesellschaftspolitischen Fragen, wie z.B. der Glaubwürdigkeit von Politikern, dem Gesundheitswesen oder dem Verbraucherschutz in Deutschland ein eigenes Bild zu machen, ist das öffentliche Informationsinteresse gegeben. Welche Themen im öffentlichen Informationsinteresse liegen, kann eine Redaktion grundsätzlich selbst entscheiden. Ansonsten wäre die im Grundgesetz in Artikel 5 Absatz 1 geschützte *Pressefreiheit* nichts wert. Daher können Journalisten (fast) alles zum Thema machen. Auch wenn keine rechtlichen Einschränkungen gegeben sind, kommt den Journalisten indessen eine hohe Verantwortung zu.

Fall

Das Attentat
In einem Gymnasium wird auf der Toilette eine Aufschrift entdeckt, die ein schweres Verbrechen in der Schule für den 17. März ankündigt. Die Schulleitung informiert die Polizei, die am besagten Tag mit kugelsicheren Westen hohe Präsenz zeigen will. In der Redaktionssitzung eines Fernsehsenders wird diskutiert, ob man darüber berichten soll.
   An dem Thema besteht ein *öffentliches Informationsinteresse*. Die Medienberichterstattung ermöglicht es den Bürgern zu kontrollieren, mit welchen Mitteln der Staat auf solche Drohungen reagiert. Rechtlich be-

trachtet kann die Redaktion das Thema aufgreifen und darüber berichten. Gleichwohl kann eine Berichterstattung Trittbrettfahrer herausfordern, die ähnliche Aktionen durchführen wollen. Die Redaktion muss sich ihrer Verantwortung bewusst sein und hat sich zu entscheiden, ob und gegebenenfalls wie sie über das angekündigte Attentat berichtet. Ähnliche Überlegungen wird die Redaktion bei der Frage anstellen, ob sie über einen Selbstmord berichtet. In Fällen wie diesem macht das Recht dem Journalisten keine verbindlichen Vorgaben. Er hat die Entscheidung selbst zu treffen und sollte die möglichen Folgen seines Handelns bedenken, denn eine Berichterstattung kann die Gesellschaft verändern oder Existenzen vernichten.

Etwas Falsches darf nicht berichtet werden. An unwahren Informationen besteht kein öffentliches Informationsinteresse, weil diese nicht der Meinungsbildung des Bürgers dienen. Deswegen müssen bei der Themenfindung Informationen auf Relevanz und Wahrheit abgeklopft werden. Es ist z.b. rechtlich unzulässig, Aussagen einer Person zu verbreiten, die diese gar nicht gemacht hat. Dies würde juristisch ausgedrückt das *allgemeine Persönlichkeitsrecht* des angeblich Interviewten verletzen.

Will der Journalist ein Thema realisieren um persönlichen Ärger loszuwerden, sollte man ihm davon abraten. Trotz aller Anstrengungen besteht bei persönlicher Betroffenheit stets die Gefahr, nicht objektiv zu berichten und einen anderen in der Öffentlichkeit mit unhaltbaren Vorwürfen zu konfrontieren. Nicht selten kommt es dann zu gerichtlichen Auseinandersetzungen.

Besonderheit Online und Social Media: Vorsicht ist geboten, wenn der Journalist zu einem bestimmten Thema spontan in einer sozialen Plattform wie z.B. in einem Blog Dampf ablassen will. Kurze und unrecherchierte Mitteilungen können auch in diesen neuen Medien schwerwiegende Folgen und juristische Auseinandersetzungen nach sich ziehen. Die rechtlichen Folgen sind im Onlinebereich also die gleichen wie im Offlinebereich.

Besonderheit Fernsehen: In der Praxis kommt es häufig vor, dass Themen deshalb nicht realisiert werden, weil es an aktuellen Bildern fehlt.

Fall

Gammelfleisch

Eine Supermarktkette kommt unter Beschuss, weil sie angeblich verdorbenes Fleisch im Angebot hat. Die Supermarktkette erlaubt keine Drehs, weder auf ihrem Grundstück noch in ihrem Laden.

Kein Grund, das Thema deshalb sterben zu lassen. Niemand kann den Journalisten verbieten, einen sogenannten Aufsager, außerhalb des Firmengeländes, mit Blick auf einen der Supermärkte zu drehen. Das gilt auch für Fotografen. Sie können jederzeit Firmen vom öffentlichen Weg aus fotografieren und ihre Bilder veröffentlichen.[1]

Wichtig

Zum Berufsethos der Journalisten gehört, dass sie sich in ihren Redaktionen grundsätzlich kritisch zur Auswahl und Bewertung von Themen äußern dürfen. Allerdings muss jedes freie oder fest angestellte Redaktionsmitglied hinnehmen, dass irgendwann die Diskussion darüber, welche Themen realisiert werden, vom Chefredakteur beendet wird. Ansonsten besteht die Gefahr, dass das Produkt nicht rechtzeitig fertiggestellt wird. Weder der fest angestellte noch der freie Journalist kann verlangen, mit seinem Thema im Blatt, im Programm oder im Onlineauftritt zu Wort zu kommen.

Ein Recht auf freie Themenwahl haben somit die Medien gegenüber dem Staat, es besteht jedoch nicht im Verhältnis des Journalisten gegenüber seinem „Chef". Die Tätigkeit des Journalisten dient nicht seiner Selbstverwirklichung und nicht der Durchsetzung seiner eigenen Auffassungen. Seine Aufgabe ist es, die freie und individuelle öffentliche Meinungsbildung zu fördern und zu gewährleisten.

2. Sind Themenvorschläge vor dem Zugriff anderer sicher?

Themenvorschläge sind vor dem Zugriff anderer grundsätzlich nicht geschützt. Nicht nur in Redaktionssitzungen oder Ideenkonferenzen werden Themen heiß diskutiert und beraten. Wenn Journalisten unter sich sind, nehmen sie meistens kein Blatt vor den Mund und erzählen von ihren Recherchen und Hintergrundgesprächen. Das kann sie teuer zu stehen kommen. Wenn ein Kollege eine Idee aufgreift und diese erfolgreich realisiert, fühlt sich der „hintergangene Kollege" um sein Honorar betrogen. Mit der Kollegialität ist es dann schnell vorbei. Nicht selten werden dann Juristen um Hilfe gebeten. Doch die können hier meist nicht helfen, denn einen urheberrechtlichen Schutz gibt es grundsätzlich nur an ausformulierten Texten, Grafikentwürfen, Bildern, Filmsequenzen und ähnlichen Medienmaterialien. **Ideen** hingegen sind **schutzlos**.

Fall

Der Themenklau

Ein Journalist äußert die Idee, einen Beitrag zur Auswirkung von Fleischkonsum auf Gewaltverbrechen zu schreiben. Ein Kollege greift das Thema auf und kommt ihm zuvor.

Dagegen kann der Ideengeber nichts tun. Wäre das anders, kämen die kulturelle Entwicklung des Menschen und der gesamte Journalismus zum Erliegen. Das heißt aber auch, dass man ein Thema, das in einem anderen Medienorgan bereits behandelt wurde, seinerseits aufgreifen und – möglichst vertiefend – darstellen darf.

Wichtig

Themenvorschläge sind nur dann vor dem Zugriff von Kollegen und anderen geschützt, wenn sie als Text ausformuliert sind. Dabei muss es sich noch nicht um eine endgültige Textfassung handeln. Auch ein überarbeitungsbedürftiges Konzept genießt urheberrechtlichen Schutz, wenn es gewisse individuelle und kreative Züge erkennen lässt. Entsprechendes gilt für Grafiken, Bilder und Filmsequenzen. Transparente Themenvorschläge, die z.B. in einem redaktionsübergreifenden Planungstool gesammelt werden, können innerhalb der Redaktion verhindern, dass es zu einem Themenklau kommt.

Der Hörfunk- oder Fernsehbeitrag, der Presseartikel und Texte im Internet wie im Nachrichtenblog oder auf Facebook genießen grundsätzlich urheberrechtlichen Schutz und zwar im Unterschied zu einem Patent ohne behördliche Anmeldung oder einen Copyright-Vermerk. Gleichwohl räumt ein fest angestellter Journalist seinem Arbeitgeber regelmäßig durch Dienstvertrag oder Tarifvertrag das Recht ein, sein journalistisches Werk zu nutzen und gegebenenfalls auch an andere weiterzugeben. Entsprechende Regelungen finden sich auch in den Honorarverträgen für freie Mitarbeiter.[2]

Informationen, die einem journalistischen Beitrag zu Grunde liegen, sind frei. Deswegen dürfen Informationen z.B. über politische, wirtschaftliche oder kulturelle Vorgänge aus anderen journalistischen Beiträgen aufgegriffen und mit eigenen Worten in allen Medien wiedergegeben werden.[3]

Besonderheit Fernsehen: Häufig wird die Frage aufgeworfen, wie man Ideen für **neue Fernsehformate** schützen lassen kann. Am Beispiel der Sendung „TV-Total" hat die Rechtsprechung entschieden, dass die Idee für ein Sendeformat nicht geschützt ist. Wenn aber die Idee gestaltet wird und

Form annimmt, indem z.b. konkrete Vorgaben zum Ablauf der Sendung, dem Bühnenbild oder der Moderation realisiert werden, ist das Produkt, d. h. die konkrete Sendung einschließlich Bühnenbild etc. rechtlich geschützt.[4]

3. Darf der Chefredakteur Inhalte vorschreiben und Themen ablehnen?

Grundsätzlich entscheidet der Chef, ob und wie ein Thema veröffentlicht wird. In welchem Umfang er inhaltlichen Einfluss auf die publizistischen Beiträge seiner Mitarbeiter nimmt, hängt vor allem von der Grundhaltung des Blattes oder dem Programmauftrag des Senders ab. Im juristischen Fachjargon spricht man vom sogenannten *Tendenzschutz.* Je weniger sich ein Medienunternehmen tendenziell auf eine politische oder weltanschauliche Grundhaltung festlegt, desto umfassender informiert die Redaktion ihre Leser, Hörer oder Zuschauer. Wenn z.B. der Redakteur bei einer Zeitung arbeitet, die sich als „unabhängig und überparteilich" bezeichnet, sollte er in der Gestaltung seiner Beiträge und in seinen Kommentierungen weitgehend frei sein. Dasselbe trifft zu, wenn der Redakteur bei einem Sender arbeitet, der zur Meinungsvielfalt verpflichtet ist, wie dies für den öffentlichrechtlichen Rundfunk gilt. Dann müssen die Beiträge der Redakteure in Hörfunk und Fernsehen möglichst vollständig informieren und die verschiedenen politischen Meinungen umfassend widerspiegeln. Grundsätzlich besteht jedoch die Freiheit einer Zeitung wie eines privaten Rundfunksenders, sich einer bestimmten Tendenz zu verschreiben und seine Mitarbeiter darauf festzulegen.

Fall

Das Kirchenblatt
Journalist J einer christlich orientierten Zeitung manifestiert in einem Artikel die Vorzüge einer atheistischen Lebensweise. Sein Chef lehnt den Druck ab. Der fest angestellte Redakteur J will wissen, ob sein Vorgesetzter dies darf.
Rechtlich betrachtet darf der Chef entscheiden, ob und wie er ein bearbeitetes Thema seiner Mitarbeiter veröffentlicht. Da der Beitrag des J nicht zur Verwirklichung der christlichen Grundhaltung des Blatts beiträgt, also nicht der *Tendenz* der Zeitung entspricht, hat der Vorgesetzte des J gute Argumente für seine ablehnende Haltung.

Tagtäglich kommt es in den Redaktionen zu Auseinandersetzungen über die Themenauswahl, die Gewichtung von Themen, die Gestaltung einer Sendung oder des Onlineauftritts. Redakteure sollten ihren Journalisten ermöglichen, ihre Meinung frei zu äußern. Nur so entsteht eine Atmosphäre kreativen Arbeitens. Denn wenn Vorgesetzte von ihren Redakteuren verlangen, dass sie Weisungen widerspruchslos befolgen und eigene Meinungen und Vorstellungen nur nach Aufforderung äußern, würde dies die Redaktion lähmen und die Qualität des Produkts mindern. Dennoch unterliegt der fest angestellte Mitarbeiter einer Redaktion – wie jeder andere Arbeitnehmer auch – dem Weisungsrecht seines Vorgesetzten, an das er gebunden ist. Das betrifft auch inhaltliche Vorgaben.[5] Chefs unterliegen nämlich entgegen einer weitläufigen Meinung keinem *Zensurverbot*. Dieses Verbot richtet sich nur an den Staat.[6] Die Grenze zulässiger Weisungen des Vorgesetzten an den Redakteur verläuft dort, wo der Mitarbeiter gezwungen würde, etwas Unzulässiges wiederzugeben oder etwas mit seinem Namen zu unterzeichnen, was nicht seiner Auffassung entspricht. Eine solche Weisung würde sein *allgemeines Persönlichkeitsrecht* verletzen.

Von den inhaltlichen Weisungen zu unterscheiden sind Vorgaben, die der Chef an die konkrete **Machart** eines Beitrags knüpft. Der Chefredakteur und der Verleger können daher Weisungen zum Umfang des Artikels, der Länge eines Beitrags, der Bebilderung, der Schnittfolge, der Musik und der Erledigung usw. erteilen. Teilweise werden Festlegungen in sogenannten Redaktionsleitfäden formuliert. In den Redaktionen von Fernsehen und Hörfunk dienen entsprechende Anweisungen der Formatierung der einzelnen Beiträge. Das Ziel ist dabei, einen hohen Wiedererkennungswert beim Publikum zu schaffen.

Da **freie Mitarbeiter** keinen Arbeitnehmerstatus haben, unterliegen sie grundsätzlich nicht den Weisungen eines Chefredakteurs. Dennoch halten sie sich „freiwillig" an die Vorgaben der Redaktion, weil sie ansonsten damit rechnen müssten, dass sie ihren Beitrag nicht „verkaufen" können. Der Chefredakteur kann darüber hinaus auch Kriterien sowohl für freie als auch für feste Mitarbeiter festlegen, nach denen ein Themenvorschlag einzureichen bzw. anzubieten ist.

Der **freiberufliche Journalist** kann jederzeit ein ihm angetragenes Thema ablehnen. Er unterliegt grundsätzlich keinen Weisungen seines Auftraggebers, weil er nicht wie ein Arbeitnehmer abhängig beschäftigt ist. Freilich überlegt sich der freie Mitarbeiter gut, ob er ein Thema ablehnen sollte. Im Unterschied zu fest angestellten Mitarbeitern wird er zumeist nur für den abgelieferten und abgenommenen Beitrag honoriert.

Der **fest angestellte Redakteur** hat im Unterschied zum freiberuflich tätigen Kollegen nicht nur Rechte, sondern auch Pflichten. So hat er z.B. auf die Interessen seines Arbeitgebers Rücksicht zu nehmen. Diese Pflicht zur Rücksichtnahme, die im juristischen Fachjargon „*Treuepflicht*" heißt, kann dazu führen, dass er ein vorgegebenes Thema journalistisch bearbeiten muss, auch wenn ihm das „gegen den Strich" geht, sei es, dass er das Thema für verzichtbar hält oder weil kein freier Mitarbeiter für das Thema zu gewinnen ist. Letztlich darf er Weisungen seines Vorgesetzten nicht verweigern. Das Weisungsrecht seines Chefs endet dort, wo der *Gewissensschutz* des Mitarbeiters tangiert ist. So kann auch der fest angestellte Mitarbeiter nicht gezwungen werden etwas unter seinem Namen zu veröffentlichen, was seiner Überzeugung oder künstlerischen Auffassung widerspricht. Außerdem darf er von niemandem verdonnert werden, eine wichtige wahrheitsgemäße Information in seiner Berichterstattung wegzulassen, wenn diese nach seiner Auffassung für die Öffentlichkeit wichtig ist. Aus seiner Weigerung darf dem Journalisten kein Nachteil entstehen.

4. Kann die Veröffentlichung verboten werden?

Grundsätzlich kann niemand eine geplante Veröffentlichung im Stadium der Themenauswahl und zum Zeitpunkt der Recherche gerichtlich verbieten lassen. Trotzdem werden Journalisten manchmal mit entsprechenden Drohungen eingeschüchtert. So drohen viele Rechtsanwälte in sogenannten „Presserechtlichen Rundschreiben" mit Konsequenzen, falls die Journalisten bestimmtes Foto- und Videomaterial verwenden oder bestimmte Äußerungen von sich geben. In solchen Fällen sollte der Journalist prüfen – in Zweifelsfällen zusammen mit einem Juristen –, ob sein Bericht *Persönlichkeitsrechte* verletzen würde.

　Vertreter der Wirtschaft und der Politik sind stark daran interessiert, in der Öffentlichkeit positiv zu erscheinen. Sie wissen, dass die Medien dabei eine wichtige Rolle spielen. Sie versuchen kritischen Fragen der Journalisten mit allen Mitteln aus dem Weg zu gehen und negative Berichte schon im Entstehen zu verhindern. Der Journalist dagegen beruft sich zu Recht auf seine Rolle als „Anwalt der Allgemeinheit". Er hat die Aufgabe, über alle Vorgänge zu berichten, die im *öffentlichen Informationsinteresse* liegen. Die wichtigste Aufgabe der Medien ist es, den Staat und seine Organe zu kontrollieren und Missstände öffentlich zu machen. In den für Journalisten einschlägigen Gesetzen wie z.B. in den jeweiligen Landespressegesetzen wird das – in nahezu gleich lautender Weise – so beschrieben:

　„Die Presse erfüllt eine öffentliche Aufgabe, indem sie insbesondere in Angelegenheiten von öffentlichem Interesse Nachrichten beschafft und verbreitet, Stellung nimmt, Kritik übt oder auf andere Weise an der Meinungsbildung mitwirkt".

Fall

Die Mülldeponie
Der Bürgermeister einer Stadt will in unmittelbarer Nähe eines Wohnviertels eine Mülldeponie errichten. Eine Bürgerinitiative macht auf den möglichen Gestank im nahe liegenden Wohngebiet durch Flugblätter aufmerksam. Das Stadtoberhaupt droht den Journalisten mit rechtlichen Schritten, falls sie das Thema aufgreifen und über den Inhalt der Flugblätter berichten.
Die Drohung des Bürgermeisters ist wirkungslos und für die Journalisten unbeachtlich. Staatliche oder kommunale Stellen haben keinerlei rechtlichen Einfluss auf die Themenauswahl einer Redaktion. Eine Pflicht zur Vorlage von Beiträgen, Fotos und Videosequenzen vor der Veröffentlichung wäre eine unzulässige Zensur.

Nicht ausgeschlossen ist demgegenüber, dass sich ein Betroffener bereits vor der Veröffentlichung mit einem sogenannten *vorbeugenden Unterlassungsanspruch* gerichtlich zur Wehr setzt, um eine Berichterstattung zu verhindern. Das kann er aber nur, wenn eine Veröffentlichung unmittelbar bevorsteht. Solange kein druck- oder sendereifer Text vorliegt, kann niemand gegen die Verbreitung einer Veröffentlichung vorgehen. Eine Recherche beim Betroffenen reicht ebenfalls nicht aus.[7]

Wichtig

Redaktionen sollten sich darauf einschwören, dass über die Themenauswahl, die Recherche und den sendereifen oder druckreifen Text nichts nach außen dringt, damit kein Betroffener in Versuchung gerät, das Thema gerichtlich verhindern zu wollen.

5. Wie verbindlich sind „Sperrfristen" und „Exklusivverträge"?

„Sperrfristen", mit denen häufig Behördeninformationen versehen sind, müssen von den Redaktionen nicht beachtet werden. Etwas anderes gilt, wenn der Journalist einen schriftlichen oder mündlichen Vertrag über die Einhaltung von Sperrfristen abgeschlossen hat.

Viele an Redaktionen gerichtete Informationen sind mit folgenden oder ähnlichen Vermerken versehen:

„Veröffentlichung nicht vor dem 20.02.; 18:00 Uhr!"

Diese einseitige Aufforderung kann lediglich als Bitte aufgefasst werden. Der direkt an die Information gekoppelte Sperrvermerk ergeht einseitig und löst für den Adressaten zumindest keine juristischen Verpflichtungen aus. Dennoch sollte sich die Redaktion überlegen, ob sie den Sperrvermerk übergeht. Wenn sie die Information vor Ablauf der gesetzten Frist veröffentlicht, muss sie beim nächsten Mal unter Umständen damit rechnen, dass sie die Info erst mit Ablauf der Sperrfrist erhält.

Fall

Die Sperrfrist

Der Pressesprecher einer Staatskanzlei ist bereit, dem Journalisten J eines Tagesblattes Informationen über eine anstehende Kabinettsumbildung zukommen zu lassen. Allerdings nur, wenn sich dieser schriftlich verpflichtet erst zu berichten, nachdem der Ministerpräsident die von ihm geplante Umbildung in einer Pressekonferenz offiziell bekannt gegeben hat. J ist damit einverstanden. Noch vor der Pressekonferenz wird die Information in einem Konkurrenzblatt veröffentlicht. J will wissen, ob er jetzt noch an die vereinbarte *Sperrfrist* gebunden ist oder die Information vorfristig veröffentlichen kann.

An eine vertraglich vereinbarte Frist muss sich J grundsätzlich halten. Deswegen sollten, wenn möglich, keine Vereinbarungen über Sperrfristen getroffen werden. Denn Vertrag ist Vertrag. Und daran ändert sich auch dann nichts, wenn ein Konkurrenzblatt die Information vorzeitig verbreitet. Allerdings ist der Inhalt des Artikels aus dem Konkurrenzmedium mit dessen Veröffentlichung frei. Das bedeutet, dass J den Artikel zitieren oder mit eigenen Worten wiedergeben darf.[8]

Eine andere Frage ist, ob man durch einen Exklusivvertrag, den ein Informant mit einem anderen Medienunternehmen geschlossen hat, an der Berichterstattung über den Fall gehindert ist. Ein *Exklusivvertrag* zwischen einem Informanten und einem Medienunternehmen hindert andere Medien nicht daran, über die dem Vertrag zugrundeliegenden Geschehnisse zu berichten. Sie sind nicht Partner dieses Vertrags.

Wenn also z.B. ein Überlebender eines Schiffunglücks mit der Zeitung A in einem Exklusivvertrag vereinbart, dass er seinen Bericht nur ihr zur Verfügung stellt, hindert dies Zeitung B nicht daran, Zeugen zu diesem Unglück zu befragen und darüber zu berichten. Der Betroffene selber aber kann zur Kooperation mit anderen Medien nicht gezwungen werden.

Der *Deutsche Presserat* hat sich in seinen publizistischen Grundsätzen reserviert gegenüber Exklusivverträgen ausgesprochen. Er begründet dies damit, dass die übrige Presse durch solche Vereinbarungen in ihrer Informationsfreiheit behindert ist.[9] Journalisten sind nicht an den Pressekodex des Deutschen Presserats gebunden. In der Praxis werden zahlreiche Exklusivverträge vor allem mit Zeitschriften geschlossen. Exklusivität garantiert Wettbewerbsvorteile auf dem hart umkämpften Medienmarkt. Gegenstand eines Exklusivvertrags können Bilder, Interviews, Aufzeichnungen und ähnliches sein. Der Informant wird für seine exklusive Zusage einen Geldbetrag verlangen. Dafür will das Medienunternehmen die Gewähr, als einziges die Informationen des Vertragspartners zu erhalten. Um dies sicherzustellen, vereinbart es mit dem Informanten eine Pflicht zur Geldzahlung, falls er die Zusage nicht einhält. Der Informant muss also den vorgesehenen Geldbetrag als „Vertragsstrafe" bezahlen, wenn er sich nicht an seine Exklusivzusage hält.

Gegenstand von Exklusivvereinbarungen können auch Schilderungen eines Täters über seine Verbrechen, also sog. **Verbrechermemoiren**[10] sein. Dies ist rechtlich betrachtet grundsätzlich möglich. Der *Deutsche Presserat* sieht darin allerdings ein ethisches Problem, insbesondere dann, wenn die Tat durch die Berichterstattung nachträglich gerechtfertigt wird und die Opfer durch die Schilderungen des Täters unangemessen belastet oder gedemütigt werden.

Staatliche Stellen, wie z.B. Behörden, dürfen keine Exklusivvereinbarungen mit der Presse treffen, da sie alle Medienunternehmen grundsätzlich gleich zu behandeln haben.

Im Unterschied dazu ist es **Privatleuten** und **privaten Unternehmen** erlaubt, Informationen ausgewählten Medien zur Verfügung zu stellen.

Wichtig

Ein Exklusivvertrag hat keinerlei Wirkung auf konkurrierende Medien. Deshalb dürfen sich die „ausgeschlossenen" Medien aus erreichbaren Quellen informieren und über ihre so gewonnenen Erkenntnisse berichten.

Muster

für einen Exklusivvertrag:

Zwischen

_____

(Medienanbieter z.B. Verlag, Rundfunkanstalt)   Redaktion

und

_____

(Vertragspartner)   Name

§ 1 Vertragsgegenstand

Der Vertragspartner stellt dem (Medienanbieter) exklusiv sein

☐ komplettes Wissen in einem Interview
☐ alle Fotos
☐ sämtliche Filmsequenzen
☐ das gesamte Textmaterial
☐ seine Lebensgeschichte
☐ _____ (Sonstiges)

zum Thema _____ zwecks Veröffentlichung zur Verfügung.

§ 2 Honorar

Der Informant erhält für die von ihm nach diesem Vertrag zu erbringenden Leistungen ein Pauschalhonorar von _____ Euro. Das Honorar wird am _____ fällig. (Stückelungen möglich, z.B. eine Hälfte nach Durchführung oder Veröffentlichung des Interviews, die andere Hälfte nach Ablauf der Sperrfrist.)

Der Anspruch auf das Honorar entfällt, wenn andere Presseorgane/Rundfunk/Fernsehen vor erstmaliger Veröffentlichung durch den (Medienanbieter) über das Thema berichten und der Informant nicht nachweist, dass die Fremdberichterstattung ohne Verletzung seiner Vertragspflichten erfolgte. Gleiches gilt bei einem vorbeugenden Verbot gegen die Berichterstattung.

§ 3 Exklusivität

Der (Medienanbieter) erhält die exklusiven Nutzungs- und Verwertungsrechte an allen eingeräumten oben genannten Nutzungen. Die Rechtsübertragung umfasst auch das Recht zur weltweiten Veröffentlichung in jeder bekannten oder in Zukunft noch bekannt werdenden Art. Die übertragenen Rechte werden bis zum _____ (Sperrfrist) an den (Medienanbieter) übertragen. Die Sperrfrist beginnt mit der beiderseitigen Unterzeichnung dieses Vertrages.

Der Informant versichert, dass seine Informationen richtig und vollständig sind und dass die von ihm zur Verfügung gestellten oben aufgeführten Materialien keine Rechte Dritter verletzen. Der Vertragspartner ist damit einverstanden, dass sein Bildnis einschließlich Namensnennung uneingeschränkt veröffentlicht werden darf und die von ihm exklusiv zur Verfügung gestellten Materialien und Informationen zur ein- oder mehrmaligen Veröffentlichung vom (Medienanbieter) verwendet werden dürfen. Darüber hinaus ist der (Medienanbieter) berechtigt alle zur Verfügung gestellten Materialien, einschließlich Ausschnitte des Interviews, nach journalistischen Erfordernissen und Notwendigkeiten zu bearbeiten und auszuwerten. Der (Medienanbieter) ist dabei keinerlei Beschränkungen in der Art und Weise der Berichterstattung unterworfen.

Der Informant verpflichtet sich alle eingeräumten Nutzungen bis zum Ablauf der Sperrfrist geheim zu halten, insbesondere Dritten keine Informationen und Interviews zum o. g. Thema einzuräumen.

Der Vertragspartner verpflichtet sich für jeden Fall der Zuwiderhandlung eine Vertragsstrafe von _____ Euro zu bezahlen und die bis dahin gezahlten Honorare zurückzuerstatten.

§ 4 Sonstiges

Änderungen, Ergänzungen, Kündigungen oder eine Aufhebung des Vertrags bedürfen der Schriftform. Sollten einzelne Regelungen dieses Vertrags unwirksam sein, berührt dies nicht die Wirksamkeit der übrigen Vereinbarungen.

_____

Datum, Ort

_____

(Medienanbieter)

_____

(Vertragspartner)

Besonderheit Fernsehen: Beim Fernsehen könnten *Exklusivverträge* dazu führen, dass viele Zuschauer von wichtigen Ereignissen ausgeschlossen sind. Doch das lässt der Gesetzgeber nicht zu.

Fall

Das Autorennen

Ein Sportveranstalter schließt mit dem privaten Fernsehanbieter F einen Exklusivvertrag über ein populäres Autorennen auf der ihm gehörenden Rennstrecke. Im Vertrag ist vereinbart, dass nur F und kein anderer Fernsehanbieter drehen und in voller Länge live übertragen darf. Dagegen wehrt sich der Fernsehanbieter G, der ebenfalls berichten will.

Exklusivverträge sind zwar grundsätzlich zulässig, aber beim Fernsehen könnten solche Vereinbarungen dazu führen, dass große Teile der Bevölkerung von spannenden und interessanten Ereignissen gänzlich ausgeschlossen wären. Man denke zum Beispiel daran, dass ein Veranstalter die Exklusivität ausschließlich einem Pay-TV Anbieter einräumt.

In der Praxis kann sich der ausgeschlossene Konkurrent deshalb dem Veranstalter gegenüber auf das sog. Kurzberichterstattungsrecht berufen.[11]

Das hat für G folgende Vorteile:
- Der Veranstalter des Autorennens muss ihm Zutritt zum Autorennen verschaffen - gegen Eintrittsgebühr.
- G darf drehen,
Wermutstropfen dabei ist:
- G darf nicht in voller Länge und live übertragen, sondern maximal 90 Sekunden Bildmaterial im Anschluss an die Veranstaltung ausstrahlen.
- F kann als Gegenleistung für die Fernsehkurzberichterstattung Geld verlangen. Allerdings nicht in beliebiger, sondern nur in „angemessener" Höhe.[12]

Auf das Recht zur Kurzberichterstattung kann sich nur das **Fernsehen** berufen.[13]

Wenn der Veranstalter davon nichts wissen will, empfiehlt es sich, einen Juristen zu Rate zu ziehen. Der kann gerichtlich innerhalb kurzer Zeit den Veranstalter dazu zwingen, dass dem Fernsehen Zutritt zum Event und zur Kurzberichterstattung gewährt wird.[14] Bestimmte Großereignisse wie z.B. die Olympischen Spiele und die wichtigsten Spiele einer Europa- und Weltmeisterschaft müssen jedenfalls in voller Länge im Free-TV gezeigt werden.[15]

6. Wann ist ein Thema „reif"?

Ein Thema ist dann „reif", wenn es mit Fakten untermauert werden kann. Um sich Ärger zu ersparen, sollten diese Tatsachen „belegbar" sein. Es ist rechtlich unzulässig, falsche Informationen über andere Personen zu veröffentlichen. Das gilt auch für alle Veröffentlichungen im Internet, wie z.B. auf einer Website, in einem Blog oder auf Facebook. Wenn sich ein Betroffener gegen die Veröffentlichung zur Wehr setzt, müssen die Medien ihre Behauptungen grundsätzlich belegen können. Gelingt ihnen das nicht, hat der Betroffene gute Chancen, gerichtliche Abwehransprüche geltend zu machen oder Strafanzeigen wegen „Übler Nachrede" zu stellen.[16]

Fall

Die Floskel

In einem Hörfunkbeitrag äußert sich der Reporter wie folgt: „Man fragt sich, ob sich der Baudezernent für die Vergabe des millionenschweren Auftrags an Bauunternehmer Schlenker bezahlen ließ".

Auch wenn sich der Hörfunkjournalist noch so vorsichtig ausdrückt: seine Äußerungen erwecken beim Hörer den Eindruck, der Beamte habe sich strafbar gemacht.[17] Diese Vermutung muss der Redakteur mit Fakten belegen können. Ansonsten kann sein Beitrag vom Baudezernenten angegriffen werden. Mit anderen Worten: Das Thema „Bestechlichkeit" war ohne weitere Recherchen noch nicht reif zur Produktion eines Hörfunkbeitrags.

Wichtig

Der Journalist kann sich seiner Verantwortung und Haftung nicht dadurch entziehen, dass er Vorwürfe oder Pauschalurteile in Floskeln verpackt, ohne diese inhaltlich zu belegen. Erst wenn ausreichende Anhaltspunkte für einen Vorwurf oder einen Verdacht bestehen, ist das Thema reif und kann verbreitet werden. Das gilt unabhängig davon, in welchem Medium oder auf welcher Plattform im Internet der Medienschaffende sein Thema veröffentlichen will. Gleiches ist zu beachten, wenn Gerüchte weitergegeben werden sollen. Zuvor ist eine Detailrecherche unerlässlich.

Zweite Phase: Recherche

Nach der Themenfindung muss der Journalist geeignetes Material recherchieren, um seinen Beitrag verfassen zu können. Bei der Planung der Recherche muss er wissen, wo er recherchieren darf und mit welchen Mitteln. Gründlich überlegen muss er, ob er verdeckt recherchieren darf und ob er illegal erlangte Informationen verwerten darf. Bei der Recherche lauern rechtliche Gefahren, die zu einer Strafbarkeit des Journalisten führen können. Auf der anderen Seite hat der Journalist Rechte insbesondere gegenüber Behörden, die ihm unter bestimmten Bedingungen zur Auskunft verpflichtet sind. Zudem hat er Einsichtsrechte in verschiedene behördliche Register. Die entscheidende Frage in dieser Phase ist, ab wann der Journalist über ausreichende Materialien verfügt, um mit seinen Behauptungen an die Öffentlichkeit treten zu können. Besteht die Gefahr, *Persönlichkeitsrechte* zu verletzen, muss er eine journalistisch sorgfältige Recherche nachweisen können.

7. Darf ein Journalist überall recherchieren?

Um möglichst nah am Ereignis zu berichten, stellt sich in der Praxis häufig die Frage, ob man **private Räume** oder **Grundstücke** zum Recherchieren, zum Fotografieren oder zum Drehen betreten darf. Ohne Erlaubnis der „Hausrechtsinhaber" darf niemand private Räume oder Grundstücke betreten.[18]

Hausrechte bestehen nicht nur an **Wohnräumen** und **Geschäftsräumen**, sondern auch an **Wohnwagen, Zügen** und **Geschäftsfahrzeugen**. Ebenfalls ist ein von Mauern oder Zäunen umgebenes **Grundstück** als sogenanntes „befriedetes Besitztum" geschützt. Selbst der **nicht abgezäunte Vorgarten** eines Wohnhauses ist vom Hausrecht seines Besitzers umfasst. Verbotstafeln oder Schilder mit dem Hinweis: „Betreten verboten" deuten auf ein Privatgelände hin. Das sollte man nicht ignorieren. Hausfriedensbruch wird allerdings nur auf Antrag verfolgt.[19] Das bedeutet: Wo kein Kläger, da kein Richter.

Eine Berichterstattung vom Ort des Geschehens hängt also oft vom „good will" des Berechtigten ab. Und dieser kann frei entscheiden, wen er auf sein (Betriebs-) Grundstück lässt oder wen er zur Pressekonferenz einlädt. Einziger Trost für alle ausgeschlossenen Kollegen:

Wichtig

Niemand kann Journalisten daran hindern, über Vorgänge zu berichten, wenn sie von frei zugänglichen Stellen aus beobachtet und wahrgenommen werden können. Entsprechendes gilt für Fotografen und Kameraleute. Von öffentlicher Straße oder von öffentlichem Gelände aus dürfen sie grundsätzlich alles fotografieren oder filmen, was sich auf fremdem Terrain ereignet, solange keine *Persönlichkeitsrechte*, wie das *Recht am eigenen Bild*, verletzt werden.[20]

Fall

Der Mietstreit

Ein Mieter und dessen Vermieter liefern sich einen erbitterten Streit über Wohnungsmängel. Der Vermieter lehnt Ausbesserungsarbeiten kategorisch ab, weil der Mieter Feuchtigkeitsschäden durch unzureichendes Lüften angeblich selbst verursacht habe. Um den Vermieter unter Druck zu setzen, lädt der Mieter einen Journalisten in seine Wohnung ein, damit sich dieser ein Bild von der Situation vor Ort machen und seine Leser beraten kann. Dagegen wehrt sich der Vermieter und verbietet dem Journalisten, sein Haus und Grundstück zu betreten, geschweige denn zu fotografieren. Er droht mit einer Strafanzeige wegen Hausfriedensbruchs.

Der Hauseigentümer kann dem Journalisten einen Besuch bei seinem Mieter nicht verbieten. Das Hausrecht an vermieteten Wohnräumen steht dem Mieter selbst zu.[21] Er allein darf entscheiden, wen er empfängt. Deswegen muss der Vermieter dem Journalisten auch den Zutritt zur Wohnung des Mieters, gegebenenfalls über sein Grundstück und seinen Hausflur ermöglichen.

Das Ablichten des Miethauses kann der Vermieter ebenfalls nicht verbieten. Jeder kann ein Gebäude fotografieren oder filmen, soweit dies von öffentlich zugänglichen Plätzen aus und ohne Hilfsmittel wie z.B. Leiter, Kran oder Hubschrauber geschieht. Die so entstandenen Bilder und Filmsequenzen dürfen in allen Medien, also auch im Internet verbreitet werden.[22]

Ohne vorher zu fragen, darf ein Journalist allgemein zugängliche Räume betreten. Rechtlich unproblematisch ist es deshalb, wenn der Journalist zu Recherchezwecken z.B. ein **Shopping-Center** oder eine **Gaststätte** während der Geschäftszeiten betritt. Das gilt auch dann, wenn er dort fotografiert, dreht, Interviews macht oder Original-Töne einholt. Der Journalist verhält sich rechtmäßig, solange ihm der Aufenthalt im öffentlich zugänglichen Gebäude nicht ausdrücklich verboten wird. Um sich nicht strafbar zu machen, sollte der Journalist auf Aufforderung eines Berechtigten das Gebäude verlassen und sich vom Gelände entfernen. Alle bis dahin erlangten Rechercheergebnisse in Form von Notizen, Video- und Audioaufnahmen dürfen aber voll verwertet werden.[23]

Ähnliches gilt für **staatliche** und **kommunale Einrichtungen,** die dem Publikumsverkehr offen stehen. Diese darf der Journalist ohne Erlaubnis aufsuchen. Im Unterschied zum privaten Hausherrn, muss der Dienststellenleiter den Aufenthalt des Journalisten dulden. Wäre das anders, liefen die *Pressefreiheit* und die damit verbundene Kontrollfunktion der Presse gegenüber dem Staat ins Leere. Dies gilt allerdings nur, solange die Arbeit der Behörde durch die Recherche nicht unzumutbar beeinträchtigt wird und der ungestörte Ablauf eines Verfahrens gesichert bleibt. So kann zum Beispiel der Präsident eines Gerichts zum Schutz der Prozessbeteiligten oder zum ungestörten Ablauf eines Gerichtsverfahrens Aufnahmen im Gerichtsgebäude verbieten.[24]

Besonderheit Fernsehen: Es ist nicht nur ärgerlich, sondern auch kostspielig, wenn das Kamerateam seine Dreharbeiten abbrechen muss, weil der Hausherr keine Aufnahmen duldet. Sollte die Redaktion umfangreiches Filmmaterial benötigen, empfiehlt es sich deshalb auf Nummer sicher zu gehen und vorab eine Drehgenehmigung einzuholen.

Muster

für eine einfache Drehgenehmigung:

Drehgenehmigung

Der (*Medienanbieter / Redaktion*) plant am (*Datum*) von (*Beginn Uhrzeit*) bis (*Ende Uhrzeit*) für die Sendung (*Name der Sendung*) Filmaufnahmen von (*Personen / Gebäude*) herzustellen.

Mit meiner Unterschrift bestätige ich, dass ich dem (*Medienanbieter / Redaktion*) die vorgenannten Filmaufnahmen sowie deren Nutzung gestatte.

_____   _____

(*Ort, Datum*)   (*Unterschrift*)

Um ihrer Kontrollfunktion ungehindert nachkommen zu können, haben Journalisten ein Recht auf Recherche bei allen **öffentlichen Sitzungen** und Verhandlungen **von Staatsorganen** wie z.B. Parlamenten, Gemeinderäten und Gerichten. Allerdings können zu solchen Veranstaltungen immer nur so viele Zuhörer eingelassen werden wie freie Plätze vorhanden sind. Bei der Vergabe der freien Plätze müssen alle Journalisten gleich behandelt werden. Juristen sprechen in diesem Zusammenhang vom sogenannten *Gleichbehandlungsgrundsatz der Medien*,[25] der für alle staatlichen Stellen verbindlich ist. Deswegen dürfen z.b. Journalisten, die sich schon einmal kritisch über eine Behörde oder deren Mitarbeiter geäußert haben, nicht mit der vorgeschobenen Begründung ausgeschlossen werden, dass nicht genügend Kapazitäten vorhanden seien. So kommt es in der Praxis häufig vor, dass Politiker eben nur eine begrenzte Anzahl von Journalisten auf Auslandsreisen im Flugzeug mitnehmen können. Diese Plätze müssen dann gleichheitskonform z.b. durch Los vergeben werden und nicht nach politischem „Wohlverhalten". Dem Gleichbehandlungsgrundsatz unterliegen allerdings nicht **private Unternehmen** z.b. bei der Vorstellung eines neuen Produkts auf dem Werksgelände.

Ungehinderten Zutritt und Recherchefreiheit genießen Journalisten auch bei allen Freiluftveranstaltungen, soweit diese öffentlich zugänglich sind. Entsprechendes gilt grundsätzlich auch für **Versammlungen in geschlossenen Räumen**. Die Pressevertreter müssen sich allerdings dem Leiter der Versammlung gegenüber durch ihren Presseausweis legitimieren.[26] So kann z.b. der Intendant eines Theaters in öffentlicher Trägerschaft trotz seines Hausrechts nicht verhindern, dass ein bekanntermaßen kritischer Journalist gegen Zahlung des Eintrittspreises eine öffentliche Theateraufführung besucht, um das Stück anschließend in der Presse zu „verreißen".

An der **Hauptversammlung einer Aktiengesellschaft** nehmen nur Aktionäre teil. Deswegen ist sie grundsätzlich nicht öffentlich und daher auch für Journalisten nicht frei zugänglich. Entsprechendes gilt z.b. für lediglich „universitätsöffentliche" Sitzungen universitärer Gremien.

8. Darf verdeckt recherchiert werden?

Es ist rechtlich nicht zu beanstanden, wenn der Journalist als Kunde, Patient, Besucher oder Klient auftritt, um Informationen zu sammeln. Problematisch sind solche Fälle, in denen er unter Vorspiegelung falscher Tatsachen interne Informationen beschafft, die er als Journalist sonst nie erhalten würde.

Solche Methoden werden unter Journalisten mit dem Namen Günter Wallraff in Verbindung gebracht. Um die Arbeitsweise der Bild-Zeitung zu enthüllen, schlich sich dieser unter falschem Namen in die Redaktion des Boulevardblattes ein. „Der Aufmacher", so heißt sein spektakuläres Buch, enthält interne Vorgänge bei der Bildzeitung. Das höchste deutsche Gericht billigte die Vorgehensweise von Wallraff.[27] Allerdings musste er das *Redaktionsgeheimnis* unangetastet lassen. Die Meinung der Richter deckt sich mit presseethischen Standards. Der *Deutsche Presserat* empfiehlt den Journalisten, sich grundsätzlich zu offenbaren. Er begründet dies damit, dass unwahre Angaben mit dem Ansehen und der Funktion der Presse nicht vereinbar sind. Allerdings soll eine verdeckte Recherche ausnahmsweise dann gerechtfertigt sein, wenn damit Informationen von besonderem *öffentlichen Interesse* beschafft werden, die auf andere Weise nicht zugänglich sind.

Fall

Das Pflegeheim

Eine Redaktion erhält von einem Informanten Hinweise, dass im örtlichen Pflegeheim bettlägerige Personen durch mangelnde Pflege vernachlässigt werden und die hygienischen Bedingungen absolut mangelhaft sind. Um dies zu dokumentieren, begibt sich der Lokalredakteur der örtlichen Tageszeitung zu den üblichen Besuchszeiten in das Pflegeheim. In der Tasche hält er gut versteckt seine Kamera, damit er die Zustände in der Einrichtung dokumentieren kann. Der Journalist erweckt an der Pforte des Pflegeheims den Eindruck, dass er die Einrichtung als Besucher eines Bewohners aufsucht. Er täuscht über seine wahren Absichten, eventuelle Missstände fotografieren zu wollen, um diese dann später in der Zeitung zu veröffentlichen. Er erschleicht sich so den Zugang zum Pflegeheim, wohl wissend, dass er ansonsten nicht an verwertbare Fakten herankommen würde.

Um der Kontrollfunktion und Aufklärungsfunktion der Presse gerecht zu werden, muss es dem Journalisten möglich sein, verdeckt zu recherchieren und zu fotografieren, wenn er ansonsten keine Chance hat, an verlässliche und belegbare Informationen zu kommen. Am Zustand eines Pflegeheims und am Umgang des Personals mit den Bewohnern besteht ein besonderes *öffentliches Informationsinteresse*. Allerdings sind die *Persönlichkeitsrechte* von Bewohnern und Pflegepersonal zu beachten.[28] So dürfen z.B. deren Äußerungen nicht heimlich aufgezeichnet und Aufnahmen von ihnen dürfen nicht ohne Einwilligung veröffentlicht werden.

Wichtig

Die Presse kann Missstände in manchen Fällen nur aufdecken, wenn sie verdeckt arbeitet. Die verdeckte Recherche ist unbedenklich, solange sie nicht mit Rechten anderer kollidiert und wenn sich der Journalist nicht strafbar macht. Strafbar wegen Hausfriedensbruchs ist es grundsätzlich, wenn sich der Journalist durch Täuschung Zutritt in **private Wohnungen und Räume** erschleicht und der Betroffene Strafantrag stellt.[29] Strafbar ist es auch, wenn der Journalist heimliche Tonaufnahmen macht oder wenn er heimlich intime Fotos oder Filmsequenzen von Personen anfertigt, die sich in einem geschützten Bereich befinden.[30] Die Tat wird indes strafrechtlich nur verfolgt, wenn der Betroffene einen Strafantrag stellt. Unbedenklich ist es dagegen, wenn sich der Journalist unerkannt in Gebäude begibt, die für den allgemeinen Publikumsverkehr geöffnet sind.

9. Dürfen illegal erlangte Informationen verwendet werden?

Informationen, die andere illegal beschafft haben, dürfen grundsätzlich von den Medien verarbeitet werden, wenn sie Missstände in der Politik und Gesellschaft aufdecken. Hingegen dürfen illegal beschaffte Informationen von anderen nicht publizistisch verarbeitet werden, wenn sie Privatangelegenheiten an die Öffentlichkeit bringen, die nur der Befriedigung der Sensationslust des Publikums dienen.

Fall

Das Krankenhaus
Eine Fernsehredaktion erhält Videomaterial eines Filmamateurs mit Bildern von Patientenakten aus dem Keller eines ehemaligen, verlassenen Klinikgebäudes. Die Videosequenzen sind mit dem Hinweis versehen, dass es ohne Mühen für jedermann möglich ist, an höchstpersönliche Patientendaten heranzukommen, die die inzwischen umgezogene Klinik im alten Gebäude zurückgelassen hat. Nachdem die Klinikleitung von der Redaktion mit dem Bildmaterial konfrontiert wird, stellt sie Strafantrag gegen Unbekannt wegen Hausfriedensbruchs. Gleichzeitig untersagt sie der Redaktion, das Material zu verbreiten. Die Redaktion will sich nicht daran halten und argumentiert mit der Meinungs- und Pressefreiheit.
Unabhängig davon, ob sich der Lieferant der Bilder strafbar gemacht hat oder nicht, ist es der Redaktion erlaubt, die Filmsequenzen auszustrahlen. Wenn sich sensible Patientenakten ungesichert und für Dritte einsehbar im Keller eines verlassenen Klinikgebäudes befinden, ist das ein Missstand, der von besonderem *öffentlichen Interesse* ist. Das rechtfertigt ausnahmsweise die Verbreitung des Videomaterials, obwohl es unter Umgehung von Hausrechten zustande gekommen ist.[31]

Grundsätzlich nicht veröffentlicht werden dürfen **abgehörte Telefongespräche** und zwar weder wörtlich noch inhaltlich.[32]

> **Wichtig**
>
> Die Verbreitung illegal beschaffter Informationen ist grundsätzlich zulässig. Wenn die Medien Informationen, die sie oder ihre Informanten auf ungesetzliche Weise erlangt haben, nicht veröffentlichen dürften, könnten sie ihrer Kontrollfunktion in weiten Bereichen des öffentlichen Lebens nicht nachkommen. Wichtig ist, dass das *öffentliche Informationsinteresse* an der erlangten Information höher zu bewerten ist als die Rechtsverletzung. Davon kann man ausgehen, wenn die illegal erlangten Informationen Missstände oder Verhaltensweisen offenbaren oder Straftaten aufdecken.

Mit der *Pressefreiheit* ist es dagegen nicht zu rechtfertigen, wenn sich der Journalist selbst strafbar macht oder andere zu einem strafbaren Verhalten anstiftet.[33]

10. Darf alles fotografiert / gefilmt werden?

Personen

Zur Berichterstattung ist das bloße Filmen und Fotografieren von Personen generell nicht verboten. Wäre bereits das **Anfertigen von Personenbildnissen** unzulässig, würde dies die *Pressefreiheit* sehr stark beschneiden. Fest steht allerdings, dass Eingriffe in die Intimsphäre und Eingriffe in die Menschenwürde unzulässig sind. So verstoßen Nacktaufnahmen und Nahaufnahmen von Kranken und Schwerstverletzten gegen die *allgemeinen Persönlichkeitsrechte* der Betroffenen. Entsprechendes gilt, wenn Aufnahmen von Personen gemacht werden, die sich – auch außerhalb der eigenen vier Wände – unbeobachtet fühlen und sich im Vertrauen auf die Abgeschiedenheit so verhalten, wie sie es in der breiten Öffentlichkeit nie tun würden.[34] Das wäre z.B. der Fall, wenn man eine Person fotografiert oder filmt, die sich unbeobachtet fühlt und die deshalb in der Nase bohrt.[35] Nur wenn solche erschlichenen Aufnahmen einem übergeordneten Informationsinteresse diesen, wenn sie also Missstände aufdecken, die für die Allgemeinheit wichtig sind, darf ausnahmsweise die **versteckte Kamera** eingesetzt werden. Voraussetzung allerdings ist, dass der Missstand nicht in anderer Weise sachgerecht bebildert werden kann.[36]

Vom Anfertigen von Fotos zu unterscheiden ist die **Veröffentlichung** von Bildern oder von Filmsequenzen, die Personen zeigen. Dazu ist grundsätzlich die **Einwilligung** der Abgebildeten erforderlich.[37]

Gegenstände / Sachen

Alle Gegenstände, die ein Bildjournalist oder Kameramann vor die Linse bekommt, können generell fotografiert oder gefilmt werden. Ohne den Eigentümer zu fragen, darf man alle Sachen von öffentlich zugänglichen Orten aus fotografieren oder filmen. So ist es z.b. erlaubt eine Segelyacht im Hafen zu fotografieren und das Bild auf die Fanpage auf Facebook zu stellen.[38] Ein Recht am Bild der eigenen Sachen gibt es, außer wenn sich diese in den eigenen vier Wänden befinden, grundsätzlich nicht. Dennoch kann die Verbreitung von Fotos oder von Videos gegen Recht und Gesetz verstoßen. Das trifft vor allem auf Bilder und Filmsequenzen zu, die urheberrechtlich geschützte Werke wie z.b. Kunstwerke zeigen. In diesen Fällen braucht man grundsätzlich die Zustimmung des Urhebers oder des Inhabers der *Verwertungsrechte*, wie z.b. der Verwertungsgesellschaft Bild-Kunst.[39]

Kunstwerke

Werke der bildenden Kunst, wie z.B. Gemälde, Skulpturen, Zeichnungen, künstlerische Fotos und Bühnenbilder sind urheberrechtlich bis 70 Jahre nach dem Tod des Künstlers geschützt.[40] So lange benötigt der Journalist die Zustimmung des Urhebers oder der Berechtigten, wenn er vom Kunstwerk Fotos oder Filmsequenzen veröffentlichen will.[41] In der Praxis wird die Zustimmung über eine Fotoerlaubnis oder eine sogenannte Drehgenehmigung erteilt.

Muster

für eine Drehgenehmigung[42] mit Rechteklausel:

Der (*Medienanbieter*) wird am (*Datum*) in der Zeit von (*Uhrzeit*) bis (*Uhrzeit*) in/im / vom/am (*Ort*) Filmaufnahmen vom/von (*konkreter Gegenstand der Aufnahmen, z.B. Kunstwerk*) herstellen. Diese werden für die (*Produktion/Sendung*) am _____ genutzt.
Der (*Medienanbieter*) erhält das Recht, die o.g. Filmaufnahmen *(Auswahl)*
- ☐ örtlich und zeitlich unbegrenzt
- ☐ örtlich unbegrenzt und zeitlich begrenzt bis ...
- ☐ örtlich begrenzt auf ... und zeitlich unbegrenzt
- ☐ örtlich begrenzt auf ... sowie zeitlich begrenzt bis ...

für *(Auswahl)*
- ☐ für alle Zwecke des Rundfunks (Hörfunk und Fernsehen)
- ☐ für das Fernsehen
- ☐ für die Sendung: _____

sowohl terrestrisch, als auch über Kabel und Satellit, im Pay-TV und Free-TV sowie über Datennetze *(Auswahl)*
- ☐ beliebig häufig
- ☐ ___ mal

zu nutzen.

Darüber hinaus darf der *(Medienanbieter)* die o.g. Filmaufnahmen auch für folgende Zwecke nutzen: *(Auswahl)*
- ☐ DVD
- ☐ CD-ROM
- ☐ CD
- ☐ Print
- ☐ Merchandising
- ☐ Multimedia
- ☐ *(ggf. weitere Nutzungsarten außerhalb des Rundfunks eintragen)*

Der *(Medienanbieter)* ist befugt, die vorgenannten Rechte selbst zu nutzen und/oder diese unentgeltlich oder entgeltlich an Dritte zu übertragen.
Mit meiner Unterschrift bestätige ich, dass ich mit den oben genannten Aufnahmen und deren Nutzung einverstanden bin.

_____   _____

(Ort, Datum)   Unterschrift

Keine Zustimmung ist erforderlich, wenn sich das Kunstwerk **dauerhaft an öffentlichen Straßen, Wegen oder Plätzen** befindet, wie z.B. ein Denkmal auf dem Marktplatz einer Stadt oder eine kunstvolle Fassade.[43] Bekanntestes Beispiel für ein Kunstwerk, das nur vorübergehend und nicht dauerhaft an einem öffentlichen Platz stand, war der im Jahre 1995 von Christo und Jeanne-Claude verhüllte Reichstag in Berlin. Jeder, der Postkarten mit dem verhüllten Reichstag verkaufen wollte, brauchte daher vorher die Einwilligung der Künstler. Denn die „Verpackung" des Reichstags war nicht „bleibend", sondern nur auf wenige Tage beschränkt.[44]

Auf die Zustimmung des Urhebers oder eines Berechtigten kann des Weiteren verzichtet werden, wenn das Kunstwerk auf dem Foto oder der Filmsequenz nicht dominant abgebildet wird. In der Fachsprache spricht man vom **„unwesentlichen Beiwerk".**[45] Entscheidend ist, dass man das abgebildete Kunstwerk beliebig austauschen kann und dass es im Hintergrund oder an der Seite der Abbildung von untergeordneter bzw. nebensächlicher Bedeutung ist.

Im Rahmen der **aktuellen Berichterstattung über Tagesereignisse** dürfen schließlich auch Kunstwerke in angemessenem Umfang gezeigt werden, wenn sie im Zusammenhang mit einem Ereignis, über das berichtet wird, sichtbar werden.[46] Werden beispielsweise Festspiele und Kunstausstellungen eröffnet, Preise für filmische Leistungen verliehen oder Museen eingeweiht, dann ist es zulässig, wenn dabei urheberrechtlich geschützte Werke „bildfüllend", also nicht nur ausschnittweise zu sehen sind. Die Kunstwerke selbst dürfen aber nicht Mittelpunkt der Berichterstattung sein, sondern nur das Ereignis, bei dem sie erkennbar geworden sind. So darf z.b. der Bericht über die Eröffnung einer Gemäldeausstellung nur mit einzelnen Kunstwerken illustriert werden. Eine vollständige oder repräsentative Dokumentation der Kunstwerke ist auch hier ohne Zustimmung der Urheber oder der Berechtigten nicht gestattet. Aber selbst die Abbildung einzelner Werke ist manchen ein Dorn im Auge. Ab und an werden wichtige Exponate für den Pressetermin einfach mit einem Tuch abgedeckt, damit sie für die Bildjournalisten nicht sichtbar sind. Auch Werke, an denen kein Urheberrecht mehr besteht, weil der Urheber mehr als 70 Jahre verstorben ist, dürfen nur mit Einwilligung des Hausrechtsinhabers wiedergegeben werden.

Besonderheit Print: Bei wöchentlich oder monatlich erscheinenden Zeitungen oder Zeitschriften ist die Aktualität grundsätzlich gewahrt, wenn in der jeweils folgenden Ausgabe darüber informiert wird. Wird später über das Ereignis berichtet, muss der Urheber oder ein Berechtigter um Erlaubnis gefragt werden, wenn die beim Ereignis sichtbar gewordenen Kunstwerke publiziert werden sollen.
Schließlich darf der Journalist urheberrechtlich geschützte Werke zeigen, wenn dies dem besseren Verständnis seines Beitrags dient. Das Gesetz spricht vom sog. **Zitatrecht**.[47] Voraussetzung ist, dass eine innere, gedankliche Verbindung zwischen dem publizistischen Beitrag und dem bereits veröffentlichten Kunstwerk besteht. Eine kommentarlose Wiedergabe reicht dafür nicht aus. Will man für ein Zitat ein Foto nutzen, welches das zu besprechende Werk, also z.B. ein Gemälde zeigt, so ist zu beachten, dass das Foto selbst urheberrechtlich geschützt sein kann und der Fotograf deshalb vorher um Erlaubnis gefragt werden muss.[48]

Fall

Die Malerkritik

In der Kulturausgabe einer Sonntagszeitung setzt sich ein Redakteur kritisch mit den narzisstischen Zügen eines zeitgenössischen Malers auseinander, die sich in dessen Bildern widerspiegeln. Dabei druckt er 50 Bilder des

Künstlers ab. Einige Bilder sind mit kurzen Begleittexten versehen, andere nicht. Ist der Abdruck der Bilder ohne Zustimmung des Malers zulässig?

Grundsätzlich dürfen Kunstwerke in einem publizistischen Beitrag ohne Zustimmung des Urhebers in angemessenem Umfang abgedruckt werden, wenn der Journalist damit seine Thesen belegt oder erörtert. Wenn wie hier 50 Bilder eines Malers mit kurzen Begleittexten abgedruckt werden, ohne dass sich der Journalist mit jedem einzelnen Werk auseinandersetzt, ist die Grenze des zulässigen Zitierens überschritten. Der Journalist braucht eine Erlaubnis des Malers, wenn er mehrere Bilder von ihm veröffentlichen will.[49]

Veranstaltungen

Sportveranstaltungen sind mangels künstlerischen Ausdrucks grundsätzlich urheberrechtlich nicht geschützt (Ausnahmen sind z.B. Eiskunstlaufchoreographien).[50] Die Veranstalter können jedoch vertragliche Vereinbarungen zur journalistischen Berichterstattung treffen, wozu auch das Fotografieren und das Filmen zählen. Durch solche *Exklusivverträge* werden einzelne Medien gegenüber anderen bevorteilt, was grundsätzlich zulässig ist. **Konzertveranstaltungen**, **Theaterveranstaltungen** oder **Festspielveranstaltungen** sind hingegen sowohl von den künstlerischen Darbietungen als auch vom Bühnenbild urheberrechtlich geschützt. Deswegen verbieten viele Veranstalter Foto-, Film- und Tonaufnahmen. Bei Verstößen droht Ärger. Eine Eintrittskarte ist nicht gleichzeitig eine Fotografiererlaubnis und beinhaltet auch keine Drehgenehmigung. Um sich Ärger zu ersparen, erkundigt sich der Journalist rechtzeitig beim Veranstalter, ob und in welchem Umfang er Auszüge des Events fotografieren oder filmen darf. Fast immer werden darüber vertragliche Vereinbarungen getroffen.[51]

Technische und wissenschaftliche Darstellungen

Pläne, Skizzen, Tabellen und Computergrafiken sind wie Kunstwerke und Bühnenaufführungen ebenfalls urheberrechtlich geschützt. Daher gelten die Ausführungen zu den Kunstwerken entsprechend.[52]

Wichtig

Was jedermann von der Straße aus sehen kann, darf fast immer genehmigungsfrei fotografiert, gefilmt und verbreitet werden, solange die Aufnahmen keine individuell erkennbaren Personen zeigen.[53] Wenn urheberrechtlich geschützte Gegenstände wie z.B. Werke der bildenden Kunst oder technische und wissenschaftliche Darstellungen abgebildet und veröffentlicht werden sollen, ist grundsätzlich vorher eine Einwilligung vom Urheber oder vom Verwertungsberechtigten[54] einzuholen. Ausnahmsweise kann auf eine solche Erlaubnis verzichtet werden, wenn sich das Werk entweder dauerhaft an öffentlich zugänglicher Stelle befindet oder auf dem Bild bzw. dem Filmausschnitt nur nebensächlich erscheint oder anlässlich einer aktuellen Berichterstattung zu sehen ist oder zitiert wird.

Häuser / Grundstücke

Niemand kann verbieten, dass sein Haus oder sein Fabrikgebäude von öffentlicher Straße oder von öffentlichem Gelände aus fotografiert und anschließend als Bild veröffentlicht wird. Entsprechendes gilt für Filmaufnahmen. Der Hausrechtsinhaber kann aber im Rahmen seines Hausrechts verbieten, dass sein Grundstück, seine Wohnung oder seine Geschäftsräume betreten werden. Hält sich der Fotograf nicht daran, macht er sich strafbar.[55] Da die eigenen vier Wände zum privaten Rückzugsbereich eines jeden Menschen gehören, darf der Journalist grundsätzlich weder den Namen des Bewohners noch dessen Adresse nennen. Das gilt jedenfalls so lange, wie der Bewohner seinen Privatbesitz geheim gehalten hat.[56] So ist die Veröffentlichung eines Fotos des Wohnhauses eines Fußballspielers der Nationalmannschaft trotz einer vagen Ortsbeschreibung („Seegrundstück in der Nähe von München") unzulässig, wenn durch die auffällige Fassade Nachbarn und Passanten auf den Bewohner schließen können.[57]

Wohnungen

Der Inhaber entscheidet selbst, ob er Fotos und Filmaufnahmen von seiner Wohnung erlaubt und ob diese veröffentlicht werden dürfen. Ohne entsprechende Erlaubnis sind Aufnahmen aus der Privatsphäre eines Menschen rechtlich grundsätzlich unzulässig.[58]

Autos

Der Besitzer oder Eigentümer muss dulden, wenn sein Auto aufgenommen und publiziert wird. Das gilt auch für neue, noch in der Entwicklung befindliche Automodelle, wenn diese auf öffentlicher Straße erprobt werden.

Kfz-Kennzeichen und Praxisschilder

Praxisschilder z.B. von Ärzten, Rechtsanwälten und Steuerberatern sollten nur gezeigt werden, wenn dies im *öffentlichen Informationsinteresse* ist, also wenn z.B. eine Anwaltskanzlei verdächtigt wird, Mandanten-Gelder veruntreut zu haben. Entsprechendes gilt für amtliche Kennzeichen, wenn diese bestimmten Personen zugeordnet werden können. Bei einer aktuellen Bildberichterstattung über einen **Verkehrsunfall** wird der Journalist identifizierende Merkmale wie Kfz-Kennzeichen oder Werbeaufdrucke aller am Unfall beteiligten Autos und Lastkraftwagen unkenntlich machen, damit niemand als Unfallverursacher verdächtigt wird.

Militärische Gelände und Anlagen

Vorsicht ist im militärischen Schutz- und Sicherheitsbereich angebracht.[59] Selbst von der Straße aus sind Aufnahmen von militärischen Gegenständen, Einrichtungen oder sonstigen Vorgängen unzulässig und können strafbar sein, wenn sie nicht ausnahmsweise durch ein *überwiegendes, öffentliches Informationsinteresse* gerechtfertigt sind.[60] Um sich nicht strafbar zu machen, sollte man sich deshalb vorab bei der zuständigen Dienststelle um eine Erlaubnis zum Fotografieren bemühen.

Bahnhöfe und Verkehrsanlagen

Aufnahmen in Bahnhöfen und Verkehrsanlagen sind genehmigungspflichtig.[61] Ein Fahrschein ersetzt nicht eine Fotografiererlaubnis oder eine Drehgenehmigung. Auf Anfrage gestattet die Deutsche Bahn in der Regel Aufnahmen in ihrem Bereich. Ohne eine solche Genehmigung verstoßen z.B. Filmaufnahmen in **Zügen** gegen das Hausrecht der Bahn und sind damit unzulässig.

Luftaufnahmen mit Drohnen

Drohnen und Modellhubschrauber, die mit Kameras ausgestattet sind, stellen Fotos und Videos aus Perspektiven her, die äußerst reizvoll und spektakulär sind. Die Versuchung, Menschen, Häuser und Landschaften aus der Luft zu fotografieren oder zu filmen ist auch deshalb verständlich, weil brauchbare Drohnen inzwischen einfach per Smartphone steuerbar sind, sich stabil in der Luft halten und zudem immer erschwinglicher werden. Drohne ist aber nicht gleich Drohne. Wer eine Drohne mit mehr als fünf Kilogramm Gewicht aufsteigen lässt oder wer Drohnenfotos und -videos verkauft, braucht eine sogenannte Aufstiegserlaubnis, also eine kostenpflichtige Genehmigung von der jeweiligen Landesluftfahrtbehörde.[62] Die Bewilligung wird oft nur unter Vorlage einer speziellen Versicherung der Modellflugverbände und unter strengen Auflagen erlassen. So darf die Drohne in der Regel nicht direkt über Menschen und Menschenansammlungen, nicht über Unglücksorten, nicht über Einsätzen der Polizei, nicht über Gefängnissen, nicht über Kasernen und nicht über Kraftwerken und nicht in der Nähe von Flughäfen fliegen. Hinzu kommt, dass viele Städte in bestimmten Bereichen den Einsatz von Drohnen verbieten. So gibt es z.B. Flugverbotszonen unmittelbar über und am Regierungssitz in Berlin.

Rechtlich unbedenklich sind hingegen Landschaftsaufnahmen, Aufnahmen von Kirchen und von Tieren. Beim Herstellen von **Personenfotos** ist die Rechtslage hingegen komplizierter. Bei Detailaufnahmen aus der Luft können *Persönlichkeitsrechte* verletzt werden.[63]

Wichtig

Bei Personenbildnissen, die aus der Luft geschossen werden, ist das *„Recht am eigenen Bild"* zu beachten. Sind einzelne Personen identifizierbar, dürfen die Bilder oder Filmsequenzen nur mit Einwilligung der betroffenen Personen verbreitet oder im Internet öffentlich zur Schau gestellt werden. Was sich von der Straße aus nicht fotografieren lässt, darf auch die Drohne nicht fotografieren oder filmen. Ein Rundflug über die Sichtschutzhecke eines Grundstücks verletzt deshalb die Privatsphäre eines Menschen und ist verboten. Unbedenklich ist es hingegen, wenn mit der Kameradrohne eine Menschenmenge auf einem Platz gefilmt wird, solange nicht die Menschenmenge direkt überflogen wird. Die jeweilige Landesluftfahrtbehörde informiert über Details zur Genehmigung eines Drohnenflugs zur kommerziellen Nutzung. Die aktuellen Adressen der Landesluftfahrtbehörde sind im Internet auffindbar.

Gerichtsverhandlungen

Filmaufnahmen mit oder ohne Ton und Mitschnitte für den **Hörfunk** in einer laufenden Gerichtsverhandlung und bei der Urteilsverkündung sind verboten, weil sie die Wahrheits- und Rechtsfindung beeinträchtigen könnten. So jedenfalls begründet das Bundesverfassungsgericht das Verbot seit Jahren. Allerdings gilt das Verbot nicht für Film- und Tonaufnahmen außerhalb der Gerichtsverhandlung.[64] Vor und nach der Verhandlung, aber auch während der Sitzungspausen und auf den Gerichtsfluren kann gedreht werden.

Leider gibt es vorsitzende Richter, die selbst das nicht gestatten wollen. Sie begründen das Verbot damit, dass es zu Störungen im Ablauf des Verfahrens kommt und die Ordnung im Saal nicht aufrechterhalten werden kann, wenn gefilmt wird. In spektakulären Rechtsfällen ist das zumindest dann nicht von der Hand zu weisen, wenn viele Kamerateams anrücken. In der Praxis hat sich deshalb die sogenannte **Poollösung** bewährt.[65] Die Sender wechseln sich bei den Dreharbeiten ab und verpflichten sich, die Aufnahmen gegenseitig kostenlos weiterzugeben. Sollte dann der Richter immer noch Filmaufnahmen verbieten, muss er das konkret begründen.[66] Unabhängig davon kann man auf jeden Fall eine Außeneinstellung auf das Gericht wählen und dabei auch die Verfahrensbeteiligten auf dem Weg ins Gericht filmen.[67]

Abb. 1: Wenn Justitia keine Foto- und Filmaufnahmen erlaubt, behelfen sich Journalisten oft mit skizzenhaften Veröffentlichungen. Das ist zulässig, soweit dadurch keine *Persönlichkeitsrechte* verletzt werden.

Fotoaufnahmen von Gerichtsverhandlungen sind im Unterschied zu Film- und Tonaufnahmen gesetzlich nicht verboten. Allerdings kann der vorsitzende Richter aus ähnlichen Gründen wie bei Filmaufnahmen das Fotografieren verbieten. Entsprechendes gilt für das Live-Twittern und Live-Tickern aus laufenden Gerichtsverhandlungen. Die Benutzung von **Laptops** oder **Notebooks** in einer Gerichtsverhandlung darf das Gericht verbieten. Das wird damit begründet, dass diese Geräte über Kameras und Mikrofone verfügen, die in einer mündlichen Verhandlung nicht kontrolliert werden können. Eine erhebliche Einschränkung der Pressefreiheit ist damit nach Auffassung des Bundesverfassungsgerichts nicht verbunden, da die inhaltliche Berichterstattung nicht von einem Laptop abhängig ist.[68]

Persönliche Daten

Private Informationen, wie z.B. Krankenblätter, Tagebuchseiten, Geburts-, Heirats- und Sterbeurkunden, Zeugnisse, Steuerbescheide, Steuererklärungen und ähnliche Dokumente dürfen zwar fotografiert oder gefilmt, aber grundsätzlich nicht ohne Einverständnis der Betroffenen veröffentlicht werden, weil sie die persönlichen Belange der Betroffenen offenbaren.[69] So müssen z.B. Bilder oder Filmsequenzen von Krankenakten vorher so bearbeitet werden, dass die Namen der Betroffenen auf den Dokumenten nicht erkennbar sind.

Werbung

In der Regel möchten Inhaber von Markenrechten kontrollieren, in welcher Form ihre Marke in der Öffentlichkeit erscheint. Aufnahmen, die Logos, Firmenembleme oder Firmennamen zeigen, dürfen zwar fotografiert und gefilmt, ohne besonderen journalistischen Anlass allerdings nicht veröffentlicht werden. Alles andere wäre Schleichwerbung.[70] Besonders problematisch ist dies bei der **Sportberichterstattung**. Durch Banden- und Trikotwerbung ist es kaum möglich, werbefreie Aufnahmen zu veröffentlichen. Zugunsten der Berichterstattung ist dies zumindest beim Sport hinzunehmen und in der journalistischen Praxis weitgehend zu tolerieren. Die Grenze ist allerdings überschritten, wenn die Firmenwerbung bewusst z.B. durch entsprechende Kameraführung hervorgehoben wird.

Screenshot

Das bloße Anfertigen eines Screenshots, der urheberrechtlich geschützte Werke und Personen abbildet, ist unproblematisch, solange die Vervielfältigung nur für private Zwecke verwendet wird. Wenn der **Screenshot** aber veröffentlicht und verbreitet wird, kann dies gegen das *Urheberrecht* verstoßen.[71]

11. Darf mit versteckter Kamera gearbeitet werden?

Eine versteckte, erschlichene Bildaufnahme kann einen erheblichen Eingriff in die *Persönlichkeitsrechte* der von der Berichterstattung betroffenen Personen darstellen. Journalisten, Fotografen, Produktionsfirmen und TV-Sender müssen wissen, dass nicht nur die Verbreitung, sondern bereits die Herstellung verdeckter Bild- und Filmaufnahmen zu *Unterlassungs-* und *Schadensersatzansprüchen*, z.B. wegen Persönlichkeitsrechtsverletzungen, unter bestimmten Voraussetzungen auch zu strafrechtlicher Verfolgung führen kann.[72]

Über Undercover-Recherchen gibt es in den Redaktionen starke Verunsicherung. Ein Grund dafür sind zum Teil schwer verständliche Gesetze. Doch davon sollte man sich nicht abschrecken lassen. Denn ohne Einsatz von versteckten Kameras können Missstände und Straftaten kaum aufgedeckt werden. Aber gerade das gehört zu den wichtigsten Aufgaben der

Journalisten. Rechtlich zweifelhaft ist demgegenüber der inflationäre Umgang mit der **versteckten Kamera** als reines Stilmittel in der Unterhaltung.

1. Das heimliche Fotografieren und Drehen in öffentlich zugänglichen Räumen

Wenn ein Journalist in einem für den Publikumsverkehr zugelassenen Raum oder in einem Gebäude heimlich dreht oder fotografiert, begibt er sich in eine rechtliche Grauzone. Zu beachten ist nämlich das jeweilige Hausrecht. Auch wenn die genannten Räumlichkeiten für die Öffentlichkeit zugänglich sind, kann man nicht davon ausgehen, dass der Hausrechtsinhaber verdeckte Bildaufnahmen gestattet. Insoweit sind Aufnahmen in diesen Räumen nicht ohne weiteres zulässig. Im Fachjargon nennt man sie deshalb auch nur „beschränkt öffentliche Räume". Dazu gehören z.B.

– Geschäfts- und Diensträume
– öffentliche Verkehrsmittel wie Bahnen und Busse
– Bahnhofshallen oder Flughafenterminals
– Kirchen
– Kaufhäuser
– Konzertsäle
– Restaurants

In der Praxis werden Bildaufnahmen in diesen Bereichen allerdings selten sanktioniert, weil kaum herauszufinden ist, wer verdeckt fotografiert oder gefilmt hat. Das liegt daran, dass der ausstrahlende Sender oder der Verlag gegenüber Polizei, Staatsanwaltschaft und Gericht nicht verraten muss, wer die Kamerabilder angefertigt hat. Dieser *Informantenschutz* ergibt sich aus dem berufsbedingten *Zeugnisverweigerungsrecht* der Journalisten.[73]

Bei der Verbreitung der heimlich entstandenen Fotos oder Filmsequenzen sind die Rechte der Abgebildeten an ihrem eigenen Bild zu berücksichtigen. Praktisch bedeutet dies, dass erkennbare Personen unkenntlich gemacht werden müssen.[74] Ansonsten macht sich der Journalist strafbar, wenn der Betroffene einen Strafantrag stellt.[75]

2. Das heimliche Fotografieren und Drehen in nicht öffentlich zugänglichen Räumen

Für das Filmen und Fotografieren in privaten Räumen braucht man eine Einwilligung des Hausrechtsinhabers, z.B. in Form einer Drehgenehmigung.[76] So darf z.B. ein Bildjournalist oder Kameramann nicht einfach durch eine offen stehende Tür ins Innere einer Wohnung gehen und dort ungeniert Bilder oder Filmsequenzen anfertigen. Darüber hinaus sind die Wohnungsbesitzer in ihren *Persönlichkeitsrechten* verletzt, weil in ihre

Privatsphäre eingegriffen wird. Ausnahmsweise ist es erlaubt, Rechte eines anderen zu ignorieren, wenn nur dadurch Missstände aufgedeckt werden können.

Fall

Die Brötchen

Ein Journalist hat Anhaltspunkte dafür, dass in einer Großbäckerei, die für eine Großmarktkette produziert, die Arbeitnehmerrechte mit Füßen getreten werden. Er möchte deshalb unter falscher Identität bei dieser Großbäckerei anheuern und dabei seine Arbeitsbedingungen mit versteckter Filmkamera dokumentieren. Was muss der Journalist beachten?

Grundsätzlich ist verdeckte Recherche in Deutschland zulässig. Der Nutzwert muss allerdings gegenüber den Nachteilen eines möglichen Rechtsbruchs überwiegen. Eine Fabrikhalle ist ein nicht-öffentlicher Bereich. Bildaufnahmen sind grundsätzlich nur mit entsprechender Genehmigung zulässig. Ohne Genehmigung verletzen solche Aufnahmen das Recht am eingerichteten und ausgeübten Gewerbebetrieb.[77] Im vorliegenden Fall ist der Journalist aber nur durch Einschleichen mit der versteckten Kamera in der Lage, die rechtswidrigen Arbeitsbedingungen wie z.B. mangelnde Sicherheitsvorkehrungen aufzudecken und zu belegen. Insoweit ist der Einsatz der versteckten Kamera in diesem Fall unverzichtbar und zulässig, auch wenn dadurch ein Rechtsbruch begangen wurde. Wichtig ist, dass die Arbeiter der Bäckerei und andere heimlich aufgenommene Personen unkenntlich gemacht werden. Beim Einsatz der versteckten Kamera darf der Ton nicht mitgeschnitten werden. Das wäre strafbar.[78] Mit Hilfe eines Gedächtnisprotokolls können die Aussagen von Vorgesetzten oder Kollegen später nachgesprochen werden. Um die Missstände zu belegen, ist es sinnvoll, ehemalige Mitarbeiter des Großbetriebs ausfindig zu machen, die die Aussagen des Gedächtnisprotokolls unterstützen. Damit hätte man sowohl einen Bildbeleg als auch einen Tonbeleg.

Ein *öffentliches Informationsinteresse* an rechtmäßigen Zuständen gibt es grundsätzlich nicht. Hausfriedensbruch begeht deshalb der Journalist, wenn er ohne Einwilligung des Hausrechtsinhabers **ein für die Allgemeinheit nicht** zugängliches Gelände betritt um sich lediglich Informationen zu beschaffen.[79]

3. Wie und wo Drehen und Fotografieren kriminell wird

Unter Strafe gestellt sind ausnahmslos Aufnahmen, die in der Wohnung oder in einem gegen Einblick besonders geschützten Raum erfolgen und *zusätzlich* den höchstpersönlichen Lebensbereich eines Menschen verletzen.[80] Grund für diese Strafvorschrift sind vor allem Handys mit integrierter Kamera. Sogenannte Spanner konnten ohne strafrechtliche Sanktion früher mit ihren Handys oder fest installierten Kameras Menschen in Hotelzimmern, Toiletten oder Umkleidekabinen beobachten und ihren voyeuristischen Neigungen nachgehen. Das Anfertigen von Bildern ist heute nicht mehr zulässig in einem „gegen Einblick besonders geschützten Raum", wenn dadurch zusätzlich der höchstpersönliche Lebensbereich eines Menschen verletzt wird. Zu den gegen Einblicke besonders geschützte Räume zählen neben Wohnungen z.B.:

– Umkleidekabinen
– ärztliche Behandlungszimmer
– Beichtstühle
– Rechtsanwaltszimmer für Gespräche mit Mandanten
– Wohnwagen und Wohnmobile
– Nebenräume eines Restaurants und
– Gärten, die durch Hecken oder Mauern gegen Einblicke geschützt sind

Bei einem gegen Einblicke besonders geschützten Raum muss es sich also nicht zwingend um einen umschlossenen Raum handeln. Entscheidend ist ein vorhandener Sichtschutz.

Dabei kommt es nicht darauf an, ob die Aufnahmen in diesen Räumlichkeiten selbst oder von außen mittels Teleobjektiv durch Fenster oder offenstehende Türen fotografiert oder gedreht werden.

Aufnahmen in privaten Räumen sind erst strafbar, wenn sie den **höchstpersönlichen Lebensbereich**, also nicht jeden privaten Bereich eines Menschen verletzen. So jedenfalls sagt es das Gesetz. Damit gemeint sind also nur Bild- und Filmaufnahmen, die auf den Kernbereich der privaten Lebensgestaltung zielen, z.B. Krankheit und Tod, die innerste Gefühls- und Gedankenwelt sowie Sexualität und Nacktheit. Das gilt selbst dann, wenn die abgebildeten Personen auf dem Bild nicht zu erkennen sind. Nicht zum persönlichen Lebensbereich zählen Aufnahmen über das Berufs- und Erwerbsleben. So ist es nicht strafbar, wenn von offener Straße durch ein vorhangloses Fenster ein Foto von einem Rechtsanwalt in seinen hell erleuchteten Kanzleiräumen geschossen wird.[81]

Fall

Der Pädophile
Ein Fernsehjournalist dreht eine Reportage im Pädophilen-Milieu. Er begibt sich mit versteckter Kamera in die Privatwohnung eines Verdächtigen und hält im Bild fest, wie ein ehemaliger Erzieher einschlägige Videos mit Interessenten anschaut und zum Kauf anbietet. Ist das rechtlich zulässig?

Bildaufnahmen mit versteckter Kamera in Privatwohnungen können gegen die *Persönlichkeitsrechte* und das Hausrecht des Abgebildeten verstoßen. Wenn aber an der Aufklärung von Missständen der geschilderten Art ein hohes Informationsinteresse besteht, dürfen diese Rechte ausnahmsweise ignoriert werden.[82] Die Grenze ist allerdings überschritten, wenn die Aufnahmen zusätzlich den höchstpersönlichen Lebensbereich des Abgebildeten verletzen. Das ist hier zu bejahen, weil der Verdächtige in seiner Privatwohnung pornografisches Material anschaut und dadurch in seiner Intimsphäre, also in seinem höchstpersönlichen Lebensbereich verletzt ist. Die Bildaufnahmen sind deshalb strafbar, selbst wenn die Arbeit mit versteckter Kamera zur Aufdeckung von Missständen und Straftaten dient.[83]

Wer so hergestellte Aufnahmen verbreitet oder an andere Redaktionen oder an Dritte im Wege des **Bilder- und Filmmaterialaustauschs** weitergibt, macht sich ebenfalls strafbar.[84] Entsprechendes gilt seit Kurzem für Bildaufnahmen, die die Hilfslosigkeit einer anderen Person zur Schau stellen und dadurch deren höchstpersönlichen Lebensbereich verletzen, soweit das Foto oder Video nicht ausnahmsweise dem überwiegenden öffentlichen Informationsinteresse der Allgemeinheit dient.[85]

Wichtig

Ob eine Bildaufnahme, also die Herstellung eines Fotos oder Videos rechtlich zulässig ist, muss schon vor der Aufnahme geprüft werden. In der Praxis bleiben dafür oft nur Sekunden. Die Gefahr sich strafbar zu machen, trifft vor allem die Kameraleute und Fotografen, wenn sie Bilder in oder von einem gegen Einblicke geschützten Raum, wie z.B. einer Wohnung machen oder ihre Bilder die Hilflosigkeit einer Person zur Schau stellen und dabei jeweils zusätzlich die Intimsphäre des Betroffenen verletzen. Auf die Erkennbarkeit einer Person kommt es dabei nicht an. Auch Redaktionsmitglieder können sich strafbar machen, wenn sie den Fotografen oder den Kameramann zu der Tat ermuntern oder ihn bei der Tatausführung unterstützen. Das Medienunternehmen kann seinem Mitarbeiter die persönliche strafrechtliche Verantwortung nicht abnehmen. Falls möglich, sollten sich die Redaktionen deshalb rechtzeitig mit den Hausjuristen abstimmen.

Besonderheit Fernsehen: Vielfach wird beim Einsatz der versteckten Kamera der Ton mitgeschnitten. Das ist nach dem Strafgesetzbuch verboten, wenn auf diese Weise Privatgespräche oder sonstige nicht öffentlich gesprochene Reden oder Dialoge aufgezeichnet werden. Das gilt auch dann, wenn der Journalist den Gesprächsinhalt nur für seinen Textbericht festhalten oder zur Sicherung von Rechercheergebnissen verwenden will. Aber auch die Verantwortlichen des Medienunternehmens, das **heimlich herge-stellte Tonaufnahmen** gebraucht, machen sich strafbar.[86] Dabei spielt es keine Rolle, ob die heimliche Aufzeichnung unverändert ausgestrahlt oder der wesentliche Inhalt des Gespräches mit eigenen Worten oder in einem Textbeitrag wiedergegeben wird.[87]

Wichtig

Da das verdeckte Mitschneiden von Gesprächen verboten ist, empfiehlt es sich in der Praxis, mit einem Gedächtnisprotokoll zu arbeiten und die Aussagen von Betroffenen nachzusprechen. Zur Unterstützung ist es vorteilhaft, Betroffene ausfindig zu machen, die ohne anonym bleiben zu wollen, ihre eigenen Erlebnisse schildern, um das Gedächtnisprotokoll inhaltlich zu stützen. Bei der Recherche mit der versteckten Kamera kann es durchaus angebracht sein, einen stenografierenden Kollegen im Bildhintergrund zu zeigen. Jedenfalls ist man damit jedem Verdacht erhaben, mit Ton gefilmt und sich dadurch strafbar gemacht zu haben.

Die versteckte Kamera

| Von vornherein unzulässig, wenn | Ausnahmsweise zulässig, wenn Informationsinteresse an Aufklärung von Missständen oder Straftaten höher zu bewerten ist als Eingriffe in Rechte anderer, wie z.B. in das Hausrecht |

Von vornherein unzulässig, wenn
– Aufnahmen nur dazu dienen, die Neugier oder das Sensationsinteresse des Publikums oder
– um voyeuristische Neugier zu befriedigen
– als Stilmittel zur Unterhaltung

Ausnahmsweise zulässig, wenn Informationsinteresse an Aufklärung von Missständen oder Straftaten höher zu bewerten ist als Eingriffe in Rechte anderer, wie z.B. in das Hausrecht

Grenze: grundsätzlich strafbar, wenn
– Gespräche heimlich aufgezeichnet werden
– erkennbare Personen bei der Verbreitung der Bilder nicht anonymisiert werden
– Aufnahmen von oder in einem gegen Einblicke geschützten Raum gemacht werden und diese zusätzlich den höchstpersönlichen Lebensbereich eines Menschen, wie z.B. die Intimsphäre verletzen
– Aufnahmen gemacht werden, die die Hilflosigkeit einer Person zur Schau stellen und dadurch deren Intimsphäre verletzen.[88]

12. Kann sich der Journalist beim Recherchieren strafbar machen?

Der Journalist macht sich strafbar, wenn er sich nicht an Recht und Gesetz hält, wenn er also z.b. in eine Wohnung eindringt, um sich brisantes Material zu besorgen.[89] Die Schwelle zur Kriminalität bei **verdeckt arbeitenden Journalisten** ist oft fließend. Wer nämlich an Leib und Leben bedrohten Opfern nicht hilft, gerät ebenfalls unversehens in Konflikt mit dem Strafgesetzbuch wegen unterlassener Hilfeleistung.[90] Auch jenseits dieser juristischen Fragen ist der Journalist in der Praxis gefordert, sein Vorgehen an moralischen und ethischen Grenzen zu messen. Deutlich wird das am Beispiel einer verdeckten Recherche im Drogenhandel an einer Schule. Wann sucht der Journalist aus Rücksicht auf die Opfer die Polizei auf? Und wann dient die Recherche nur noch der Abenteuerlust anstatt dem besonderen *öffentlichen Informationsinteresse*?

Wenn der Journalist bei seinen Recherchen von einer bevorstehenden Tat erfährt, ist er nicht dazu verpflichtet, diese den Strafbehörden zu melden. Etwas anderes gilt nur dann, wenn eine **bevorstehende schwere Straftat** durch Anzeige bei den Behörden noch abgewendet werden kann. Das muss der Journalist melden, wenn er sich nicht strafbar machen will. Schwere Straftaten sind z.B. Mord und Totschlag, Menschenraub, schwerer Menschenhandel und gemeingefährliche Verbrechen wie z.B. Brandstiftung oder das Herbeiführen einer Explosion.[91]

Ungesetzlich ist es auch, wenn der Journalist **Aufnahmen** veröffentlichen will, die **gegen den Willen des Hausrechtsinhabers** angefertigt worden sind.

Fall

Rangelei in der Kanzlei

Ein Fernsehteam dreht bei Recherchen zu groß angelegten Betrügereien in einer Anwaltskanzlei. Die Anwälte fordern das Filmteam mehrfach eindringlich dazu auf, die Kanzleiräume sofort zu verlassen und die Dreharbeiten einzustellen. Nachdem das Team darauf nicht reagiert, drängt ein Anwalt das Team aus seinen Räumen hinaus. Auch das wird gedreht. Der Anwalt stellt Strafanzeige wegen Hausfriedensbruchs.

Auf Aufforderung des Anwalts hätte das Filmteam die Kanzlei verlassen müssen. Es gibt unter Juristen unterschiedliche Auffassungen darüber, wann das Einschleichen in fremde Räume strafbar ist. Fest steht, dass ein Journalist Hausfriedensbruch begeht, wenn er sich auf Aufforderung des „Hausrechtsinhabers" oder einer berechtigten Person nicht entfernt. Entsprechendes gilt, wenn er sich einem zuvor erteilten Hausverbot widersetzt. Der Anwalt durfte das Team auch mit körperlichem Einsatz hinausdrängen und ist dabei vom „Notwehrrecht" gedeckt, weil das Verhalten des Kamerateams nicht zulässig war.[92] Die in dieser Situation entstandenen Aufnahmen dürfen nicht veröffentlicht werden.

Das **heimliche Aufnehmen** des nicht öffentlich gesprochenen Worts ist verboten, allerdings nur auf Antrag des Verletzten strafbar.[93] Nichtöffentlich sind die jeweiligen Äußerungen, wenn sie nicht an die Allgemeinheit gerichtet sind. So dürfen z.b. Telefongespräche nicht aufgezeichnet werden.[94] Nicht geschützt sind hingegen Äußerungen, die sich zwar nicht an die Öffentlichkeit richten, die aber ohne Weiteres von anderen mitgehört werden können. Typisch hierfür sind z.b. lautstark geführte Telefonate in der Bahn. Erlaubt ist eine Aufnahme dann, wenn der Gesprächspartner zuvor ausdrücklich eingewilligt hat oder ein Rundfunkinterview am Telefon gibt. Das muss der Journalist vor Gericht belegen können. Entsprechendes gilt auch bei öffentlichen Vorträgen. Niemand kann einfach unterstellen, dass der Redner nichts dagegen hat, wenn mitgeschnitten wird. Auf der absolut sicheren Seite ist der Journalist deshalb immer dann, wenn er schwarz auf weiß mit Unterschrift des Betroffenen belegen kann, dass dieser mit einer Aufzeichnung einverstanden war. Ausreichend und praktikabel ist auch die mündliche Einwilligungserklärung des Betroffenen, die auf einem Tonträger festgehalten wird.

Oft kommt es vor, dass Journalisten bei **telefonischen Recherchen** Kollegen als Zeugen heranziehen, die ein Gespräch zu Beweiszwecken unerkannt z.b. über Lautsprecher mithören sollen. Strafbar ist das im Unterschied zum Mitschneiden nicht. Trotzdem ist es besser, den Gesprächspartner darauf hinzuweisen, dass das Gespräch mitgehört werden soll. Da das heimliche Mithören das *allgemeine Persönlichkeitsrecht*, nämlich den Schutz des gesprochenen Worts des Betroffenen verletzt, würde in gerichtlichen Auseinandersetzungen der Redaktionskollege als Zeuge nicht zugelassen werden.[95] Konsequenz: Weitere Recherchen, die die Aussagen des Informanten belegen, sind unerlässlich.

Wichtig

Bei sogenannten Hintergrundgesprächen mit wenigen Teilnehmern empfiehlt es sich, das Aufzeichnungsgerät gut sichtbar auf den Tisch zu legen. Wenn sich keiner dagegen wehrt, kann man davon ausgehen, dass das Aufnehmen geduldet wird. Im Zweifel ist die ausdrückliche Zustimmung jedes einzelnen Redners einzuholen. Zu Beweiszwecken ist es sinnvoll, diese gleich mit aufzuzeichnen und zu archivieren.

Problematisch ist es schließlich, wenn sich ein Journalist wie z.B. ein Paparazzo an eine Person heranpirscht und diese ständig verfolgt, indem er sie Tag und Nacht anruft oder sich längere Zeit in ihrer Nähe aufhält, um Informationen zu sammeln oder Bilder zu schießen. Prominente **Stalking-Opfer** waren z.B. Steffi Graf, Madonna und Steven Spielberg. Strafbar wird dieses Nachstellen durch Journalisten dann, wenn sie sich „beharrlich" ihrem Opfer aufdrängen, so dass dieses in seiner Lebensführung schwerwiegend beeinträchtigt wird.[96] Wenn der Journalist also eine Person nur vereinzelt in zeitlichen Abständen oder nur aus gegebenem Anlass „auflauert", ist das rechtlich betrachtet zulässige Recherche. Entsprechendes gilt, wenn der Bildjournalist heimlich fotografiert, weil sich das Opfer dann der Nachstellung durch den Journalisten nicht bewusst ist und sich von daher nicht beeinträchtigt fühlen kann. Die Grenze des Zulässigen ist allerdings überschritten, wenn die Fotoaufnahmen oder Videos *Persönlichkeitsrechte* verletzen.

Stalking-Handlungen, die strafbar sein können, weil sie die Lebensführung einer Person schwerwiegend beeinträchtigen:
– Telefonanrufe / SMS zu jeder Tages- und Nachtzeit
– Ständiger Schriftkontakt per Brief oder E-Mail
– Penetranter Aufenthalt in der Nähe des Betroffenen (Herumtreiben)
– Ständiges Aushorchen von Dritten, um an Informationen über die Person zu gelangen
– Penetrantes Hinterherlaufen oder Hinterherfahren
– Betreiben gleicher Freizeitaktivitäten und Bedrängen des Opfers
– Eindringen in die Wohnung des Opfers.[97]

Da die Verfolgung von Straftaten Aufgabe der Strafverfolgungsbehörden ist, sind Stalking-Handlungen des Journalisten zur **Aufklärung von Straftaten** nur in seltenen Fällen zulässig, etwa bei einem besonderen öffentlichen Informationsinteresse.

Der Journalist kann sich aber auch wegen „Beihilfe" strafbar machen, wenn er seine Informanten zu einer Straftat ermuntert oder diese bei der Tat unterstützt. Ausreichend ist es bereits, wenn er bei der Tat „Schmiere steht".

Fall

Graffiti-Honorar

Ein Bildjournalist sucht eine Gruppe Jugendlicher auf, von der er weiß, dass sie in der Graffitiszene aktiv ist. Er bietet den jungen Malern ein Honorar an, wenn er sie bei ihrer Arbeit fotografieren kann. Er sagt zu, dass die Jugendlichen im Bericht nicht zu identifizieren sein werden. „Die Künstler" sind einverstanden. Sie verabreden mit dem Bildjournalisten ein Treffen um Mitternacht an einem Abstellgleis auf dem Gelände der städtischen Verkehrsbetriebe. Der Journalist macht zahlreiche Fotos, wie die Jugendlichen ihre Bilder am abgestellten U-Bahn-Waggon anbringen.

Ohne entsprechende Aufforderung und Honorar hätten sich die Jugendlichen zu dieser Aktion nicht hinreißen lassen. Sie wurden vom Journalisten regelrecht dazu ermuntert, also angestiftet. Nach dem Gesetz würde der Journalist wie die Täter bestraft. Und die haben Sachbeschädigung[98] und Hausfriedensbruch[99] begangen, weil sie ohne Genehmigung der Verkehrsbetriebe die Waggons bemalt und das Betriebsgelände betreten haben. Entsprechendes gilt auch, wenn ein Journalist zwar nicht zu einer Tat anstiftet, diese aber in irgendeiner Form und sei es durch psychischen Beistand unterstützt.

Um an Informationen heranzukommen, zahlen manche Redaktionen Geld. Nicht selten kommt es vor, dass der Rechercheur seinem Informanten durch „Versprechungen" Aussagen entlockt, die dieser gar nicht preisgeben durfte. So machen sich Ärzte, Apotheker, Heilpraktiker, Geistliche, Rechtsanwälte, Steuerberater, Psychologen, Sozialarbeiter und Amtsträger strafbar, wenn sie Geheimnisse über andere ausplaudern, die sie bei der Ausübung ihres Berufes erfahren haben.[100] Geschieht das auf Veranlassung des Journalisten, macht sich dieser wegen Anstiftung ebenfalls strafbar. Entsprechendes gilt, wenn der Journalist einem Richter, Soldaten oder Beamten Honorare für Informationen bezahlt, die dieser dienstlich erlangt hat.[101]

Besonderheit Fernsehen: Tonaufnahmen mit **versteckter Kamera** sind generell unzulässig und strafbar, wenn der Verletzte Strafantrag stellt.[102]

Fall

Die Fahrschule

Rundfunkjournalist R hat von einem anonymen Informanten erfahren, dass ein Fahrlehrer Fahrprüfungen fingiert, um die Prüfungsgebühren zu kassieren. Um den Wahrheitsgehalt dieses Hinweises zu überprüfen und gegebenenfalls in einem Beitrag belegen zu können, erkundigt er sich bei einem Fahrschüler nach seinem Prüfungstermin und filmt die Prüfung mit einer versteckten Kamera aus einem anderen Fahrzeug. Es gelingt ihm, nach der Prüfung ein Gespräch zwischen dem Fahrlehrer und dem angeblichen Prüfer aufzuzeichnen, in dem sie sich duzen, lachen und Geldscheine austauschen.

Das heimliche Aufnehmen des Wortwechsels mit versteckter Kamera ist unzulässig und strafbar, weil niemand das nicht öffentlich gesprochene Wort eines anderen aufzeichnen darf.[103] Um das zu verhindern, muss das Kameramikrofon bei den heimlichen Filmaufnahmen abgestellt werden. Dem Fernsehredakteur verbleibt allerdings die Möglichkeit, den Wortwechsel nachsprechen zu lassen und mit Schrift und Bild darauf hinzuweisen, dass das Gespräch aus dem Gedächtnis nachgesprochen wurde. Um nicht *Persönlichkeitsrechte* der Betroffenen zu verletzen, müssen diese zudem durch „pixeln" unkenntlich gemacht werden (mit Ausnahme des Fahrschülers, wenn dieser zuvor eingewilligt hat), bevor diese Bilder ausgestrahlt werden. Zulässig ist es demgegenüber, wenn der Journalist den „unverpixelten" Film für weitere Recherchen nutzt, insbesondere wenn er ihn Mitarbeitern der Führerscheinstelle zeigt. Darüber hinaus darf er auch das angebliche Prüfungsprotokoll abfilmen und in seinem Fernsehbericht zeigen, wobei allerdings der Name des Prüflings geschwärzt werden muss, wenn dieser nicht ausdrücklich in die namentliche Darstellung seines Falles eingewilligt hat.

13. Können Informant und Unterlagen geheim gehalten werden?

Grundsätzlich geht es die Behörden nichts an, mit wem sich der Journalist trifft und woher er seine Informationen erhalten hat.

1. Informantenschutz

Um Missstände aufzudecken und zu recherchieren, sind Journalisten auf Informationen über Vorgänge aus Behörden, Unternehmen und Verbänden angewiesen. Wer Internes offenbart, will anonym bleiben. Geheimnisträger unterliegen Verschwiegenheitspflichten, die sich z.B. für Beamte aus ihrem Dienstverhältnis[104] und für Arbeitnehmer aus dem Arbeitsvertrag ergeben können. Daher wird sich kaum jemand einem Journalisten anvertrauen, wenn er sich nicht darauf verlassen kann, dass dies unter dem Deckmantel der Verschwiegenheit geschieht. Zu groß ist das Risiko, mit einer Disziplinarmaßnahme, Kündigung oder einer anderen Sanktion bestraft zu werden. Dies sollten die Redaktionen auch berücksichtigen, denn es spricht sich schnell herum, wenn ein Journalist seinen Informanten „verbrennt". Auf Grund des Vertrauensverlustes wird er künftig kaum mehr mit vertraulichen Informationen beliefert werden.

Wichtig

Selbst wenn Journalisten rein rechtlich gesehen nicht dazu verpflichtet sind, sollten sie aus berufsethischen Gründen[105] ihre Informanten grundsätzlich geheim halten. Ist das Vertrauen von Informanten verletzt, versiegen viele wichtige Informationsquellen, auf die der Journalist in seiner täglichen Arbeit angewiesen ist.

2. Zeugnisverweigerungsrecht von Journalisten

Normalerweise muss man als Zeuge vor Ermittlungsbehörden und vor Gericht aussagen und zwar wahrheitsgemäß. Für Journalisten gilt dies im Hinblick auf ihre Informanten nicht. Nach der Strafprozessordnung können Redakteure und alle weiteren Personen, die am journalistischen Produkt mitwirken, ausnahmsweise ihre Aussage vor der Polizei, der Staatsanwaltschaft und dem Gericht verweigern.[106] So ist sichergestellt, dass weder innerhalb noch außerhalb einer Redaktion, z.B. beim technischen oder kaufmännischen Personal eines Verlags oder einer Rundfunkanstalt, Erkundigungen über den Informanten eingeholt werden können. Journalisten genießen ein *Zeugnisverweigerungsrecht*.[107] Dieses Recht gilt grundsätzlich auch dann, wenn der Informant gegen Recht und Gesetz verstoßen hat.

Häufig kommt es vor, dass ein Informant etwas über einen anderen sagt, was dessen guten Ruf oder dessen soziales Ansehen beeinträchtigt. Wenn der Journalist z.B. die Behauptung des Informanten veröffentlicht, dass eine bestimmte Person gestohlen hat, muss er im Falle einer gerichtlichen Auseinandersetzung beweisen, dass diese ehrenrührige *Tatsachenbehauptung* wahr ist.[108] Das wird kaum gelingen, wenn der Informant ungenannt bleiben will und keine verwertbaren Beweise für seine ehrenrührigen Behauptungen liefert. In solchen Fällen ist es besser, wenn der Journalist auf eine Veröffentlichung so lange verzichtet, bis er andere Quellen ausgewertet hat, die die Aussage des Informanten stützen.

Wichtig

Das Zeugnisverweigerungsrecht erlaubt es Medienmitarbeitern, den Namen des Informanten und Mitteilungen und Fakten, die zu dessen Identifizierung führen, zu verschweigen. Wird der Journalist vom Gericht oder von den Ermittlungsbehörden vorgeladen, muss er außer seinen persönlichen Daten wie Name, Beruf, Wohnsitz, Alter und Familienstand keine weiteren Angaben machen, wenn er sich auf sein *Zeugnisverweigerungsrecht* beruft.[109]

Zur **Aufklärung eines Verbrechens** kann das *Zeugnisverweigerungsrecht* ausnahmsweise eingeschränkt werden.[110] Das gilt auch bei Friedensverrat, Gefährdung des demokratischen Rechtsstaats, Straftaten gegen die sexuelle Selbstbestimmung oder bei Geldwäsche, wenn die Erforschung des Sachverhalts oder die Ermittlung des Aufenthaltsortes des Beschuldigten auf andere Weise aussichtslos oder wesentlich erschwert wäre.[111]

Wer als Journalist über eine **bevorstehende schwere Straftat** Informationen erlangt, die den Behörden noch nicht bekannt sind, muss dies mitteilen, wenn er sich nicht strafbar machen will.[112]

3. Beschlagnahme und Durchsuchungsverbot bei Journalisten und Medien

Da Journalisten keine Angaben über ihre Informanten machen müssen, könnten die staatlichen Ermittlungsbehörden auf den Gedanken kommen, in die Unterlagen oder Notizbücher der Journalisten zu schauen, um auf diese Weise Rückschlüsse auf eine Quelle ziehen zu können. Dadurch würde das *Zeugnisverweigerungsrecht* ausgehebelt werden. Um das zu verhindern, sind alle Arbeits- und Wirkungsbereiche eines Journalisten, wie z.B. dessen Laptop, Redaktionsbüro, Auto oder Aktentasche vor staatlichem Zugriff geschützt. Hier gilt nach der Strafprozessordnung ein „Beschlagnahme- und Durchsuchungsverbot".[113]

Auch **selbstrecherchierte** Schriftstücke, Datenträger und sonstige Unterlagen, die in Redaktionen, Verlagen oder Druckereien liegen, dürfen grundsätzlich nicht beschlagnahmt werden.[114] Das gilt allerdings nur für sogenanntes „sauberes" Material. Auf alle Gegenstände, die durch eine Straftat entstanden sind, wie z.B. Falschgeld und Raubkopien oder auf Gegenstände, die zur Begehung einer Straftat benutzt worden sind, wie z.B. eine Waffe oder ein Tatfahrzeug oder auf Gegenstände, die aus einer Straftat stammen, wie z.B. gestohlene Akten, darf der Staat zugreifen.

Wenn der **Journalist verdächtig ist,** sich an einer Straftat beteiligt zu haben, gelten die Privilegierungen nicht. Juristen stritten sich lange darüber, ob sich der Journalist schon dann strafbar macht, wenn er vertrauliche Dokumente veröffentlicht, weil er sich dadurch am Bruch der Amtsverschwiegenheit beteiligt.[115] Diesen Streit hat das höchste deutsche Gericht entschieden. Die Richter in Karlsruhe betonten, dass die bloße Veröffentlichung eines Dienstgeheimnisses durch Journalisten nicht reicht, um einen Verdacht der Beihilfe des Journalisten zum Geheimnisverrat zu begründen. Nach diesem Urteil[116] sind auch Durchsuchungen und Beschlagnahmen in einem Ermittlungsverfahren gegen Presseangehörige unzulässig, wenn sie ausschließlich oder vorwiegend dem Zweck dienen, die Person des Informanten zu ermitteln und sich der Journalist nicht strafbar gemacht hat.

Beschlagnahmen müssen grundsätzlich durch einen Richter angeordnet werden. Nur bei „Gefahr im Verzug" dürfen Staatsanwaltschaft und Polizei eigenständig handeln. Entsprechendes gilt, wenn eine Redaktion durchsucht werden soll.[117] Die Polizei darf damit ohne richterlichen Durchsuchungsbefehl grundsätzlich keine Redaktionsräume durchsuchen.

Wichtig

Wenn Arbeitsräume in der Redaktion durchsucht werden, sollte man umgehend einen Hausjuristen oder einen Rechtsanwalt informieren bzw. hinzuziehen. Ratsam ist es, einer Durchsuchung der Redaktion unter Hinweis auf das *Zeugnisverweigerungsrecht* zu widersprechen und dafür Sorge zu tragen, dass dies protokollarisch festgehalten wird. Entsprechendes gilt bei Beschlagnahmen.

Fall

Das Bekennerschreiben

Die Redaktion einer Zeitung erhält ein anonymes Bekennerschreiben. Darin steht, welche Organisation für ein kürzlich begangenes Verbrechen verantwortlich ist. Darüber informiert die Redaktion die Staatsanwaltschaft und teilt den Inhalt des Briefes vollständig am Telefon mit. Die Strafverfolgungsbehörden verlangen den Brief zur Spurensicherung. Weil die Redaktion dies ablehnt, wird der Brief kurze Zeit später beschlagnahmt. Die Redaktion widerspricht dieser Beschlagnahme und beruft sich auf das *Zeugnisverweigerungsrecht*. Zu Recht?

Die Beschlagnahme ist unzulässig, wenn der Redaktion insoweit ein *Zeugnisverweigerungsrecht* zusteht, weil zwischen der Redaktion und dem Informanten ein Vertrauensverhältnis besteht. Das ist bei einem Bekenneranruf oder bei einem Bekennerschreiben nicht gegeben. Vielmehr beabsichtigen diese Informanten, dass ihre Mitteilungen über die Medien an die Öffentlichkeit gelangen. Zum anderen hat die Redaktion den Inhalt des Anrufs den Strafverfolgungsbehörden offenbart und dadurch zum Ausdruck gebracht, dass sie ihre Beziehung zum Informanten als nicht vertrauenswürdig erachtet. Deswegen ist die Beschlagnahme ausnahmsweise zulässig.

Viele Journalisten befürchten nicht zuletzt wegen der NSA-Affäre und den Enthüllungen von Edward Snowden in großem Umfang eine globale verdachtsunabhängige Überwachung der Telekommunikation. Im Alltag versuchen Journalisten deshalb bei sensiblen Recherchetätigkeiten u.a. mit unterschiedlichen Methoden weitgehend einer befürchteten staatlichen Überwachung aus dem Weg zu gehen, indem sie z.B. wechselnd mit anonymen Prepaid-Handys oder von öffentlichen Telefonzellen aus telefonieren, auf das Faxen von Schriftstücken wegen der Absenderkennung verzichten und sich mit ihren Informanten an unverdächtigen Orten treffen.

14. Ist das Internet verwertbar?

Die identische Übernahme von Elementen von einer Webseite auf eine andere oder in ein „klassisches Medium" wie Zeitung, Zeitschrift, Hörfunk oder Fernsehen ist rechtlich grundsätzlich unzulässig, wenn sie urheberrechtlich geschützt sind und keine Zustimmung des Urhebers oder des Berechtigten vorliegt.[118] Das *Urheberrecht* schützt unter anderem Texte, Bilder, Illustrationen, Grafiken, Audios und Videos.

Als sprudelnde Informationsquelle ist das Internet fester Bestandteil im journalistischen Alltag, auch wenn sich der Journalist grundsätzlich nicht auf die abrufbaren Informationen verlassen kann. Was er im Netz liest, sieht oder hört, muss nicht alles seriös und wahr sein.[119] Deswegen wird der Journalist die Informationen aus dem Internet sorgfältig nachrecherchieren.[120]

1. Das Abkupfern von Texten aus dem Internet

Fremde Texte aus dem Internet darf man als Quelle nutzen und verwerten. So kann der Journalist zum Beispiel zu einem im Internet aufgegriffenen Thema selbst Recherchen anstellen und dazu einen eigenen ähnlichen Text, Hörfunkbeitrag oder einen Fernsehbeitrag erstellen und veröffentlichen. Unzulässig wäre nur die wortwörtliche Übernahme fremder Texte, weil diese fast immer urheberrechtlich geschützt sind, wenn sie individuell entstanden sind.[121] Das gilt auch für fremde Texte, die Informationen über einen selbst enthalten. Wird ein solcher Text öffentlich zugänglich gemacht indem er z.B. auf öffentlichen Facebook-Seiten gepostet wird, verletzt dies das *Urheberrecht* des Autors.

Gegen die wortwörtliche Übernahme von Pressemitteilungen ist hingegen nichts einzuwenden, da sie dem Zweck der größtmöglichen Verbreitung dienen. Das gilt jedenfalls, solange die **Pressemitteilung** keine ausdrücklichen Einschränkungen enthält.

Besonderheit Online und Social Media: Ein Text muss eine gewisse Länge haben um urheberrechtlich geschützt zu sein, es sei denn, dass der Text trotz seiner Kürze individuell kreative Züge aufweist, wie z.B. bei einem kurzen Reim oder einem kurzen Gedicht. **Tweets** sind deshalb fast nie urheberrechtlich geschützt, weil der Verfasser mit seinen maximal 140 Zeichen selten individuell-kreatives Potential freisetzt. Entsprechendes gilt auch für **Statusupdates** oder **Pinnwandeinträge** im Social Web wie z.b. bei Google+ oder auf Facebook. Jeder darf deshalb grundsätzlich kurze Tweets und kurze Nutzerbeiträge anonymer Verfasser vervielfältigen und z.B. in seinem Nachrichtenblog oder im Printartikel abbilden.

Fall

Homestories vom Schlagersänger
Ein bekannter Schlagersänger veröffentlicht auf seiner Fanpage auf Facebook und bei Twitter interessante Details aus seinem Privatleben, um die Bindung zu seinen Fans zu vertiefen und um Aufmerksamkeit zu erhaschen. Ein Boulevardmagazin will darauf zurückgreifen und fragt, ob es einige Passagen daraus unverändert abdrucken darf.

Indem der Schlagersänger seine Texte auf der eigenen Facebook-Pinnwand postet, macht er diese Inhalte öffentlich zugänglich. Das Boulevardmagazin darf die Passagen des Künstlers dennoch nicht wortwörtlich übernehmen, wenn die geposteten Texte urheberrechtlich geschützt sind. Die meisten Texte sind urheberrechtlich geschützt mit Ausnahme von kurzen Texten wie Tweets. Die Grenzen sind fließend. Bei einem etwas längeren Text auf Facebook ist diese Grenze bereits überschritten. Es ist grundsätzlich nicht gestattet, einen geschützten Text ohne Einwilligung des Urhebers oder des Berechtigten der Öffentlichkeit anzubieten. Dies gilt bei einer Verbreitung im Offlinebereich wie in Zeitschriften, Zeitungen und Büchern genauso wie im Onlinebereich auf Websites, Blogs und in sozialen Netzwerken. Die wortwörtliche Übernahme der vom Schlagersänger geposteten Texte auf Facebook ist also nicht zulässig.[122] Die inhaltliche Wiedergabe mit eigenen Worten ist dagegen erlaubt, zumal der Künstler einem größeren Kreis im Social Web freiwillig Informationen aus seinem Privatleben offenbart hat. Er nutzt die neuen Medien bewusst, um Informationen von sich preiszugeben, er betreibt mithin Öffentlichkeitsarbeit in eigener Sache. Er kann sich deshalb dem Boulevardmagazin gegenüber nicht mehr auf die Verletzung seiner Persönlichkeitsrechte in Bezug auf die von ihm veröffentlichten Informationen über sein Privatleben berufen.

Wichtig

Auch bei scheinbar trivialen Texten liegt meist die Kunst in der Formulierung. Deswegen sind fast alle Texte urheberrechtlich geschützt und dürfen ohne Zustimmung des Urhebers nicht wortwörtlich aus dem Internet für eigene publizistische Beiträge übernommen werden. Rechtlich unproblematisch ist es dagegen fast immer, wenn kurze Statusupdates oder Tweets veröffentlich werden oder wenn der Journalist Informationen aus fremden Quellen mit eigenen Worten wiedergibt oder zitiert[123]. Zur Verbreitung von Links braucht man ebenfalls keine Einwilligung, da diese lediglich Wegweiser zu Inhalten sind.

2. Die Verwendung von Bildern und Filmsequenzen aus dem Internet

Alle Fotos im Internet sind urheberrechtlich geschützt und dürfen ohne Genehmigung des Urhebers oder eines Berechtigten nicht zur Illustration eines eigenen Artikels oder eines Beitrags im Fernsehen verwendet werden. Dabei kommt es nicht darauf an, ob ein Foto individuell und kunstvoll gestaltet ist oder ob es sich um einen Schnappschuss handelt. Der Unterschied besteht darin, dass letzterer lediglich für 50 Jahre nach erstmaliger Veröffentlichung und das kunstvoll gestaltete Foto bis 70 Jahre nach dem Tod des Fotografen urheberrechtlich geschützt ist.[124] Danach sind die Bilder frei und dürfen veröffentlicht und verbreitet werden.

Rechtlich riskant ist es auch, wenn der Journalist Bilder veröffentlicht, auf denen **Personen** abgebildet sind. Grundsätzlich braucht er dazu die Einwilligung der abgebildeten Personen. Diese Einwilligung muss er im Streitfall beweisen können. Wenn er sich mit Personenfotos aus dem Internet ohne Rücksprache bedient, wird ihm dies nicht gelingen. Selbst wenn die Personen auf dem Foto einer Verbreitung im Internet zugestimmt haben, heißt das noch lange nicht, dass sie z.B. mit einer Verbreitung in einer Tageszeitung oder im Fernsehen einverstanden sind. Entsprechendes gilt auch für Filmsequenzen aus dem Internet.[125]

Fall

Die Massenpanik

Auf einem in einer Messehalle veranstalteten Rockkonzert kommt es aufgrund eines Feuerausbruchs zu einer Massenpanik. Vier junge Erwachsene werden auf dem Weg zum Ausgang von anderen Besuchern so schwer getreten, dass sie verletzt ins Krankenhaus eingeliefert werden. Ein Opfer erliegt wenig später seinen Verletzungen und stirbt. Ein Journalist findet heraus, wer die Patienten sind und wer gestorben ist. Anschließend versucht er erfolgreich auf Facebook an Fotos und Informationen über die vier Opfer zu gelangen. Nachdem er fündig geworden ist, möchte er vom Chefredakteur einer überregionalen Zeitung wissen, ob er die Fotos und Informationen über die Betroffenen in seinen Beitrag über die Katastrophe einbauen darf.

Wer Bilder von sich ins Netz stellt, erteilt nur den Besuchern der Seite die Erlaubnis, seine Fotos dort zu betrachten.[126] Will der Journalist die Bilder für den Abdruck in der Zeitung nutzen oder will er die Bilder in eine andere Internetseite einbauen, braucht er die Einwilligung des Abgebildeten.[127] Entsprechendes gilt für Informationen aus dem privaten Bereich.[128] Diesen Schutz kann eine Person dadurch verlieren, dass sie freigiebig private Fotos, Videos oder private Informationen im Internet für alle öffentlich zugänglich macht. Fachleute sprechen in diesen Fällen von einer sog. Selbstbegebung.[129] Sie ist demnach „das Öffnen der Tür zum Privaten". So nutzen z.B. Prominente ihre Fanpage auf Facebook dazu, ihre Fans mit privaten Informationen zu versorgen und betreiben damit bewusst Öffentlichkeitsarbeit in eigener Sache. Teilweise stellen sie dabei ihre Personenfotos zum Presseabdruck zur Verfügung. Zu vergleichen sind solche Veröffentlichungen mit Pressemitteilungen, die eine schlüssige Einwilligung zur größtmöglichen Verbreitung beinhalten. Das trifft hier im vorliegenden Fall auf die unfreiwillig zum Opfer einer Katastrophe gewordenen Personen nicht zu. Insoweit braucht der Journalist eine Einwilligung, will er die Informationen und Bilder aus dem Internet veröffentlichen. Im Fall des verstorbenen Opfers braucht der Journalist die Einwilligung der Hinterbliebenen.[130] Unabhängig hiervon ist die Entnahme von Bildern aus dem Internet durch Medien urheberrechtlich problematisch. An Fotos und Videos hält in der Regel der Fotograf oder der Kameramann Rechte. Praktisch bedeutet dies, dass nur sie bestimmen dürfen, ob und wo Bilder veröffentlicht werden. Der Journalist muss die Urheber also vorher um ihre Zustimmung fragen.

Manche Journalisten halten es für unbedenklich, wenn sie Teile aus einem fremden Schnappschuss, wie z.B. ein Stück Himmel oder einen Baum, in den eigenen Beitrag übernehmen. Unzulässig ist es aber auf jeden Fall, wenn Ausschnitte aus einem kunstvoll gestalteten Foto übernommen werden. Bei der Fotokunst sind auch eindrucksvolle Details geschützt, die nicht den Mittelpunkt des Bildes bilden. Wenn der Grafiker Fotos aus dem Internet bearbeiten und veröffentlichen möchte, bedarf es der Zustimmung des Urhebers.[131] Will er hingegen ein fremdes Bild aus dem Internet lediglich als Anregung für ein eigenes Foto verwenden, darf er das auch ohne vorher zu fragen, wenn die Vorlage in seinem Werk verblasst.[132] Unzulässig ist dagegen die sklavische Nachahmung. Die Grenzen in all diesen Fällen sind fließend. Auf der rechtlich sicheren Seite ist jeder Medienschaffende, wenn er sich die Zustimmung des Urhebers oder des Berechtigten in Form einer sogenannten Freistellungserklärung einholt, bevor er die urheberrechtlich geschützten Werke, wie z.B. Fotos, Bildsequenzen, Grafiken oder Illustrationen veröffentlicht.

Muster

für eine Freistellungserklärung:

Ich bin Inhaber der Domain und Betreiber der Website *(www.-Adresse)*.
Ich bin damit einverstanden, dass folgende Elemente dieser Website oder Teile davon im Rahmen *(Auswahl)*

- ☐ eines Zeitungsartikels am *(Datum)*
- ☐ einer Fernsehsendung am *(Datum, evtl. Anzahl der Wiederholungen)*
- ☐ eines Webauftritts ... *(genaue Bezeichnung, wo das Element im Internet eingebettet werden soll)*

genutzt werden.
Die Einräumung der o.g. Rechte erfolgt

- ☐ unentgeltlich
- ☐ gegen einen Betrag von ___ Euro

Ich erkläre weiterhin, dass ich über die für die beschriebene Nutzung der Website erforderlichen Rechte verfüge und stelle den *(Medienanbieter)* von allen Ansprüchen frei, die Dritte ihm gegenüber wegen der oben genannten Nutzung geltend machen. Dies gilt auch für die Kosten einer evtl. notwendig werdenden Rechtsverteidigung.

_____   _____
(Ort, Datum)   Unterschrift

Besonderheit Online und Social Media: Journalisten fordern oft ihre Leser im Internet dazu auf, ihre Artikel auf den Social Media Plattformen zu empfehlen oder zu teilen. Wenn der Nutzer dieser Aufforderung folgt, wird auf seiner Pinnwand automatisch ein Vorschaubild erstellt. Um rechtlich auf Nummer sicher zu gehen, sollte der Journalist deshalb schon im Zeitpunkt der Recherche prüfen, ob der Fotograf oder der Berechtigte des Bildes damit einverstanden ist, dass sein Foto in den sozialen Plattformen vervielfältigt wird. Denn selbst wenn der Fotograf damit einverstanden ist, dass der Journalist sein Bild auf der Website nutzen darf, heißt das noch lange nicht, dass er anderen Nutzern die Veröffentlichung des Bildes auf den Social Media-Pinnwänden gestattet. Das muss zuvor zwischen dem Journalist und dem Fotograf vereinbart werden. Entsprechendes gilt für Videos.

Besonderheit Fernsehen: An einer Website bestehen viele urheberrechtlich geschützte Elemente z.B. von Grafikern, Designern, Programmierern und Redakteuren. Diese stimmen zwar grundsätzlich der weltweiten Verbreitung ihrer Werke und Leistungen im Internet zu, aber nicht zwangsläufig auch einer Verbreitung im Fernsehen oder in einer gedruckten Zeitung oder Zeitschrift.

Fall

Der Studiogast

Ein regionaler Fernsehsender hat einen Studiogast, der Betreiber einer Internetseite ist, eingeladen, um ein Interview mit ihm aufzuzeichnen. Thema des Interviews ist ein Internetauftritt, der spezielle Jugendangebote bereithält. Der Redakteur fragt den Studiogast, ob das Interview mit Ausschnitten aus dessen Internetangebot bebildert werden kann. Der Studiogast willigt ein. Ist der Fernsehsender damit rechtlich abgesichert?

In der Regel fragt ein Betreiber während der Entstehung einer Website nicht danach, ob er die von ihm übernommenen urheberrechtlich geschützten Gestaltungselemente über den Online-Auftritt hinaus zusätzlich z.B. für eine Verbreitung im Fernsehen verwenden darf. Ohne diese Rechte des Texters, Grafikers, Fotografen etc. ist der Studiogast nicht autorisiert, einer Verbreitung seiner Website im Fernsehen zuzustimmen. Anders wäre es, wenn alle Inhalte der Website vom Studiogast selbst stammen oder die jeweiligen Rechteinhaber ihre Genehmigung zusätzlich für eine Rundfunkverbreitung erteilt haben. Zur rechtlichen Absicherung ist dem Fernsehsender zu raten, vom Studiogast eine entsprechende Freihalteerklärung einzufordern.

---

3. Internetseiten, die man besser nicht zeigt

Internetseiten, die jugendgefährdende, rassistische, gewaltverherrlichende oder pornographische Inhalte aufweisen, dürfen nicht gezeigt werden, anderenfalls macht man sich strafbar. Das gilt auch, wenn die Website *Persönlichkeitsrechte* verletzt, z.B. von abgebildeten Personen.[133] Soll das Material dennoch zum Zwecke der Dokumentation veröffentlicht werden, sollten problematische Bildstellen technisch so bearbeitet werden, dass keine Personen oder problematische Inhalte mehr erkennbar sind.

4. Wann ist eine identische Übernahme aus dem Internet erlaubt?

Ausnahmsweise darf der Journalist kostenlos kurze Passagen eines Textes aus dem Internet für seinen eigenen Beitrag verwenden, wenn er die Quelle nennt. Dieses Recht wird im Gesetz als sogenanntes **Zitatrecht** bezeichnet.[134] Zulässig ist ein Zitat nur, wenn es zur Erläuterung und Erhellung des eigenen publizistischen Textes dient. Entsprechendes gilt für Bildzitate, wenn sich z.B. ein Journalist kritisch mit Werbebotschaften befasst und seine Aussagen mit einschlägigen Werbeanzeigen belegt.

Fall

Das gestohlene Bild

Ein Printjournalist schreibt einen Beitrag über einen Millionendieb, der nach jahrelanger Flucht von der Polizei gefasst worden ist. Da das Redaktionsarchiv kein Bild vom Täter hat, bedient sich der Redakteur eines Fotos aus dem Internet unter Benennung der Quelle. Darf er das?

Bilder, auch Porträts, sind urheberrechtlich geschützt und dürfen nur mit Zustimmung des Urhebers verbreitet werden. Ausnahmsweise kann darauf verzichtet werden, wenn die Verwendung des Bildes als Zitat zu qualifizieren ist. Das setzt voraus, dass es der Journalist als Beleg für seine eigenen Aussagen nutzt. Im vorliegenden Fall verwendet der Journalist das Bild als Ersatz nicht vorhandener Fotos. Daher kann er sich nicht auf das Zitatrecht berufen. Er muss das Bild beim Berechtigten „einkaufen", indem er eine entsprechende *Lizenz* erwirbt.

Wichtig

Es ist rechtlich unzulässig, wenn eine Redaktion Texte, Bilder oder Filmsequenzen aus dem Internet übernimmt, um Kosten für eigene Recherchen und Fotos zu sparen. So ist es z.B. nicht gestattet, zur Besprechung eines Musikalbums eine fremde Fotografie des Albumcovers zu verwenden.

Das Downloaden von Videos aus **YouTube** verstößt klar und deutlich gegen die Nutzungsbedingungen von YouTube, obwohl es im deutschen *Urheberrecht* unter bestimmten Voraussetzungen ein Recht auf Privatkopie gibt.[135] Rechtlich unzulässig ist es aber auf jeden Fall, wenn der Journalist urheberrechtlich geschütztes Material aus YouTube für seinen Beitrag nutzt. Eine Urheberrechtsverletzung begeht der Journalist immer dann, wenn er urheberrechtlich geschützte Werke wie z.B. (Musik-)Videos oder Bilder daraus ohne Genehmigung des berechtigten Urhebers verbreitet. Außerdem kann er *Persönlichkeitsrechte* verletzen, weil die im Video abgebildeten Personen nicht mit der Verbreitung ihres Bildnisses einverstanden sind.[136]

Viele Videos sind ohne Autorisierung der Berechtigten auf YouTube öffentlich zugänglich gemacht. YouTube prüft nämlich grundsätzlich nicht, ob die auf ihrer Plattform veröffentlichten Videos mit Genehmigung der Urheber hochgeladen wurden. Erst auf Beschwerde der Urheber entfernt YouTube das beanstandete Video von seiner Plattform.

Im Internet werden vielfach Texte und Bilder zur freien Nutzung angeboten. Creative-Commons-Lizenzen (CC-Lizenzen) sind kostenfreie Standardlizenzen, die die Verwendung von urheberrechtlich geschützten Werken erleichtern, weil man nicht direkt mit dem Urheber verhandeln muss.

Abb. 2: Creative Commons ist eine Non-Profit-Organisation, die Urhebern hilft, ihre geschützten Inhalte in Form von Standard-Lizenzverträgen anzubieten.

Viele dieser Angebote sind allerdings an die Bedingung geknüpft, dass man sie nicht kommerziell nutzt. Daher müssen die Geschäftsbedingungen dieser „freien" Lizenzen sorgfältig überprüft werden, bevor man deren Inhalte für publizistische Zwecke nutzt und verbreitet. Werden die Nutzungsbedingungen nicht beachtet, ist die Übernahme unzulässig und kann zivil- und strafrechtliche Folgen nach sich ziehen.

Fall

Die freie Lizenz

Fotograf F stellt im Internet ein Foto des Erfurter Doms so zur Verfügung, dass das Foto zwar kostenlos verwendet werden darf, aber eine Bearbeitung und kommerzielle Nutzung ausgeschlossen sein soll. Er benutzt hierfür die Lizenzsymbole der Creativ-Commons-Lizenzen (CC-Lizenzen)[137] wie folgt:

Der festangestellte Redakteur R will wissen, ob er das Foto für den Social Web-Auftritt seiner Tageszeitung nutzen darf.

Das linke Symbol der CC-Lizenz verlangt, dass der Fotograf bei der Verwendung seines Fotos genannt wird. Das rechte Symbol verlangt, dass das urheberrechtlich geschützte Werk vom Nutzer unbearbeitet verwendet wird. So dürfen z.B. die Farben des Fotos nicht verändert werden. Das Symbol erlaubt dem Nutzer allerdings, das Foto maßstabgetreu zu vergrößern oder zu verkleinern. Das mittlere Symbol schließt eine kommerzielle Nutzung des Fotos aus[138]. Das bedeutet, dass das Foto ausschließlich für eine private Nutzung verwendet werden darf. Die Nutzung des Fotos im Social Web-Auftritt der Tageszeitung ist keine private Nutzung. Die Betreiber der sozialen Plattformen wie Facebook, Google+ und Twitter lassen sich erweiterte Nutzungsrechte an geposteten Bildern, Videos und Texten einräumen. So steht es in deren jeweiligen Nutzungsbedingungen. Würde R also das Foto auf der Fanpage der Tageszeitung auf Facebook hochladen, würde er automatisch Facebook ein Nutzungsrecht an dem Foto von F einräumen und damit das Foto kommerziell verwenden. Das aber erlaubt F ausdrücklich nicht. Vielmehr gestattet er die Nutzung seines Fotos nur für nicht kommerzielle Zwecke. Das Foto kann die Tageszeitung also nicht für ihren Social Media-Auftritt nutzen.

Wichtig

Wer fremde Inhalte wie Fotos, Videos oder urheberrechtlich geschützte Texte auf Facebook, Google+ oder Twitter postet, braucht nicht nur die Zustimmung des Urhebers oder des Berechtigten für eine Onlineverwendung, sondern zusätzlich dessen Zustimmung, dem jeweiligen Plattformbetreiber ein Nutzungsrecht einräumen zu dürfen. Falls das urheberrechtlich geschützte Foto oder Video Personenbildnisse enthält, benötigt der Journalist auch noch die Einwilligung der abgebildeten Personen.[139]

Alle Inhalte, die legal, also mit Zustimmung der Urheber oder der Berechtigten auf Facebook und anderen sozialen Plattformen veröffentlicht wurden, dürfen innerhalb der jeweiligen Plattform auch legal „geteilt" werden oder mit einem „Gefällt mir-Klick" weiterverbreitet werden.[140]

Amtliche Werke, wie z.B. Gesetze, Verordnungen, Erlasse und Bekanntmachungen dürfen auch aus dem Internet übernommen werden, weil sie keinen urheberrechtlichen Schutz genießen.[141]

Einfache **Logos** sind zwar wegen ihrer reduzierten Formgebung urheberrechtlich nicht geschützt, genießen aber nach markenrechtlichen Bestimmungen Schutz. Wenn solche Logos aus dem Internet lediglich zur Berichterstattung übernommen und veröffentlicht werden, ist dies rechtlich unbedenklich, solange nicht die Schwelle zur Schleichwerbung überschritten wird.[142]

Wenn der Webauftritt auf einem Foto oder in einer Filmsequenz von untergeordneter und nebensächlicher Bedeutung ist, also nur als unwesentliches **Beiwerk** erscheint (beispielsweise bei einem Interview auf dem Bildschirm im Hintergrund), darf er ohne Genehmigung des Urhebers gezeigt werden.[143] Entsprechendes gilt, wenn auf einem Titelbild ein Mensch ein bedrucktes T-Shirt trägt, dessen Aufdruck beliebig austauschbar ist und keinen Bezug zum Titelthema aufweist.[144]

Abb. 3: Quelle: Focus 22. Mai 2006

15. Müssen Behörden von sich aus informieren?

Staatliche Behörden sind nicht verpflichtet, von sich aus die Medien über interne Vorgänge in der Verwaltung und über Akteninhalte zu informieren. Gibt eine Behörde von sich aus amtliche Bekanntmachungen oder Pressemitteilungen heraus, muss sie dafür sorgen, dass grundsätzlich alle relevanten Medienvertreter diese Informationen erhalten.[145] Praktisch ergibt sich daraus, dass z.B. Behörden unliebsame Journalisten von Pressemitteilungen, Pressekonferenzen oder Pressefahrten nicht ausschließen dürfen.

Fall

Der unerwünschte Journalist
Noch bevor die neue Staatskanzlei eröffnet wird, gelingt es dem Lokalreporter einer Abendzeitung, in den Neubau einzudringen, um schon vorab über die architektonischen Mängel zu berichten. Darüber ist die Staatskanzlei so verärgert, dass sie den Journalisten nicht an den offiziellen Einweihungsfeierlichkeiten teilnehmen lassen will. Sie begründet dies damit, dass der Journalist im Unterschied zu seinen Kollegen bereits alles gesehen habe, der Hausherr ihn nicht sehen möchte und schließlich Kollegen aus seiner Redaktion am Fest teilnehmen. Darf die Staatskanzlei den Lokalreporter ausladen?
    Grundsätzlich haben Behörden wie z.B. die Staatskanzlei alle Journalisten gleich zu behandeln. Sie dürfen weder zwischen „guter" und „schlech-

ter" Presse unterscheiden noch Journalisten bevorzugen, die durchweg positiv über ihre Arbeit berichten. Daher muss die Staatskanzlei auch dem unbeliebten Lokalreporter ermöglichen, an den Einweihungsfeierlichkeiten teilzunehmen, so schwer es ihr auch fallen mag.

Manchmal ist eine Behörde z.b. aus Platzgründen oder wegen eines hohen finanziellen Aufwands gezwungen, sich auf eine begrenzte Zahl von Medienvertretern zu beschränken. Das nötigt die Behörde dazu, eine sachgerechte, vernünftige und nachvollziehbare Auswahl unter den Medienvertretern zu treffen. Die stets positive und unkritische Berichterstattung eines Journalisten gegenüber einer Behörde oder dessen politische Grundeinstellung ist dabei kein sachgerechtes und zulässiges Auswahlkriterium und wäre somit rechtlich angreifbar.

Anders ist es, wenn **private Firmen** zu einer Pressekonferenz einladen, um z.b. ein neues Produkt vorzustellen. Sie müssen im Gegensatz zu Behörden die Journalisten nicht gleich behandeln. So können sie z.b. frei wählen, wen sie aus den Reihen der Journalisten zu ihrer Produktpräsentation einladen.

Im Unterschied hierzu können Journalisten nicht ausgeschlossen werden, wenn sie an einer **öffentlichen Versammlung** teilnehmen und sich als Pressevertreter gegenüber dem Leiter der Versammlung legitimieren. Unter einer öffentlichen Versammlung versteht man eine Veranstaltung in geschlossenen Räumen, die für jedermann grundsätzlich frei zugänglich ist, also z.b. keine Mitgliedschaft einer Vereinigung voraussetzt.[146]

16. Kann der Journalist Behördenauskünfte erzwingen?

Grundsätzlich kann der Journalist von allen staatlichen Stellen, also von den Verwaltungsbehörden des Bundes, der Länder und Kommunen und von den Justizbehörden wie Gerichten und Staatsanwaltschaften verlangen, dass sie ihm wahrheitsgemäß, vollständig und zügig auf seine Fragen antworten.[147]

Auf diesen „Informationsanspruch" können sich alle Mitarbeiter der Presse, der Rundfunkanstalten, der Telemedienanbieter mit journalistisch-redaktionell gestalteten Angeboten und der Nachrichtenagenturen berufen, solange sie ihrer Funktion nach nicht nur rein technische oder kaufmännische Tätigkeiten im Medienunternehmen ausüben.[148] Die Informationspflicht der Behörden erleichtert die Recherche und trägt dazu bei, dass die Medien staatliche Vorgänge und politische Entscheidungen kritisch begleiten, kontrollieren und transparent machen können. Wenn der Staat seine Aufgaben privatisiert, also auf privatwirtschaftlich organisierte Unternehmen meist in Form einer Gesellschaft mit beschränkter Haftung (GmbH) überträgt, bleibt er trotzdem auskunftspflichtig. Das trifft überwiegend auf Firmen zu, die die Bürger mit Wasser, Strom und Gas versorgen. Auch Krankenhäuser und Theater sind inzwischen weitgehend privatrechtlich organisiert. Gegen die Leitung solcher Unternehmen haben die Medien einen „Auskunftsanspruch", wenn der Staat die Mehrheit der Anteile bzw. Stimmrechte am jeweiligen Unternehmen hält.[149] Verweigern solche privatrechtlich organisierten Unternehmen die Auskünfte, kann der Journalist auf den Träger des Unternehmens, also z.B. auf die Stadtverwaltung zurückgreifen.[150]

1. Was der Auskunftsanspruch voraussetzt

Obwohl der Auskunftsanspruch der Journalisten gesetzlich verbrieft ist, halten sich einige Behörden manchmal nicht daran und verweigern die Auskunft. Ob eine Behörde einem Journalisten antworten muss, hängt davon ab, ob er einen Informationsanspruch hat. Nach dem Gesetz sind das die „Vertreter der Presse". Darunter fallen Personen und Organisationen wie z.B. Verleger, Herausgeber und Redakteure, die zur Herstellung eines Medienprodukts beitragen, selbst wenn dies nur gelegentlich geschieht, wie etwa bei freien Mitarbeitern oder Volontären.[151]

„Vertreter der Presse" sind unzweifelhaft Journalisten, die einen Beitrag zur öffentlichen Meinungsbildung leisten. Dazu können auch Anbieter von Social-Media-Auftritten zählen, soweit sie redaktionell-journalistische Inhalte anbieten und sich dabei journalistischer Techniken, wie z.B. sorgfältiger Recherche und Fact-checking bedienen.

Behörden lehnen oft eine Auskunft mit der Begründung ab, dass sie nicht wissen, ob der Journalist tatsächlich für ein Medium recherchiert oder ob er nur private Nachforschungen anstellt. Um über jeden Zweifel erhaben zu sein und um der Behörde kein Argument für eine ablehnende Haltung hinsichtlich des Informationsanspruchs zu bieten, ist es praktisch, wenn sich vor allem freie Journalisten durch das Schreiben einer Redaktion legitimieren können:

Muster

für ein Legitimationsschreiben:
Hiermit bestätigt (*ein Medienanbieter wie z.B. die Redaktion einer Zeitung oder einer Rundfunkanstalt*), dass Herr/Frau (*Name*) am (*Datum*) derzeit für einen Artikel zum Thema _____ recherchiert.

_____   _____
(Ort, Datum)   Unterschrift

Mit entsprechenden Legitimationsschreiben können sich auch Online- und Rundfunkjournalisten ausrüsten. Manchmal genügt den Behörden ein Presseausweis oder die Vorlage des Impressums. Wenn sich der Journalist nicht ausweisen kann, darf die Behörde die gewünschten Auskünfte grundsätzlich verweigern. Ebenso ist die Behörde auf Aufforderung des Journalisten nicht verpflichtet, abstrakt zu einem bestimmten Sachverhalt oder Vorfall Stellung zu nehmen. Daher muss der Journalist konkrete und präzise Fragen zu einem bestimmten Vorgang oder *Tatsachenkomplex* stellen. Es genügt nicht, wenn er die Behörde ganz pauschal zur Kommentierung eines Vorfalls auffordert. Der Journalist ist nicht verpflichtet, der Behörde mitzuteilen, zu welchem Zweck er Auskunft verlangt. Die Behörde darf die Beantwortung der Fragen nicht ablehnen, weil diese ihrer Auffassung nach sinnlos sind.[152]

Ausschließlich zuständig für die Beantwortung der Fragen von Journalisten ist der jeweilige **Behördenleiter** wie z.B. der Bürgermeister, Stadtdirektor oder Landrat. Die meisten Behördenchefs delegieren die Auskunftserteilung an Mitarbeiter, wie z.B. an einen Pressesprecher, weil sie selbst aufgrund ihrer vielfältigen Aufgaben kaum in der Lage sind, in angemessenem Zeitraum auf die Fragen der Journalisten zu antworten. Dazu ist die Behörde aber rechtlich verpflichtet. Der Journalist kann seine Fragen auch direkt an den zuständigen Sachbearbeiter einer staatlichen Stelle richten. Dessen Auskünfte dürfen selbst dann veröffentlicht werden, wenn der Verwaltungsangestellte zur Auskunftserteilung nicht berechtigt war. Ob ein solches Vorgehen über den Kopf des Behördenleiters oder dessen Pressesprecher hinweg für die künftige Zusammenarbeit förderlich ist, erscheint allerdings fraglich.

Muster

eines Briefes an eine Behörde mit der Bitte um Auskunft:
Per Fax oder Mail:
(Datum / Uhrzeit)
An den Behördenleiter *(z.B. Landrat, Bürgermeister, Minister, alternativ Pressesprecher).* Mein Name ist *(Name).* Ich recherchiere für die Redaktion *(Name der Redaktion)* der *(z.B. Zeitung, Presseagentur, Verlag, Rundfunkanstalt, Mediendienst)* das Thema _____ Ein Legitimationsschreiben meiner Redaktion erhalten Sie ebenfalls mit diesem Schreiben.[153]
Bezugnehmend auf den gesetzlich geregelten Informationsanspruch der Presse gemäß § 4 des Landespressegesetzes *(in Brandenburg allerdings § 5; alternativ: Informationsanspruch des Rundfunks gemäß § 9a Rundfunkstaatsvertrag oder Informationsanspruch der Telemedienanbieter mit journalistisch-redaktionellen Inhalten gemäß § 55 Absatz 3 i. V. m. § 9a*

Rundfunkstaatsvertrag), bitte ich Sie darum, mir folgende Fragen möglichst schnell *(alternativ bei hochaktueller Berichterstattung: heute bis
spätestens um ...... Uhr)* zu beantworten.
1. _____
2. _____
3. _____
Sie erreichen mich unter folgenden Rufnummern *(Festnetznummern)* oder
mobil unter *(Mobilfunk)*. Ihre Antworten können sie aber auch an folgende Nummer faxen: *(Faxanschluss)*. Bitte teilen Sie mir mit, wie ich Sie für
Nachfragen bis zum Redaktionsschluss um *(Uhrzeit)* erreichen kann. Sollte
es zur vollständigen Auskunftserteilung notwendig und sachgerecht erscheinen *(Anmerkung: z.B. bei Zahlenkolonnen oder Plänen)*, komme ich
zur Einsichtnahme in die Akten bzw. Unterlagen gerne zu Ihnen.
Ich danke Ihnen für Ihre Bemühungen.
Mit freundlichen Grüßen

_____
(Unterschrift)

Die Informationen, die der Journalist von den Behörden bekommt, darf er
als wahr unterstellen und muss sie grundsätzlich nicht nachrecherchieren.[154] Im Unterschied dazu ist der Journalist jedoch dafür verantwortlich,
dass die Verbreitung dieser behördlichen Informationen keine Rechte anderer, wie z.B. *Persönlichkeitsrechte* von Personen verletzt, die von den
Behördenauskünften betroffen sind. Ob sie ihre Auskunft mündlich,
schriftlich oder durch Akteneinsicht erteilt, darf die Behörde fast immer
selbst entscheiden.[155] Die Grenze verläuft da, wo die von der Behörde ge-
wählte Form der Auskunft für den Journalisten ungeeignet ist, z.B. wenn
der erfragte Sachverhalt kompliziert ist, oder wenn die Behörde fernmündlich umfangreiches Zahlenmaterial übermittelt. Unzulässig ist es, wenn die
Behörde ihre Information davon abhängig macht, dass sie nach ihrer Auskunftserteilung den fertig gestellten Beitrag vor Veröffentlichung zur Korrektur vorgelegt bekommt. Lässt sich der Journalist darauf ein, ist dies
freiwillig. Die Behörde darf ihre Auskunft auch nicht an die Zahlung einer
Gebühr knüpfen.[156] Der Auskunftsanspruch der Presse ist kostenfrei. Lediglich Auslagen für Telefonkosten, Kopien etc. können dem Journalisten
in Rechnung gestellt werden.

Besonderheit Fernsehen/Rundfunk: Der Rundfunkjournalist benötigt für
seinen Hörfunkbeitrag Töne und fürs Fernsehen zusätzlich Bilder. Er kann
der Behörde allerdings nicht vorschreiben, in welcher Form sie die Auskünfte erteilt. Ein Rechtsanspruch auf einen Original-Ton vor laufender

Kamera gibt es nicht. Wenn sich die zuständigen Behördenmitarbeiter grundsätzlich nicht für Ton- und Filmaufnahmen zur Verfügung stellen, sollte die Redaktion das Gespräch mit ihnen suchen, um herauszufinden, woran das liegt. Manchmal können im Gespräch die Bedenken der Behördenmitarbeiter an Interviews zerstreut werden.

Es kommt immer wieder vor, dass sich die Behörden mit ihrer Auskunft Zeit lassen oder die Beantwortung der Fragen zum Thema einer Pressemitteilung für alle Medienvertreter bzw. einer eilends einberufenen Pressekonferenz überlassen, anstatt zunächst den anfragenden Journalisten zu informieren. Das ist rechtlich betrachtet zwar zulässig und vom Gleichheitsgrundsatz gefordert, ärgert aber viele freie und feste Mitarbeiter, die dadurch ihre Redaktion nicht mehr mit einem exklusiven Thema beliefern können. Viele Redaktionen suchen daher ab und an das Gespräch mit den Behördenleitern und deren Pressesprechern, um die Zusammenarbeit im Hinblick auf den Auskunftsanspruch der Journalisten auf den Prüfstand zu stellen und im gegenseitigen Einvernehmen zu optimieren. Derartige Redaktionsgespräche sind bestens geeignet, um den Vertretern der Behörde die Arbeitsweise und Arbeitsabläufe der Redaktion bekannt zu machen. So kann z.B. verdeutlicht werden, dass es im Interesse aller Beteiligten ist, wenn der Behördensprecher über die üblichen Geschäftszeiten hinaus mindestens bis zum Redaktionsschluss erreichbar bleibt, um Auskünfte zu erteilen.

Wichtig

Von einem fairen, vertrauensvollen und respektvollen Umgang zwischen den Behördenleitern und deren Pressesprechern auf der einen und den Journalisten auf der anderen Seite profitieren alle Beteiligten. Regelmäßige Redaktionsgespräche zur Optimierung der Zusammenarbeit im Hinblick auf den Informationsanspruch können dabei helfen.

2. Wann die Behörde ausnahmsweise nicht auskunftspflichtig ist

Wenn das Auskunftsverlangen einen derartigen zeitlichen und personellen Aufwand erfordert, dass die Behörde dadurch ihre sonstigen Arbeiten vorübergehend kaum mehr erfüllen kann, darf sie ausnahmsweise ein Auskunftsverlangen ablehnen. Im Zeitalter der elektronischen Datenverarbeitung ist das Argument der Unzumutbarkeit indessen kaum noch tragbar. So kann z.B. umfangreiches Daten- und Zahlmaterial meistens durch eine einfache Computerabfrage aufbereitet werden, ohne dass dadurch gleich die Arbeit der Behörde zum Erliegen kommt.

Manchmal verweigern die Behörden den Journalisten die Auskunft mit der Begründung, der Vorgang sei behördenintern zur **„Verschlusssache"** erklärt oder es sei eine „**Nachrichtensperre**" verhängt worden.[157] In solchen Fällen ist es ratsam, von den Behörden die Gründe hierfür mit dem Hinweis einzufordern, dass man sie gegebenenfalls gerichtlich überprüfen lassen werde. Davon zu unterscheiden sind Vorgänge, die die Behörde deshalb zur Verschlusssache macht, weil ihr selbst die Weitergabe von Informationen gesetzlich untersagt ist. So darf sie zum Beispiel Staatsgeheimnisse,[158] Steuergeheimnisse,[159] Geschäfts- und Betriebsgeheimnisse,[160] Meldegeheimnisse[161] und personenbezogene Daten[162] nicht offenbaren.[163] Entsprechendes gilt für Feststellungs- und Ermittlungsergebnisse von Nachrichtendiensten oder von den Ämtern für Verfassungsschutz. Eine Auskunftverweigerung der Behörde mit dem Ziel behördeninterne Missstände unter der Decke zu halten, ist indessen unzulässig.

Fall

Das neue Stadtpersonal[164]

Ein freier Journalist einer regionalen Tageszeitung wendet sich unter Beifügung eines Legitimationsschreibens seiner Redaktion und unter Bezugnahme auf den gesetzlich geregelten Informationsanspruch der Presse schriftlich mit folgenden Fragen an den Bürgermeister der Stadt:
1) Wie viele Verwaltungsangestellte hat die Stadt im letzten Jahr eingestellt?
2) Welche Funktionen nehmen die neuen Mitarbeiter wahr?
3) Wie viele Bewerbungen kamen auf eine Neueinstellung?
4) Wie hoch sind die Kosten der Neueinstellungen?
5) Wie heißen die neuen Mitarbeiter?
6) Was gab den Ausschlag für die Auswahl jedes einzelnen Mitarbeiters?
7) Wie lauten die Beschlüsse der nicht-öffentlichen letzten Sitzung des Gemeinderats?
Der Bürgermeister möchte wissen, ob er dem Journalist antworten muss.

Grundsätzlich hat der freie Journalist einen gesetzlichen Informationsanspruch gegen das Stadtoberhaupt als Behördenleiter der Stadtverwaltung. Die Beantwortung der Fragen 1, 2, 3 und 4 verstoßen nicht gegen gesetzliche Geheimhaltungspflichten. Der Behördenleiter oder eine von ihm beauftragte Person, wie z.B. der Pressesprecher, muss daher diese Fragen unverzüglich, vollständig und wahrheitsgetreu beantworten. Dies gilt auch für Frage 5, denn die namentliche Nennung der neu eingestellten Mitarbeiter verletzt nicht deren *Persönlichkeitsrechte*.[165] Wenn die Behörde allerdings die konkreten Auswahlentscheidungen für die neu eingestellten Mitarbeiter offenbart, würde sie in die *Persönlichkeitsrechte* der Mitbewerber, also der Konkurrenten im Bewerbungsverfahren, eingreifen. Daher kann sich die Behörde zur Frage 6 auf ihre Verschwiegenheitspflicht berufen. Auskunftspflichtig ist die Behörde hingegen bei Frage 7. Auch wenn die Beschlüsse der letzten Gemeinderatssitzung in nicht öffentlicher Sitzung gefasst worden sind, bedeutet dies nicht, dass die Beschlüsse selbst vor der Presse geheim gehalten werden dürften.

Manchmal verweigern die Behörden auch eine Auskunft mit dem bloßen Hinweis auf ein **schwebendes Verfahren**.[166] Darunter versteht man ein eingeleitetes, aber noch nicht abgeschlossenes behördliches Verfahren, wie z.b. ein Ermittlungsverfahren, ein Gerichtsverfahren, ein Bußgeldverfahren, ein Disziplinarverfahren oder ein Verfahren vor einem Untersuchungsausschuss. Die Auskunft über ein schwebendes Verfahren darf allerdings nur verweigert werden, wenn dadurch die Gefahr besteht, dass das Verfahren vereitelt, erheblich erschwert, verzögert oder gefährdet werden könnte, wie z.b. bei bevorstehenden Hausdurchsuchungen oder bei Verhaftungen. Diese Gefahr muss die Behörde konkret darlegen.

Fall

Welcher Müll kommt in welche Tonne?
Eine große Kreisstadt hat Stichproben zur Zusammensetzung des Abfalls in den Mülltonnen privater Haushalte in Auftrag gegeben. Damit will sie feststellen, wie der Hausmüll zusammengesetzt ist. Ein TV-Team eines lokalen Stadtfernsehens möchte von der Stadt wissen, welche Mülltonnen untersucht werden. Ist die Behörde auskunftspflichtig?
Die von der Behörde eingeleitete Kontrollmaßnahme ist nur erfolgversprechend, wenn sie unangekündigt und überraschend vollzogen wird. Ansonsten ist die Untersuchung wenig repräsentativ. Das Projekt wäre gefährdet und beeinträchtigt, wenn die Behörde den Journalisten die Orte der Stichproben bekannt gäbe. Diese ablehnenden Gründe teilt die Behörde den Journalisten mit. Nach Abschluss des Verfahrens ist die Behörde auf Nachfrage der Journalisten aber verpflichtet, die Ergebnisse ihrer Untersuchung mitzuteilen.[167]

Wichtig

Wenn die Behörden nicht über einen Vorgang informieren wollen und dies pauschal nur mit einem Geheimhaltungsinteresse oder einem schwebenden Verfahren begründen, sollte sich der Journalist nicht damit zufriedengeben. Oft ändert die Behörde ihre Meinung, wenn sie vom Journalisten freundlich aufgefordert wird, gerichtlich überprüfbare konkrete Gründe für ihre ablehnende Haltung darzulegen.

Eine Behörde kann über die o. g. Gründe hinaus eine Auskunft ablehnen, wenn **staatliche** oder **private Interessen** gegenüber dem Informationsanspruch der Medien höherrangig sind.[168] Damit aber die Behörden von den Medien kontrolliert und überwacht werden können, müssen gewichtige Gründe vorliegen, wenn die Behörde aufgrund staatlicher oder privater Interessen nicht informiert. Es wäre z.b. rechtlich unzulässig, wenn die Behörde private Belange prinzipiell höher bewertet als das *Informationsinteresse* der Allgemeinheit. Das gilt vor allem, wenn es um behördeninterne Missstände oder um Verfehlungen in Wirtschaft, Politik oder Gesundheitswesen geht. Entsprechendes gilt für gerichtliche Verfahren und für Tätigkeiten der Ermittlungsbehörden, wie z.b. der Staatsanwaltschaft und der Polizei. Eine Auskunftsweigerung dieser Behörden mit der Begründung, es bestünde erst ein Verdacht, ist rechtlich unzulässig.[169]

Fall

Versicherung auf dem Prüfstand

Das Bundesamt für Versicherungswesen teilt in einer Presseerklärung mit, dass die Zahl der Beschwerden über Versicherungen stark angestiegen ist. Eine Fernsehredaktion beschließt, in einer Verbrauchersendung über den Ärger mit den Versicherungen zu berichten. Daher bittet sie das Bundesamt unter Berufung auf den Informationsanspruch der Medien mitzuteilen, welche konkreten Versicherungsunternehmen in den einzelnen Sparten betroffen waren. Darf das Bundesamt eine Auskunft ablehnen?

Nein, die Behörde ist zur Auskunft verpflichtet. Aufgabe der Medien ist es auch, die Verbraucher über Missstände aufzuklären und zu warnen. An der Aufklärung des Publikums über die „schwarzen Schafe" in Versicherungsunternehmen besteht ein *öffentliches Informationsinteresse*, das gewichtiger ist als das Interesse einiger Versicherungsunternehmen an der Geheimhaltung der teilweise schlechten Bewertungen ihrer Leistungen.

Entsprechendes gilt, wenn der Journalist einen Korruptionsfall recherchiert und Informationen dazu verlangt. Weder aus Imagegründen noch aus Rücksicht auf das Ehrgefühl des Betroffenen darf die Behörde die Auskunft verweigern, wenn ein hinreichender Tatverdacht vorhanden ist.

Im Unterschied dazu muss die Behörde auf die Frage, ob ein bestimmter Unternehmer stark alkoholisiert am Steuer ertappt worden ist, keine Antwort geben. Das ist Privatsache des Betroffenen. Dessen Interesse an Anonymität ist stärker als die Sensationslust der Allgemeinheit. Anders wäre dies z.b. bei einem Politiker, bei dem die Trunkenheitsfahrt kurz vor einer Amtshandlung nachgewiesen wurde.[170]

3. Was tun, wenn die Behörde keine Auskünfte gibt?

Wenn die Behörde hartnäckig bleibt und Informationen verweigert, sollte der Journalist zunächst andere Quellen recherchieren. Ist dies erfolglos, sollte er mit einem Juristen prüfen, ob ein Rechtsstreit mit der Behörde sinnvoll und aussichtsreich ist. In der Praxis verzichten die meisten Medienunternehmen auf eine gerichtliche Auseinandersetzung vor den Verwaltungsgerichten, weil diese selbst im Eilverfahren einige Zeit in Anspruch nehmen kann und dann die erstrittene Information aus Aktualitätsgründen nicht mehr brauchbar ist. Manchmal hilft es, wenn man sich bei der jeweiligen vorgesetzten höheren Behörde über die Auskunftsverweigerung der nachgeordneten Behörde beschwert[171] oder darauf hinweist, dass die Redaktion die gerichtliche Durchsetzung der erbetenen Auskunft erwägt.

Unabhängig davon kann der abgewiesene Journalist anbieten, selbst oder über eine andere Person in die Unterlagen der Behörde zu schauen, um den Aufwand für die Verwaltung zu minimieren.[172]

4. Gilt der Auskunftsanspruch auch gegenüber der Justiz?

Die **Staatsanwaltschaft** unterliegt als Verwaltungsbehörde ebenfalls dem Auskunftsanspruch der Presse. Insoweit gilt das oben Gesagte auch für die Staatsanwaltschaft. Allerdings darf die Behörde durch Unterrichtung der Presse weder die Ermittlungen gefährden noch dem Ergebnis der Hauptverhandlung vorgreifen.[173] Bevor die Staatsanwaltschaft auf die Fragen der Journalisten antwortet, muss sie zuvor prüfen, ob das *Informationsinteresse der Allgemeinheit* an der vollständigen Berichterstattung höher wiegt, als das *Persönlichkeitsrecht* des Beschuldigten oder des Verletzten.[174]

Im Unterschied zur Staatsanwaltschaft zählt ein **Gericht** zu den Organen der Rechtsprechung und nicht zu den Behörden. Deswegen besteht kein Auskunftsanspruch gegenüber den Gerichten. Soweit sich die Anfragen der Journalisten lediglich auf reine Verwaltungstätigkeiten der Gerichte wie z.B. deren sachliche und personelle Ausstattung beziehen, muss das Gericht allerdings Rede und Antwort stehen.

Eine Akteneinsicht in die **Prozessakten** ist so gut wie ausgeschlossen, weil dadurch fast immer eine sachgemäße Durchführung eines schwebenden Verfahrens vereitelt, verzögert oder erschwert würde.[175]

17. Welche Akteneinsichtsrechte hat der Journalist?

Neben dem Recht der Medien auf Auskunft gegenüber staatlichen Stellen[176] können die Journalisten zur Recherche zusätzliche Informationsquellen auftun, indem sie z.B. selbst in Behördenakten schauen. Dadurch wird es den Journalisten auch möglich zu überprüfen, ob die Auskünfte der staatlichen Stellen wahrheitsgemäß und vollständig sind oder ergänzt werden müssen. Daneben können Journalisten Informationen aus öffentlichen Registern und Verzeichnissen, wie z.b. dem Handelsregister, dem Grundbuch oder dem Gewerberegister beziehen.

1. Wie man in staatliche Akten schauen kann

Jeder Bürger und jeder Journalist kann staatliche Informationen verlangen. Geregelt ist dieser Anspruch im sogenannten Informationsfreiheitsgesetz des Bundes bezüglich der Bundesbehörden und in den jeweiligen Informationsfreiheitsgesetzen der Länder im Hinblick auf die Länderbehörden. Die Informationsfreiheitsgesetze unterscheiden sich untereinander. Deswegen prüft der Journalist an Hand der jeweiligen einschlägigen Landesgesetze oder an Hand des Bundesinformationsfreiheitsgesetzes, ob sein Verlangen auf Zugang zu amtlichen Informationen Aussicht auf Erfolg hat. Ziel aller Informationsfreiheitsgesetze ist es, die öffentliche Verwaltung transparent zu machen, Korruption zu bekämpfen und staatliche Entscheidungen zu kontrollieren. Wenn sich ein Bürger z.B. für die Haushaltslage des Landkreises oder des Bundes interessiert, wenn jemand wissen möchte, nach welchen Kriterien der Auftrag zur Errichtung eines öffentlichen Gebäudes vergeben wurde oder was bei der letzten Verkehrszählung herausgekommen ist, kann er verlangen, dass ihm die staatlichen Stellen ihre Informationen zugänglich machen. Dabei kann die Behörde entweder dem Bürger Auskunft erteilen, ihn in die Akten schauen lassen oder ihm auf andere Weise Informationen zugänglich machen.

Will der Journalist in die Akten schauen, so darf die Behörde die Informationen nur aus wichtigem Grund auf eine andere als die gewünschte Weise zur Verfügung stellen.[177] Ein wichtiger Grund wäre z.B. ein deutlich höherer Verwaltungsaufwand, weil Kopien aus der Akte aus datenschutzrechtlichen Gründen umfänglich geschwärzt werden müssen, bevor sie bereitgestellt werden. Der Anspruch auf Akteneinsicht richtet sich grundsätzlich gegen alle staatlichen Stellen des Bundes, der Länder und Kommunen, manchmal auch gegen private Firmen, wenn sie staatliche Aufgaben wie z.B. die Müllentsorgung wahrnehmen. Im Unterschied dazu sind Bundesorgane wie Bundestag, Bundesrat, Bundesverfassungsgericht, Bundesgerichte und Bundesbank nur zur Gewährung von Akteneinsicht verpflichtet, soweit sich diese auf reine Verwaltungsaufgaben der Behörde bezieht.[178] Das gilt auch für die Landesbehörden, also für Landtage, Staatsanwaltschaften, Gerichte und Landesrechnungshöfe. Deswegen bleibt dem Journalisten z.B. ein Blick in die Ermittlungs- oder Gerichtsakten der Justizbehörden verwehrt. Eine Auskunft der Justizbehörden aus dem Inhalt der Akten darf aber für den journalistischen Beitrag genutzt werden.

Fall

Der schiefe Haushalt

Der Journalist einer Lokalzeitung möchte von der Pressestelle der Gemeinde wissen, wie angespannt die Haushaltslage in der Gemeinde ist und stellt hierzu einen Fragenkatalog auf. Nachdem er auf seine konkreten Fragen keine konkreten Antworten erhält, sucht er nach anderen Wegen, um an brauchbares Zahlenmaterial heranzukommen.

Der Journalist oder jede andere Person kann Antrag auf Akteneinsicht in den Haushaltsplan der Gemeinde stellen. Das kann mündlich oder schriftlich, gegebenenfalls auch elektronisch geschehen. Begründen muss man den Antrag grundsätzlich nicht, aber er muss erkennen lassen, auf welche Informationen er gerichtet ist. Empfehlenswert ist es, auf das Informationsfreiheitsgesetz des Landes Bezug zu nehmen, wonach jedermann Zugang zu amtlichen Informationen und ein Recht auf Akteneinsicht hat.[179] Auch hier gilt, dass Behörden auf schriftliche Anfragen erfahrungsgemäß eher reagieren, weil damit eine Aktenlage geschaffen wird. Um vor bösen Überraschungen verschont zu bleiben, ist jedem zu empfehlen, dass er sich vorher über die Kosten z.B. für Kopien informiert.

Vorteile der Akteneinsicht:

- Der Journalist erlangt durch die unmittelbare Einsicht in Akten Informationen, die die Behörde unter Umständen auf Nachfrage gar nicht oder nicht so detailliert mitgeteilt hätte.
- Während die Behörden beim presserechtlichen Auskunftsanspruch[180] Informationen aus Gründen des Datenschutzes zurückhalten können, müssen sie nach dem Informationsfreiheitsgesetz den Betroffenen vorher fragen, ob er mit der Weitergabe seiner Daten einverstanden ist. Oft sind die Betroffenen sehr daran interessiert, dass ihr „Fall" öffentlich wird und stimmen einer Akteneinsicht unter Preisgabe ihrer geschützten Daten zu.
- Im Unterschied zum presserechtlichen Auskunftsanspruch kann der recherchierende Journalist als Privatperson auftreten, um damit weniger Aufsehen zu erregen.
- Da auch engagierte Bürger und Verbände ein Recht auf Akteneinsicht haben, können sie den Journalisten zuarbeiten.
- Bei der Durchsetzung des Rechts auf Akteneinsicht kann sich die Redaktion vom Landes- bzw. Bundesdatenschutzbeauftragten unterstützen lassen.

Nachteilig ist, dass in der Praxis von der Antragstellung bis zur Akteneinsicht manchmal ein Monat oder mehr vergeht und im Unterschied zum presserechtlichen Auskunftsanspruch unter Umständen hohe Bearbeitungskosten von mehreren Hundert Euro anfallen, wenn z.b. der Verwaltungsaufwand der Behörde erheblich ist.[181] Grundsätzlich ist zwar ist eine mündliche oder einfache Auskunft der Behörde oder eine Ablehnung des Antrags auf Akteneinsicht gebührenfrei, aber bei Übersendung einer Akte können Kopier- und Versandkosten berechnet werden. Es empfiehlt sich deshalb, den Antrag auf Akteneinsicht auf möglichst wenige Aktenblätter zu beschränken. Indessen darf die Behörde Gebühren nicht höher ansetzen als es dem Verwaltungsaufwand entspricht, um den Anspruch auf Akteneinsicht nicht über die Gebühren auszuhebeln. Von Gesetzes wegen hat die Behörde die Auskunft „unverzüglich" zu erteilen. Im Regelfall hat der Informationszugang innerhalb eines Monats zu erfolgen.[182]

2. Wann die Behörde Informationen verweigern darf

Es gibt zahlreiche Ausnahmen, die von Beamten vor einer Herausgabe von Akten oder bei der Gewährung von Akteneinsicht zu beachten sind. Die amtlichen Stellen dürfen zunächst aus denselben Gründen wie beim presserechtlichen Auskunftsanspruch den Blick in die Akten verwehren.[183] Im Unterschied dazu gibt es aber noch weitere Gründe, die einen Anspruch auf Akteneinsicht ausschließen. So darf der Bürger und Journalist z.B. keine Auskunft oder Akteneinsicht erwarten, wenn sich die Behörde noch nicht abschließend in einer Sache entschieden hat[184] oder wenn besondere öffentliche Belange, wie beispielweise die innere oder äußere Sicherheit, dagegen sprechen.[185]

> **Wichtig**
>
> Grundsätzlich müssen die Behörden nachweisen, dass die negativen Folgen bei einer Akteneinsicht schwerer wiegen als das öffentliche Interesse an den Daten. Deswegen ist es empfehlenswert, dass der Journalist die Behörde zu einer gerichtlich nachprüfbaren Begründung auffordert, wenn sie eine Akteneinsicht ablehnt. Wenn es hart auf hart kommt, müssen sich die Behörden vor Gericht verantworten.
>
> Eine Akteneinsicht in Prozessakten ist gerichtlich kaum durchsetzbar, weil die Justizbehörden in der Regel zutreffend argumentieren, dass durch die Informationen das schwebende Verfahren vereitelt, erschwert, verzögert oder gefährdet wird.

Personenbezogene Daten darf die Behörde nur offenbaren, wenn der Betroffene eingewilligt hat oder das Informationsinteresse des Antragstellers höher wiegt als das schutzwürdige Interesse des Betroffenen. So entschied der Bundesgerichtshof zugunsten von Journalisten auf Einsicht in das Grundbuch, um herauszufinden, wer einem Bundespräsidenten ein möglicherweise unverhältnismäßig günstiges Darlehen gewährt hatte.[186] Das gilt auch für Betriebs- und Geschäftsgeheimnisse. Ausnahmsweise dürfen diese veröffentlicht werden, wenn die Allgemeinheit ein überwiegendes Interesse an der Information hat und der Schaden durch eine Veröffentlichung gering ist.[187] Anderenfalls werden die Behörden Verträge mit privaten Firmen stellenweise schwärzen müssen, um keine Geschäftsgeheimnisse zu offenbaren. Stimmt die Firma aber der Offenbarung ihrer Geschäftsgeheimnisse zu, muss die Behörde den Vertrag vollständig bereitstellen.

3. Wann sich die Redaktion an den Datenschutzbeauftragten halten soll

Wenn die Behörde keine Akteneinsicht erlaubt, kann der Journalist diese gerichtlich auf dem Verwaltungsrechtsweg erzwingen. Es empfiehlt sich, einen Juristen zuzuziehen, der prüft, ob eine Klage erfolgreich ist. Falls ja, wird er zunächst Widerspruch einlegen, damit die ablehnende Entscheidung behördenintern überprüft werden kann. Es kann vorteilhaft sein, sich unabhängig davon an den Landesbeauftragten für den Datenschutz zu wenden. Dieser hat die Aufgabe, sowohl die Bürger und Journalisten, als auch die Behörden im Streitfall zu beraten und zu unterstützen und gegebenenfalls als sogenannte außergerichtliche Schiedsstelle zu fungieren.[188] Auf Bundesebene gilt dasselbe für den Bundesdatenschutzbeauftragten.

4. Wie man an Umweltdaten kommt

Jeder kann auf Antrag Informationen und Daten über die Umwelt verlangen, soweit diese bei einer Behörde vorhanden sind.[189] Geregelt ist dies in den Umweltinformationsgesetzen des Bundes und der Länder. Die Gesetze dienen dazu, Umweltbewusstsein zu schärfen, mögliche Umweltschäden zu erkennen und letztendlich dadurch den Umweltschutz zu verbessern. So fand z.B. eine Bürgerinitiative durch Akteneinsicht heraus, dass der Bau einer konventionellen Giftmüllverbrennungsanlage mit zwei Millionen Euro ohne erkennbare ökologische Förderungswürdigkeit aus dem Landesökofonds finanziert worden war. Solche Recherchemöglichkeiten bieten sich auch den Journalisten. Zu den abrufbaren Informationen über die Umwelt gehören alle Arten von Umweltdaten, wie z.B. der Zustand der Gewässer, der Luft, des Bodens, der Tier- und Pflanzenwelt und der natürlichen Lebensräume, aber auch alle Informationen über Tätigkeiten und Maßnahmen, die diesen Zustand negativ oder positiv beeinträchtigen können. Der Journalist stellt unter Hinweis auf das Umweltinformationsgesetz des Bundes oder des jeweiligen Landes vorzugsweise einen schriftlichen Antrag auf Umweltinformationen bei den Kommunal-, Landes- oder Bundesbehörden, die Aufgaben des Umweltschutzes wahrnehmen.[190] Er kann dabei zwischen Akteneinsicht und Auskunft wählen. Will die Behörde von der gewünschten Art der Informationsübermittlung abweichen, muss sie dafür gewichtige Gründe aufführen, wie z.b. einen deutlich erhöhten Verwaltungsaufwand. Die Behörde kann zum Schutz öffentlicher und privater Belange ausnahmsweise Umweltinformationen verweigern,

5. Wie man an Produktdaten kommt

Das Verbraucherinformationsgesetz (VIG) gibt jedem Bürger das Recht auf freien Zugang zu Informationen über Lebens- und Futtermittel, Wein, Kosmetika und andere Bedarfsgegenstände, soweit solche Daten den Behörden vorliegen. Danach ist es grundsätzlich möglich, von den Behörden, die im Lebens- und Futtermittelbereich zuständig sind, Informationen zu verlangen, wie z.b. die Produkte beschaffen sind, welche Gefahren von ihnen ausgehen, ob sie Allergene enthalten und ob Grenzwerte überschritten sind.

Inzwischen wurde der Informationsanspruch auch auf technische Verbraucherprodukte wie Haushaltsgeräte, Heimwerkerartikel und Möbel ausgedehnt.[191] Der Informationsanspruch richtet sich überwiegend an die Lebensmittel- und Futtermittelüberwachungsbehörden bzw. an die Gewerbeaufsichtsämter der Länder. Auf Bundesebene sind die wichtigsten Ansprechpartner das Bundesamt für Verbraucherschutz und Lebensmittelsicherheit (BVL) und das Bundesinstitut für Risikobewertung (BfR) bzw. die Bundesanstalt für Arbeitsschutz und Arbeitsmedizin (BAuA). Die angesprochenen Behörden sind verpflichtet, Informationsanfragen an die zuständigen Stellen weiterzuleiten, wenn sie nicht selbst über die Daten verfügen. Der Journalist kann – wie jeder andere Verbraucher auch – die gewünschten Informationen formlos, also auch per E-Mail oder per Telefon anfordern. Das Verbraucherinformationsgesetz hat den Nachteil, dass es kein *Akteneinsichtsrecht* eröffnet. Die Information kann auch mündlich, telefonisch, schriftlich oder per Mail erteilt werden. Es steht der Behörde also frei, in welcher Form sie die beantragten Informationen zugänglich macht. Das Auskunftsersuchen muss die Behörde in der Regel innerhalb eines Monats bearbeiten. Für den Fall, dass sie den Antrag nicht kostenfrei bearbeiten kann, muss die Behörde von sich aus einen Kostenvoranschlag vorlegen.

Die Behörde hat fast immer alle amtlichen Kontrollergebnisse wie Grenzwerte und Höchstgehalte herauszugeben. Auf die Wahrung von

Betriebs- oder Geschäftsgeheimnissen kann sie sich nicht berufen, wenn das öffentliche Interesse an einer Herausgabe der Information überwiegt. Rezepturen und sonstiges exklusives technisches oder kaufmännisches Wissen sind hingegen geschützt.

6. Welche Einsichtsrechte hat der Journalist noch?

Melderegister

Wo: Beim Einwohnermeldeamt.

Was: Einfache Melderegisterauskunft:
Informationen über Anschrift einer Person, Vor- und Familienname, sowie akademische Titel.
Erweiterte Melderegisterauskunft:
Auskünfte z.b. über Staatsangehörigkeit, Geburts- und Sterbedaten sowie Familienstand nur, wenn der Journalist schriftlich ein berechtigtes Interesse an diesen Daten glaubhaft machen kann und wenn im Register keine Auskunftssperre eingetragen ist.[192] Der Betroffene wird über die erteilte Auskunft informiert.

Wie: Ein Blick auf die jeweilige Homepage der Meldeämter informiert, wie man an die entsprechenden Informationen kommt. Es empfiehlt sich in jedem Fall, das öffentliche Informationsinteresse an den Daten darzulegen. Zur Begründung des Rechercheinteresses genügt bereits ein geringer Verdacht.[193]

Güterrechtsregister

Wo: Beim Amtsgericht (Registergericht) am Wohnort oder gewöhnlichen Aufenthaltsort des jeweiligen Ehe- oder Lebenspartners.

Was: Informationen über die vom gesetzlichen Güterstand[194] abweichenden vermögensrechtlichen Verhältnisse der Ehegatten, wie z.B. Gütertrennung oder Gütergemeinschaft. Eine Einsicht in die schriftlichen Eheverträge erhält der Journalist grundsätzlich nicht.

Wie: Die Einsicht in das Güterrechtsregister ist kostenfrei. Registerauszüge auf schriftlichen Antrag sind hingegen kostenpflichtig.

Schuldnerverzeichnis

Wo: Beim jeweiligen Amtsgericht bei dem das zentrale Vollstreckungsgericht des Landes eingerichtet ist, aber auch bei der Industrie- und Handelskammer, bei der Handwerkskammer, über Wirtschaftsauskunfteien oder über das gemeinsame Vollstreckungsportal.

Was: Informationen über Personen, die zahlungsunfähig sind, die eine eidesstattliche Versicherung abgegeben haben oder gegen die ein

Haftbefehl ergangen ist, weil sie z.B. die Abgabe der eidesstattlichen Versicherung unbefugt verweigert haben. [195]

Wie: Elektronisch gegen eine Gebühr über das Gemeinsame Vollstreckungsportal der Länder (www.vollstreckungsportal.de). Im Rahmen der journalistischen Recherche erlangt der Journalist Informationen, wenn er unter Angabe seiner persönlichen Daten glaubhaft macht, dass die Auskunft aus dem Schuldnerverzeichnis dem Zweck dient, die Leser oder das Publikum vor Personen zu warnen, die ihre vertraglichen Verbindlichkeiten aus finanziellen Gründen häufig nicht erfüllen. Die behördliche Praxis im Umgang mit Journalisten, die Informationen aus dem Schuldnerverzeichnis haben wollen, ist zum Schutz der Betroffenen teilweise sehr restriktiv. Deswegen muss das Einsichtsverlangen ausreichend begründet dargelegt werden. Alternativ ist es deshalb manchmal vorteilhafter, die Auskünfte über die Industrie- und Handelskammer, über die Handwerkskammer oder über etablierte Wirtschaftsauskunfteien zu erlangen.

Handelsregister

Wo: Bei den Amtsgerichten bzw. Registergerichten, in deren Bezirk sich die Niederlassung der Kaufleute oder der Sitz der Gesellschaft befindet oder über das gemeinsame Registerportal.

Was: Basisdaten über Vollkaufleute, Handelsgesellschaften und Kapitalgesellschaften (Gesellschaften mit beschränkter Haftung, Aktiengesellschaften, Kommanditgesellschaften) wie z.B. Angaben über den Ort der Niederlassung, Firmeninhaber und Prokuristen, Gegenstand der Unternehmenstätigkeit, Höhe des Grund- und Stammkapitals, Inhalt des Gesellschaftsvertrags, über den Vorstand und die Geschäftsführung. Selbst wenn eine Firma insolvent wird, steht dies ebenfalls im Handelsregister.

Wie: Kostenfrei beim Amtsgericht oder über das gemeinsame Registerportal (www.handelsregister.de). Die Recherche über Firmen und der Abruf von Veröffentlichungen im Handelsregister steht jedermann zu. Der Journalist muss also nicht als Pressevertreter auftreten, wenn er dies nicht möchte.[196]

Genossenschaftsregister

Wo: Bei den Amtsgerichten bzw. Registergerichten oder über das gemeinsame Registerportal.

Was: Das Genossenschaftsregister informiert über Firma, Sitz und Gegenstand der Genossenschaft, über die Mitglieder des Vorstands und ihre Vertretungsbefugnisse, über Prokuristen, über Insolvenzverfahren und über die Auflösung einer Genossenschaft.

Wie: Kostenfrei beim Amtsgericht bzw. Registergericht oder über das gemeinsame Registerportal der Länder (www.handelsregister.de). Registerausdrucke sind kostenpflichtig. Für nicht öffentliche Registerdokumente muss der Journalist ein berechtigtes *öffentliches Informationsinteresse* glaubhaft machen.

Partnerschaftsregister

Wo: Bei den Amtsgerichten bzw. Registergerichten oder über das gemeinsame Registerportal.

Was: Informationen über die rechtlichen Verhältnisse von Personengesellschaften sogenannter freier Berufe, wie z.B. Rechtsanwälte, Steuerberater, Wirtschaftsprüfer, Ärzte und Architekten. Darüber hinaus enthält das Register Angaben über Name, Sitz und Gegenstand der Partnerschaft sowie gegebenenfalls Angaben über ein Insolvenzverfahren.

Wie: Kostenfrei beim Amtsgericht bzw. Registergericht oder über das gemeinsame Registerportal der Länder (www.handelsregister.de). Registerausdrucke sind kostenpflichtig. Für nicht öffentliche Registerdokumente muss der Journalist ein berechtigtes *öffentliches Informationsinteresse* glaubhaft machen.

Unternehmensregister

Wo: Im Internet.

Was: Im Unternehmensregister werden veröffentlichungspflichtige Unternehmensdaten aus verschiedenen Datenbanken amtlich überwacht zusammengeführt. Das erleichtert auch die Recherche. Denn auf dieser Plattform kann zentral auf Informationen aus den vorgenannten Handels-, Partnerschafts- und Genossenschaftsregistern zugegriffen werden. Das Unternehmensregister enthält außerdem Informationen über Insolvenzen. Auch die für die journalistische Praxis relevanten Bilanzen von Unternehmen samt Gewinn- und Verlustrechnung sind über das Unternehmensregister abzurufen.

Wie: Online unter www.unternehmensregister.de. Recherchen sind grundsätzlich kostenlos, nicht jedoch der Zugriff auf Auszüge aus amtlichen Registern.

Vereinsregister

Wo: Beim Amtsgericht, in dessen Bezirk der Verein seinen Sitz hat.

Was: Informationen über Name und Sitz des Vereins, über den Vorstand und dessen Vertretungsbefugnisse sowie über Satzungsänderungen und gegebenenfalls Insolvenz.

Wie: Einsicht beim Amtsgericht bzw. Registergericht oder online unter www.handelsregister.de. Die bloße Einsicht zur Recherche ist kostenlos. Für Ausdrucke oder für den Abruf von Daten fallen geringe Gebühren an, auf die der Nutzer gesondert hingewiesen wird.

Grundbuch

Wo: Beim Amtsgericht, in dessen Bezirk das Grundstück liegt.

Was: Informationen u.a. über die Art und Größe des Grundstücks, über den Grundstückseigentümer, über Zeitpunkt und Art des Erwerbs (Erbe, Schenkung oder Kauf), über Auflassungsvormerkungen, über Belastungen wie z.b. Hypotheken, über Verfügungsbeschränkungen aufgrund von Insolvenzverfahren, über Zwangsversteigerungen, über Testamentsvollstreckungen und über Veräußerungs- und Erwerbsverbote.

Wie: Nur auf schriftlichen Antrag.[197] Darin muss der Journalist darlegen, dass die Informationen aus dem Grundbuch die Öffentlichkeit wesentlich angehen.[198]

Patent- und Markenamtsregister

Wo: In den Recherchesälen des Deutschen Patent- und Markenamts in München und Berlin, in der Auskunftsstelle Jena oder im Internet.

Was: Kostenlose Akteneinsichtsrechte in Patentanmeldungen nach Offenlegung und Akteneinsichtsrechte in Gebrauchsmuster, Marken und Designs mit den Eintragungen, soweit die Akten jedermann zur Verfügung stehen und keine schützenswerten personen- oder unternehmensbezogenen Daten enthalten. Bei unveröffentlichten Akten von Patentanmeldungen muss der Journalist ein berechtigtes *öffentliches Informationsinteresse* glaubhaft machen. Die Einsichtsnahme in nicht veröffentlichte Akten ist kostenpflichtig.

Wie: Details zu den Voraussetzungen und zum Umfang der elektronischen Akteneinsicht für bereits veröffentlichte Anmeldungen und zu einer Recherche vor Ort findet sich unter www.dpma.de.

Stasi-Unterlagen

Wo: In der Bundesbehörde für die Stasi-Unterlagen in Berlin oder in einer ihrer 13 Außenstellen.

Was: Einsicht in Stasi-Unterlagen, die keine personenbezogene Daten enthalten oder die anonymisiert wurden. Eine Einsicht in Unterlagen mit personenbezogenen Daten ist nur unter engen Voraussetzungen möglich, z.B. wenn es sich um Informationen über Personen der Zeitgeschichte handelt oder wenn die Betroffenen schriftlich in die Einsichtnahme eingewilligt haben und keine schutzwürdigen Belange der Betroffenen entgegenstehen.[199]

Wie: Durch einen formlosen schriftlichen Antrag bei jeder Außenstelle oder der Zentrale in Berlin. Es wird empfohlen, dem schriftlichen Antrag eine Kopie des Presseausweises oder ein Legitimationsschreiben der Redaktion beizulegen und Zweck und Umfang der Recherche darzulegen, weil die Medien ein Publikationsinteresse glaubhaft machen müssen.

Elektronischer Bundesanzeiger

Wo: Ausschließlich auf den Internetseiten des Bundesanzeiger-Verlags.

Was: Kostenlose Einsicht in Veröffentlichungen, Bekanntmachungen und rechtlich relevante Unternehmensnachrichten.

Wie: Im Internet unter www.bundesanzeiger.de. Viele Informationsangebote enthält auch das Justizportal des Bundes und der Länder (www.justiz.de). Auf dieser Plattform bieten das Bundesministerium der Justiz und für Verbraucherschutz und die Landesjustizverwaltungen einen einfachen und einheitlichen Zugang zu ihren jeweiligen sogenannten E-Justice-Diensten und zu ihren Informationsangeboten an.

18. Welche Informationen darf der Journalist veröffentlichen?

1. Quellen, auf die man sich verlassen kann

In der Regel geht jeder Berichterstattung eine sorgfältige und gründliche Recherche voraus. Die Beachtung der *journalistischen Sorgfaltspflicht*[200] schützt den Medienanbieter vor Schadensersatzforderungen und den einzelnen Journalisten vor zivilrechtlichen Ansprüchen und vor Strafverfolgung, falls trotz aller Bemühungen um Wahrheit dennoch etwas Falsches verbreitet wird und sich der Betroffene deswegen in seiner Ehre verletzt sieht. Zugunsten einer aktuellen Berichterstattung muss die Redaktion Informationen aus seriösen Quellen allerdings nicht immer auf ihre Richtigkeit überprüfen. So darf sie z.B. Informationen von **Behörden** (Polizeiberichte, Pressemitteilungen) als wahr unterstellen und damit veröffentlichen.

Fall

Die falsche Nudelmeldung
Eine Redaktion erhält um 17.52 Uhr vom Gesundheitsministerium die Nachricht, dass Nudeln eines großen Nudelfabrikanten mit verdorbenem

Flüssigei versehen in den Handel gelangt sind und beim Verzehr dieses Nahrungsmittels Gesundheitsschäden eintreten. Der Chef vom Dienst eines Hörfunksenders legt fest, dass diese Meldung ungeprüft 1:1 in den 18.00-Uhr-Nachrichten erstmalig und danach jede Stunde verlesen wird. Tage später stellt sich heraus, dass die Nachricht falsch war. Der Nudelhersteller verlangt vom Sender *Schadensersatz*.

Der Nudelhersteller würde damit durchkommen, wenn dem Sender vorgeworfen werden könnte, dass er nicht sorgfältig recherchiert hat. In diesem Fall, so die Juristen, hätte der Hörfunksender die Verbreitung der Falschmeldung verschuldet und müsste für den Schaden aufkommen, den der Fabrikant dadurch erlitten hat, dass aufgrund der Meldung die Verkaufszahlen zurückgegangen sind. Die Redaktion durfte sich aber im vorliegenden Fall auf die Meldung des Gesundheitsministeriums verlassen. Informationen der Behörden dürfen grundsätzlich ungeprüft übernommen werden, solange keine Anhaltspunkte für eine Falschmeldung vorliegen und an der Authentizität der Pressemitteilung keine Zweifel bestehen. Der Nudelhersteller muss sich mit seiner Schadensersatzforderung an das Gesundheitsministerium halten. Wenn eine Behörde eine falsche Information zur Warnung der Bevölkerung herausgegeben hat, haftet das verbreitende Medium hierfür nicht.

Wichtig

Der Journalist darf Informationen aus seriösen Quellen grundsätzlich ohne eigene Recherchen veröffentlichen, solange diese neu sind. Als wahr unterstellt werden dürfen:
- Mitteilungen von Regierungen, Polizei und sonstigen Behörden wie Staatsanwaltschaften und weiterhin auch Gerichten
- Informationen anerkannter Nachrichtenagenturen z.B. DPA, AFP, AP, REUTERS
- Rechtskräftige Urteile: diese gelten als Nachweis der Tat. Der Beschuldigte darf als Täter (Brandstifter, Totschläger, Mörder ...) bezeichnet werden. Der rechtskräftige Freispruch gilt als Gegenbeweis einer Verdächtigung.[201]
- Geständnisse gegenüber Journalisten und behördlichen Stellen.

Zwar darf sich der Journalist inhaltlich auf solche Informationen verlassen. Ob die Information bei ihrer Verbreitung aber **Rechte anderer** verletzt, muss die Redaktion selbst prüfen und verantworten. Wenn also z.B. die Polizei in einer Pressekonferenz den Journalisten den Namen des Opfers eines Gewaltverbrechens nennt, ist dies noch kein Freischein für eine rechtlich zulässige Verbreitung des Namens. Dasselbe gilt auch für Fotos, auf denen Personen abgebildet sind.

2. Quellen, die man überprüfen muss

Die Medien müssen nicht warten, bis sie amtliche Informationen erhalten, von denen sie annehmen dürfen, dass sie richtig und wahr sind. Sie können von sich aus Vorgänge aufgreifen und schon auf Verdacht darüber berichten. Oft führt erst eine solche Berichterstattung dazu, dass Missstände von den Behörden erkannt werden. Rechtlich unbedenklich ist eine **Verdachtsberichterstattung**, wenn sich der publizistische Beitrag mit einer Angelegenheit befasst, an deren Verbreitung ein besonderes *öffentliches Informationsinteresse* besteht und belegbare und nachprüfbare Anhaltspunkte dafür vorhanden sind, dass der Vorwurf wahr ist. Das kann dazu führen, dass einzelne Quellen überprüft werden müssen. Das Risiko einer Falschberichtung ist indessen ziemlich groß, wenn Journalisten ihren Verdacht lediglich auf anonyme Quellen und Gerüchte stützen können. Eine Verdachtsberichterstattung ist nicht nur auf Straftaten beschränkt. Es kann sich auch auf ein Verhalten einer Person beziehen, an der ein *öffentliches Informationsinteresse* besteht.

Fall

Gespräch am Nebentisch, Teil 1

Eine Redaktion bekommt Besuch von einem Informanten aus dem Finanzamt. Dieser behauptet, er habe beim Mittagessen in der Kantine am Nebentisch ein Gespräch zweier Kollegen verfolgen können, demzufolge der Behördenleiter im Finanzamt bestechlich sei. Der Chef vom Dienst will wissen, ob er über den Verdacht, dass der hohe Beamte bestechlich ist, ohne weitere Recherche berichten kann.

Grundsätzlich darf die Presse auch über einen Verdacht von gravierendem Gewicht berichten, an dessen Verbreitung ein besonderes *öffentliches Informationsinteresse* besteht. Davon kann man beim Verdacht, ein Behördenleiter sei bestechlich oder habe eine Straftat begangen, immer ausgehen. Die Berichterstattung über Verfehlungen von Entscheidungsträgern gehört mit zu den wichtigsten Aufgaben der Medien. Damit eine Berichterstattung auf Verdacht rechtlich unangreifbar ist, müssen aber konkrete Anhaltspunkte für den Vorwurf der Bestechlichkeit vorhanden sein. Dabei gilt: Je schwerwiegender eine Äußerung das Persönlichkeitsrecht beeinträchtigt, umso höher sind die Anforderungen an die Qualität der Recherche. Kennt ein Informant den Vorwurf nur vom Hörensagen, ist er als einzige Quelle untauglich. Der Redaktion ist deshalb zu raten, den Betroffenen mit dem Verdacht zu konfrontieren und zu einer Stellungnahme zu bewegen. Ist der Behördenleiter dazu nicht bereit, sollte die Redaktion zusätzliche Quellen recherchieren, die die Aussage des Informanten stützen, damit zumindest die Gefahr minimiert wird, über den Beamten etwas Falsches zu berichten.

Wichtig

Wenn Zweifel an der Zuverlässigkeit des Informanten bestehen, sollte der Journalist grundsätzlich nicht über einen Verdacht berichten, ohne zuvor dem Betroffenen Gelegenheit zur Stellungnahme zu geben oder weitere Aufklärung abzuwarten. Andernfalls verstößt er gegen die *journalistische Sorgfaltspflicht*. In seltenen Fällen kann von diesem Grundsatz abgewichen werden, wenn eine Berichterstattung wegen bevorstehender Ereignisse keinen Aufschub duldet. Das ist zum Beispiel denkbar, wenn die rasche Information Leser, Zuschauer oder Zuhörer vor einem unmittelbar drohenden Schaden bewahrt.

Fall

Gespräch am Nebentisch, Teil 2

Aufgrund der zugespielten Informationen vom Hörensagen, recherchiert die Redaktion weiter. Sie kommt in den Besitz von Überweisungsbelegen, aus denen zwar hervorgeht, dass der Behördenleiter hohe Beträge erhalten hat, aber nicht woher und wofür. Die Redaktion möchte wissen, ob das ausreicht, um nun über den Verdacht der Bestechlichkeit des Behördenleiters zu berichten.

Legitime Aufgabe der Presse ist es, Missstände und Verfehlungen insbesondere in der Staatsverwaltung, im Gesundheitswesen, in der Arbeitswelt und im Wirtschaftsleben aufzudecken und die Öffentlichkeit darüber zu informieren. Das darf schon zu einem Zeitpunkt geschehen, in dem nur ein Verdacht oder eine Vermutung für eine Verfehlung vorliegt.[202] Hinsichtlich des Verdachts der Bestechlichkeit eines hohen Beamten besteht ein besonderes *öffentliches Informationsinteresse*. Je bekannter eine Person ist, desto eher muss sie sich einen Verdacht gefallen lassen. Das gilt in besonderer Weise für einen Amtsträger. Weil aber eine Verdachtsberichterstattung dem Ansehen des Beamten nachhaltig schadet, müssen grundsätzlich nachprüfbare und belegbare Anhaltspunkte dafür vorliegen, dass sich der Beamte strafbar gemacht hat. Durch die Überweisungsbelege sind zumindest Anhaltspunkte für eine Verfehlung des Beamten vorhanden. Ihm sollte noch vor Veröffentlichung die Gelegenheit zur Stellungnahme zum konkreten Vorwurf eingeräumt werden. Dabei ist die Stellungnahme des Betroffenen auf eine ihm beliebige Weise einzuholen. So ist es nicht schutzwürdig, wenn der Journalist den Betroffenen erstmals in einem Interview mit den konkreten Vorwürfen konfrontiert, um von ihm eine spontane Reaktion einzufangen. Danach kann die Redaktion über den Verdacht der Bestechlichkeit des Leiters berichten.[203]

Wenn der Journalist in seinem Beitrag **Verdachtsäußerungen eines anderen** zitiert, muss er dennoch sorgfältig recherchieren. Es hilft ihm grundsätzlich nicht, wenn er sich in seinem Bericht ausdrücklich von der Erklärung eines anderen distanziert. Denn später, wenn sich der Verdacht als haltlos erweist, kann sich der Journalist nicht darauf berufen, dass er ja nur das Gerücht eines anderen weitergegeben hat. Aus dem Schneider ist der Journalist grundsätzlich dann, wenn er den Betroffenen in seinem Beitrag selbst zu Wort kommen lässt.

Besonderheit Fernsehen und Hörfunk: Bei einer Livesendung in Hörfunk oder Fernsehen ist es nicht ausgeschlossen, dass ein Talkgast oder Interviewpartner einen anderen verdächtigt, der nicht im Studio anwesend ist und sich deshalb nicht verteidigen kann. Der reaktionsschnelle Moderator kann sich von der Verdachtsäußerung nur distanzieren, indem er das Publikum darauf hinweist, dass sich der Betroffene jetzt nicht verteidigen kann, und dann zum nächsten Thema wechselt.

Wichtig

Zum Zeitpunkt der Veröffentlichung muss ein Verdacht durch konkrete Anhaltspunkte gestützt sein. Es reicht nicht, wenn der Journalist die ihm zur Verfügung stehende Quelle für glaubwürdig hält. Auch wenn der Verdacht noch so dringend ist, er darf im Text nicht als gewiss hingestellt werden (Formulierungsvorschläge: er wird verdächtigt ..., er soll ..., angeblich ..., dafür spricht ..., dagegen spricht ...). Um sich für gerichtliche Auseinandersetzungen zu rüsten, sollte der Journalist dokumentieren können, dass er dem Betroffenen vor Veröffentlichung Gelegenheit zur Stellungnahme in für ihn beliebiger Weise zum konkreten Vorwurf eingeräumt hat und dass er alle im Zeitpunkt der Berichterstattung vorliegenden entlastenden Gesichtspunkte aufgeführt hat. Entsprechendes gilt auch für Gerüchte und Verdächtigungen, die jemand streut und über die dann berichtet wird.

3. Freie Mitarbeiter, auf die man sich verlassen kann

Viel diskutiert wird die Frage, ob der Rundfunkanbieter oder der Verlag und die jeweiligen Redaktionen ihre **freien Mitarbeiter** als seriöse Quelle betrachten dürfen oder ob sie deren Beiträge nachrecherchieren müssen. Generell müssen die Beiträge qualifizierter Mitarbeiter nicht überprüft werden, wenn es bei der bisherigen Zusammenarbeit keinen Grund zur

Beanstandung gab. Wenn es allerdings inhaltliche Zweifel am Artikel oder Beitrag gibt, etwa weil die journalistische Sorgfaltspflicht nicht eingehalten worden ist, hat die Redaktion eine Pflicht zum Nachrecherchieren.[204]

Voraussetzungen zulässiger Verdachtsberichterstattung

1. Besonderes Informationsinteresse gegeben?

Ja, bei einem
– Vorgang von gravierendem Gewicht, z.B. wenn Beitrag gesellschaftliche, staatliche und politische Missstände aufdeckt.

Nein, wenn
– Thema nur der bloßen Neugier oder dem Sensationsinteresse des Publikums dient.

Berichterstattung unzulässig

2. Anhaltspunkte für Verdacht vorhanden?

Ja, wenn
– Sachverhalt, über den berichtet werden soll, wahrscheinlich ist und belegbare und überprüfbare Quellen vorhanden sind.

Nein, wenn
– Vorwurf völlig aus der Luft gegriffen ist oder von einem anonymen Informanten stammt.

Berichterstattung unzulässig

3. Ist der Beitrag ausgewogen?

Ja, wenn
– der Verdächtige Gelegenheit zur Stellungnahme erhalten hat und
– im Beitrag lediglich von „Verdacht" die Rede ist und
– auch entlastende Gesichtspunkte erwähnt werden und
– nicht vorverurteilend berichtet wird

Nein, wenn
– der Betroffene keine Gelegenheit zur Stellungnahme erhält.
– Verdacht als „Gewissheit" hingestellt wird.
– entlastende Gesichtspunkte unerwähnt bleiben.
– der Betroffene als Täter bezeichnet wird.

Verdachtsberichterstattung grundsätzlich zulässig

Berichterstattung unzulässig

4. Stellt sich nachträglich heraus, dass die ursprünglich zulässige Verdachtsberichterstattung unrichtig war, kann der Betroffene eine nachträgliche Mitteilung verlangen, dass nach Klärung des Sachverhalts der berichtete Verdacht nicht aufrechterhalten werden kann.[205]

Dritte Phase: Themenumsetzung

Hat der Journalist seine „Story" gefunden und das für die Veröffentlichung erforderliche Material recherchiert, so muss er sich die Frage stellen, wie er über den Sachverhalt berichtet. Sobald *Persönlichkeitsrechte* betroffen sind, ist Vorsicht geboten. Wird ein Beitrag meist auch erst authentisch, wenn Personen genannt und bildlich gezeigt werden, so muss der Journalist doch in jedem Einzelfall prüfen, welche Informationen er verbreiten darf. Prominente sind ebenfalls kein „Freiwild". Behauptet der Journalist Tatsachen, muss er diese sorgfältig recherchiert haben.

Besonders heikel wird es, wenn eine Person einer Straftat bezichtigt wird. Gewissenhaft muss mit zugespielten Materialien Dritter umgegangen werden, aber auch mit Interviews und Zitaten.

Der Journalist muss sich in der Phase der Themenumsetzung überlegen, in welchem Tonfall er seine Berichterstattung vorträgt. Darf Kritik auch mit harschen Worten vorgebracht werden, so muss doch in einer Abwägung aller Umstände geprüft werden, ob der Eingriff in die Persönlichkeitssphäre des anderen verhältnismäßig ist. Das richtet sich danach, um wen es sich handelt und wie gravierend die behauptete Verfehlung ist.

19. Muss der Journalist wahrheitsgemäß berichten?

Grundsätzlich muss der Journalist wahrheitsgemäß berichten. Als wahr unterstellen können Redaktionen Inhalte aus seriösen Quellen, wie z.B. amtliche Pressemitteilungen.[206] Ansonsten gilt: Wenn der Journalist in seinem Beitrag oder Artikel unwahre *Tatsachenbehauptungen* verbreitet, muss er mit Klagen auf Widerruf, *Unterlassung, Schadensersatz* und im schlimmsten Fall mit Strafe rechnen, wenn durch seine Veröffentlichung Rechte anderer verletzt werden. Dies kann er umgehen, indem er sauber recherchiert. Nach dem Gesetz hat der Journalist „alle Nachrichten vor ihrer Verbreitung mit der nach den Umständen gebotenen Sorgfalt auf Wahrheit, Inhalt und Herkunft zu prüfen".[207] Diese Verpflichtung gilt auch für die Anbieter von *Telemedien* mit journalistisch-redaktionell gestalteten Angeboten.[208] Eine „gerichtsfeste Recherche" wird aber nicht verlangt. Es genügt das redliche Bemühen um Wahrheit. Ob der Journalist redlich bemüht war die Wahrheit herauszufinden, richtet sich danach, ob er die folgenden fünf Fragen bejahen kann, die unter dem Begriff *„journalistische Sorgfaltspflicht"* zusammengefasst werden.

Wichtig

– Wurde dem Betroffenen vor Veröffentlichung auf ihm beliebige Weise Gelegenheit zur Stellungnahme eingeräumt? (1)
– Sind alle Informationen auf Zuverlässigkeit geprüft? (2)
– Ist die Berichterstattung vollständig? (3)
– Sind Gerüchte und anonyme Quellen abgesichert? (4)
– Sind alle entlastenden Gesichtspunkte erwähnt? (5)

Wenn sich der Journalist daran hält, entgeht er einer Haftung selbst dann, wenn sich hinterher herausstellt, dass die von ihm behaupteten Tatsachen falsch sind.[209]

Zudem steigt die Qualität, wenn sich der Journalist konsequent an diese Pflichten hält. Der Beitrag wird dadurch authentisch, glaubwürdig und seriös. Der Journalist sollte die fünf Voraussetzungen für seine Arbeit verinnerlichen und sich ohne zeitlichen Druck näher damit beschäftigen.

Im Einzelnen sind diese Voraussetzungen wie folgt zu schaffen:

Zu 1. Wurde dem Betroffenen vor Veröffentlichung Gelegenheit zur Stellungnahme eingeräumt?

Im Zentrum der journalistischen Sorgfaltspflicht steht die **Rückfrage beim Betroffenen**, der mit Vorwürfen belastet wird. Viele Journalisten fürchten allerdings, dass der Betroffene dadurch von einer bevorstehenden Veröffentlichung erfährt und sich gerichtlich gegen sie wehrt. Diese Angst ist unbegründet, weil im Stadium der Recherche grundsätzlich kein Abwehranspruch besteht. Vielmehr kann die Stellungnahme des Betroffenen eine spätere *Gegendarstellung* unzulässig machen, weil sie bereits die gegenteilige Ansicht des Betroffenen enthält.[210] Nicht zuletzt kann alles das, was ein Verdächtiger zu den Vorwürfen sagt, grundsätzlich ohne weitere Recherche für bare Münze genommen und als wahr unterstellt werden.[211] Der wichtigste Vorteil aber ist, dass der Betroffene mit seiner Einlassung grundsätzlich auch einer Berichterstattung über seine Person zustimmt. Ohne Einwilligung des Betroffenen darf z.B. grundsätzlich nicht über dessen Krankheiten, sexuelle Ausrichtung, Vermögensverhältnisse und Familienangelegenheiten berichtet werden.

Fall

Streit ums Kind
Eine Mutter wendet sich hilfesuchend an die örtliche Zeitung. Sie berichtet dem diensthabenden Redakteur, dass sie mit ihrem Mann in Scheidung lebe und dieser ihr den Kontakt zu ihrem Kind verweigere. Daraufhin setzt

sich der Redakteur fernmündlich mit dem Vater in Verbindung. Der ist nicht bereit, am Telefon eine Stellungnahme abzugeben. Er erklärt sich aber zu einem Gespräch in der Redaktion bereit. Dies lehnt der Redakteur ab und berichtet am nächsten Tag über den Zustand.

Die Zeitung hat mit der Veröffentlichung gegen die journalistische Sorgfaltspflicht verstoßen. Grundsätzlich gehört zu einer sorgfältigen Recherche, dass dem Betroffenen Gelegenheit zur Stellungnahme auf eine ihm beliebige Weise eingeräumt wird. Dieses Gebot hat die Zeitung missachtet. Ohne die Stellungnahme des Vaters war die Berichterstattung über dessen Familienangelegenheiten in diesem Fall unzulässig. Familienangelegenheiten gehören zur Privatsphäre, die als Teil des *Persönlichkeitsrechts* grundsätzlich geschützt ist.

In der Praxis hat es sich bewährt, dem Betroffenen eine **Frist** für die Stellungnahme einzuräumen. Sie richtet sich danach, wie wichtig eine schnelle Information für die Leser und das Publikum ist. Bei einem rund um die Uhr erreichbaren Unternehmen kann schon eine Frist von wenigen Stunden ausreichend sein. Bei medienunerfahrenen Personen sollte die Frist großzügiger, zwischen 24 und 48 Stunden, gesetzt werden, damit sie ausreichend Zeit zur Prüfung und Beantwortung der Fragen haben. Zur Stellungnahme kann ein Betroffener nicht gezwungen werden. Manchmal spielt er auf Zeit und lässt die Redaktion „zappeln". Manchmal hat er damit Erfolg, denn wenn der Betroffene auf eine Anfrage nicht antwortet, reicht eine einzige Quelle zum Beweis eines Verdachts in der Regel nicht aus.

Schweigen darf rechtlich nicht als Zugeständnis bewertet werden. Insoweit sind weitere Recherchen unerlässlich.

Eine Stellungnahme des Betroffenen über seinen **Anwalt** genügt. Auf die Stellungnahme des Betroffenen darf ausnahmsweise verzichtet werden, wenn dieser nicht innerhalb der gesetzten Frist reagiert, eine Antwort gänzlich verweigert oder sich zum bekannten Sachverhalt bereits geäußert hat. Auch wenn die Mitteilung für die Öffentlichkeit so wichtig ist, dass sie unverzüglich verbreitet werden muss, um z.B. konkrete Gefahren für den Verbraucher abzuwehren, darf auf die Stellungnahme der Betroffenen verzichtet werden. Im Falle einer gerichtlichen Auseinandersetzung ist es vorteilhaft, wenn schon im Beitrag erwähnt wird, dass der Betroffene zu den aufgestellten Vorwürfen keine Stellungnahme abgegeben hat. Damit wird dokumentiert, dass der Journalist bemüht war, den Betroffenen anzuhören.

Wenn sich der Betroffene äußert, müssen seine **Dementis** und Stellungnahmen in ihren Kernaussagen in den journalistischen Text aufgenommen werden. Wenn sich aufgrund der weiteren Recherche neue Fakten oder auch Vorwürfe ergeben, ist es erforderlich, den Betroffenen ein weiteres Mal zu den neuen Vorwürfen zu befragen. Das gilt auch dann, wenn er auf die erste Anfrage nicht oder abschlägig geantwortet hat.

Auf eine Stellungnahme des Betroffenen kann in der Regel nicht verzichtet werden, wenn nur **eine Quelle** zur Verfügung steht. Denn wenn es zur gerichtlichen Auseinandersetzung kommt, ist es schwer, den Richter davon zu überzeugen, dass man mit nur einer Quelle und ohne Rückfrage beim Betroffenen redlich bemüht war, die Wahrheit herauszufinden.[212]

Zu 2. Sind alle Informationen auf Zuverlässigkeit überprüft?

Unter dem Druck der Aktualität durch das Internet ist eine sorgfältige Recherche immer schwieriger. Trotzdem ist rechtlich anerkannt: Je schwerwiegender eine Falschberichterstattung für den Betroffenen sein könnte, desto höher sind die Anforderungen an die Recherche und an die Überprüfung der Quellen.[213] So müssen z.B. bei Recherchen zu einer drohenden Bankpleite wegen der gravierenden wirtschaftlichen Auswirkungen einer Falschmeldung alle erreichbaren Quellen und Informationen überprüft werden. Der Rechercheaufwand ist demnach recht groß. Allein auf einen einzigen Bankangestellten kann man seinen Beitrag nicht stützen. Zu groß ist die Gefahr, dass seinen Aussagen unehrenhafte Motive zugrunde liegen, weil er zum Beispiel seit Jahren nicht aufsteigen durfte oder von Vorgesetzten gemobbt wurde. Weitaus geringere Maßstäbe für eine Recherche können bei Ereignissen angelegt werden, die so unspektakulär sind, dass sie kaum jemandem schaden können. Als Beispiel dient die Berichterstattung über den jährlich stattfindenden Sommerausflug der Mitglieder der örtlichen Freiwilligen Feuerwehr. Eine unrichtige Meldung über den Ausflugsort oder die Anzahl der Ausflügler hätte weit weniger Folgen als die Meldung einer vermeintlichen Bankpleite. Wenn also über die Herkunft der Pressemitteilung der Feuerwehr keine Bedenken bestehen, könnte man diese ausnahmsweise ohne Rückfrage bzw. eigene Recherche übernehmen und veröffentlichen.

Entsprechendes gilt, wenn Medien über **Medienmeldungen** berichten oder wenn sie Vorveröffentlichungen seriöser Blätter oder der Contentredaktionen von Rundfunksendern übernehmen. Eigene Recherchen sind im Regelfall nicht überflüssig, denn jedes Medium haftet grundsätzlich selber. Das gilt vor allem, wenn die Meldungen schwere Vorwürfe enthalten.[214] Sorgfältig arbeitet der Journalist bei der Übernahme von Enthüllungen anderer Medienanbieter, wenn er die Quelle nennt, aus der er schöpft. Außerdem darf der Journalist sich die fremden Äußerungen nicht zu eigen machen, indem er sie z.B. in Zwischenüberschriften kommentiert.

Eine **Quelle** ist umso zuverlässiger, je neutraler und unvoreingenommener sie zum Ereignis oder Thema steht. Auf einen Informanten, der selbst involviert ist, kann man sich vor Gericht kaum stützen. Er gilt als befangen und parteiisch. Der Journalist ist dann gezwungen, weitere Quellen zu recherchieren, am besten solche, die zuverlässig und unabhängig von der ersten sind.[215]

Häufig ist für Journalisten eine **Zusicherung** der Notanker, um Aussagen von Informanten sicher zu machen. In der Praxis wird diese Zusicherung häufig als „eidesstattliche Versicherung" bezeichnet. Diese Terminologie ist allerdings problematisch, da eidesstattliche Versicherungen nur von den gesetzlich dazu bestimmten Stellen entgegengenommen werden können. Aber selbst wenn der Informant eine solche Zusicherung abgibt, kann man nicht darauf vertrauen. Gelogen wird nämlich auch vor Gericht. Um im Streitfall gut für den Wahrheitsbeweis gerüstet zu sein, ist es immer besser, zusätzliche Quellen zu recherchieren.

Muster

für eine Zusicherung:[216]
Zusicherung:
Mein Name ist .... Ich bin geboren am ... in .... Meine Wohnadresse ist ...
Von Beruf bin ich .... Hiermit versichere ich folgende Tatsachen und bin
bereit, diese vor Gericht zu wiederholen ....
(*Ort*), den (*Datum*)   (*Unterschrift*)

Wenn der **Informant anonym** bleiben möchte, wird es für den Redakteur in rechtlichen Auseinandersetzungen schwer. Er wäre in einem der Veröffentlichung nachfolgenden Rechtsstreit mit einem von dem Bericht Betroffenen kaum in der Lage, detailliert darzulegen, dass die erhaltenen Informationen zuverlässig sind. Deswegen muss er grundsätzlich nach weiteren Quellen suchen.

Zu 3. Ist die Berichterstattung vollständig?

Zur *journalistischen Sorgfaltspflicht* gehört auch, dass der Journalist in seinem Beitrag keine wichtigen Fakten unter den Tisch kehrt. Im Redaktionsalltag geschieht dies oft ungewollt. Journalisten haben manchmal ihre Story schon vor der Recherche zumindest im Kopf zusammengebaut und denken deshalb unbewusst nur noch in eine Richtung.

Fall

Aufträge aus Gefälligkeit

Zum Thema Ausschreibungsbetrug veröffentlicht eine überregionale Zeitung einen Bericht unter der Überschrift: „Aufträge für alte Freunde – Korruption am Bau". Im Artikel heißt es, dass der Chef für Bau- und Liegenschaftswesen einer Rundfunkanstalt persönlich mit einem befreundeten Bauunternehmer über die Errichtung eines Sendeturms verhandelt hat, der schließlich auch den Auftrag bekam. Im weiteren Text heißt es, dass der Rundfunkvertreter das Projekt zunächst ohne Ausschreibung an die Baufirma vergeben wollte. Später sei dann doch noch ausgeschrieben worden. Am Ende des Artikels wird ein Informant mit folgenden Worten zitiert: „Manchmal haben wir uns im Sender schon gewundert. Bei den Ausschreibungen bekam immer die Firma den Zuschlag, die der Chef vom Bauwesen haben wollte." Der Artikel enthält keine Angaben darüber, dass die Firma, die den Zuschlag erhalten hat, das beste Angebot abgegeben hat.

Der Artikel verstößt gegen die *Sorgfaltspflicht*, weil er unvollständig ist. Mit keiner Silbe wird erwähnt, dass die Firma, die den Zuschlag bekommen hat, das günstigste Angebot abgeliefert hat. Ohne diese Mitteilung aber erscheint der Chef des Bauwesens in einem falschen Licht.[217]

Zu 4. Sind Gerüchte und anonyme Quellen abgesichert?

Besonders riskant sind anonyme Quellen und Gerüchte. Zwar steht im Pressekodex des *Deutschen Presserats*, dass Gerüchte als solche erkennbar zu machen sind.[218] Daraus darf man allerdings nicht den Schluss ziehen, dass sie ohne Prüfung verbreitet werden dürfen. In der Praxis kommt der Journalist deshalb grundsätzlich nicht um eine Stellungnahme beim Betroffenen und um die Recherche weiterer zuverlässiger Quellen herum. Entsprechendes gilt bei anonymen Quellen. Diese bieten allenfalls Anlass zu recherchieren, ob an den behaupteten Tatsachen etwas dran ist und das Thema weiterverfolgt werden soll.

Bei Themen, an denen ein besonderes *öffentliches Informationsinteresse* besteht, kann es ausnahmsweise ausreichen, wenn sich die Redaktion nur auf eine Quelle wie z.B. einen anonymen Informanten stützt. Prinzipiell sind Journalisten berechtigt, über *Tatsachen*, deren Wahrheitsgehalt im Zeitpunkt der Berichterstattung ungeklärt sind, zu berichten. Zur Aufgabe der Medien gehört es, Missstände und Verfehlungen öffentlich zu machen, insbesondere wenn es um gravierende politische, gesellschaftliche oder wirtschaftlich brisante Themen geht.[219] Viele Staats- und Wirtschaftsaffären wie z.B. die Parteispendenaffäre wären nie ans Licht gekommen, wenn die Medien auf die Veröffentlichung eines bestehenden Verdachtes verzichtet hätten. Rechtlich unbedenklich ist eine **Verdachtsberichterstat-**

tung aber nur dann, wenn die Redaktion prüfbare und belegbare Anhaltspunkte für die Richtigkeit des ihr zugespielten Verdachts hat und dem
Betroffenen vor Veröffentlichung Gelegenheit zur Stellungnahme eingeräumt wurde.[220] Äußert sich der Betroffene zu dem ihm vorgeworfenen
Fehlverhalten, muss der Journalist diese Aussage im Beitrag veröffentlichen.

Zu 5. Sind alle entlastenden Gesichtspunkte erwähnt?

Zu einer ausgewogenen Darstellung gehört, dass bei einem bestehenden
Verdacht nicht nur die belastenden, sondern auch die entlastenden Gesichtspunkte in die Berichterstattung aufgenommen werden. Sämtliche
Anhaltspunkte, die gegen die Richtigkeit von Vorwürfen sprechen, müssen
im Beitrag erwähnt werden, damit der Betroffene nicht vorverurteilt wird.
Es empfehlen sich Formulierungen wie z.b. „Gegen den Vorwurf spricht,
dass ...", oder „zu Gunsten des Betroffenen ist festzuhalten ...".

Wenn der Journalist die oben aufgeführten Sorgfaltsregeln in seiner
Arbeit umsetzt, muss er nicht fürchten, dass er strafrechtlich wegen *übler
Nachrede* belangt wird oder für eine *Geldentschädigung* aufkommen muss.
Das Recht belohnt ihn für seine saubere und sorgfältige Recherche. Wenn
es zu einer gerichtlichen Auseinandersetzung kommt, kann der Journalist
deshalb gelassen sein. Wichtig ist, dass er darlegen und beweisen kann,
dass er sorgfältig recherchiert hat. Insoweit ist es ratsam, einzelne Recher-
cheabläufe und Ergebnisse zu dokumentieren und für alle Fälle zu archivieren.

Besonderheit Online und Social Media: Die journalistischen Sorgfaltspflichten sind auch in **Live-Blogs** zu beachten. Der Journalist kann in diesem Medium nicht einfach schreiben, was ihm durch den Kopf schießt
oder was er vor Ort aufschnappt. Wenn z.B. der Reporter vom Gerücht
erfährt, ein Minister habe Steuerhinterziehung begangen, muss er abwägen: Woher kommt das Gerücht? Wie seriös ist die Quelle? Gibt es eine
weitere Quelle, die das Gerücht stützt? Keinesfalls darf der Blog zu dem
verkommen, was für eine konventionelle Berichterstattung zu unseriös, zu
unsicher oder zu zweifelhaft ist.[221] Dies wäre mit der *journalistischen Sorgfaltspflicht* nicht vereinbar. *Persönlichkeitsrechtsverletzungen* in einem Blog
können ebenso geahndet werden wie in einer klassischen Medienveröffent-
lichung.

20. Darf der Journalist in identifizierender Weise berichten?

Grundsätzlich darf niemand gegen seinen Willen mit seinen persönlichen Daten wie z.b. Gesundheitszustand, Adresse, Rufnummer, Vereinszugehörigkeit oder Geburtsdatum in die Öffentlichkeit gezerrt werden. Dieser Schutz leitet sich aus dem *allgemeinen Persönlichkeitsrecht* eines Menschen ab und gilt selbstverständlich auch bei einer journalistisch-redaktionell gestalteten Berichterstattung im Internet.[222] So schützt das allgemeine Persönlichkeitsrecht z.b. davor, dass ein Foto einer nicht prominenten Person veröffentlicht wird[223] oder dass ein nicht öffentlich gesprochenes Wort eines anderen aufgezeichnet und öffentlich wiedergegeben wird.[224] Der Kampf um Auflage, Quote und Erfolg führt in der Praxis manchmal dazu, dass die Persönlichkeitsrechte mit Füßen getreten werden. Rechtlich gesehen darf über Privates fast nur berichtet werden, wenn der Betroffene zustimmt.[225] So ist z.B. die ungenehmigte Veröffentlichung der Religionszugehörigkeit eines Bürgers unzulässig.

Wichtig

Jeder kann grundsätzlich selbst bestimmen, in welchem Medium was über ihn veröffentlicht wird und wie seine Person in der Öffentlichkeit dargestellt wird. Dem Journalisten ist deshalb zu empfehlen, dass er die Einwilligung des Betroffenen einholt, bevor er über dessen Leben berichtet. Wenn es zum Streit kommt, muss man vor Gericht beweisen, dass der Betroffene mit einer identifizierenden Berichterstattung einverstanden war. Als Beweis ist dabei eine kurze schriftliche Erklärung hilfreich. Soll über Kinder und Jugendliche bis zur Volljährigkeit, also bis zum Alter von 18 Jahren berichtet werden, braucht jeder Medienschaffende vorher die Einwilligung beider Elternteile, wenn er rechtlich auf Nummer sicher gehen will. Ab 14 Jahren ist zusätzlich die Einwilligung des Jugendlichen erforderlich.

Muster

für die Einholung einer Zustimmungserklärung zur Berichterstattung über persönliche Daten: Ich bin damit einverstanden, dass der (*Medienanbieter*) über mich namentlich oder in sonstiger identifizierender Weise berichtet, dass ich … (*möglichst genaue Umschreibung über welche Angelegenheit des Betroffenen berichtet wird*). Diese Einwilligung gilt sachlich, zeitlich und örtlich unbefristet.[226]

Name: Datum:

Betroffene, die nicht in Besitz ihrer geistigen Fähigkeiten sind, weil sie z.B. **unter Schock** stehen oder alkoholisiert sind, können keine wirksame Zustimmungserklärung zur Berichterstattung abgeben.

1. Das Recht auf Achtung des Privat- und Familienlebens und seine Grenzen

Da grundsätzlich niemand dulden muss, dass er ungefragt zum Gegenstand einer Berichterstattung wird, sind einer identifizierenden Berichterstattung enge Grenzen gesetzt. Die Praxis behilft sich, indem sie z.B. andere Namen verwendet, Stimmen verfremdet und Bilder und Filmsequenzen grafisch durch sogenanntes „Pixeln" von Köpfen, Kfz-Zeichen etc. so verändert, dass die geschützten Personen auch in ihrem engsten Freundes- und Bekanntenkreis nicht erkennbar sind.

Fall

Sex am Firmentelefon

Eine Boulevardzeitung berichtet ohne Namensnennung über einen leitenden Angestellten, der von seinem Arbeitgeber entlassen worden war, weil er während der Dienstzeit Telefongespräche sexuellen Inhalts geführt hat. Unter der Überschrift, „Büro-Sex am Telefon – entlassen!" schildert die Tageszeitung den Lesern detailliert die Arbeitsstelle des Betroffenen, so dass dieser in seinem Bekanntenkreis identifiziert werden kann. Der Betroffene möchte wissen, ob er sich das gefallen lassen muss.

Grundsätzlich muss sich niemand gefallen lassen, dass er, ohne damit einverstanden zu sein, Gegenstand einer Berichterstattung wird. Das sogenannte *allgemeine Persönlichkeitsrecht* schützt das Leben jedes Einzelnen gegen den Einblick der Öffentlichkeit. Dadurch, dass die Zeitung so detailliert berichtete, dass der Betroffene zu ermitteln war, ist dieser im Kernbereich seiner Lebensgestaltung verletzt. Ein besonderes öffentliches Informationsinteresse am Namen des leitenden Angestellten gibt es nicht. Der Betroffene hat weder ausdrücklich noch schlüssig einer identifizierenden Berichterstattung zugestimmt. Deswegen kann er von der Zeitung verlangen, dass sie eine solche Berichterstattung künftig unterlässt[227] und wegen der schweren Verletzung seines *Persönlichkeitsrechts* durch Verbreitung intimer Details sogar *Geldentschädigung* bezahlt.[228]

Intimitäten eines Menschen umfassen den engsten, unantastbaren Bereich seiner Person. Neben der Sexualität gehören dazu auch detaillierte Beschreibungen von körperlichen Gebrechen, psychischen Befindlichkeiten und körperlichen Eingriffen. Berichten darf man darüber fast nie, es sei denn, der Betroffene willigt ein. Wenn jemand von sich aus öffentlich intime oder andere persönliche Details z.B. in einem Interview, auf einer Homepage, in einem Forum oder in einem Blog preisgibt, kann er sich nicht mehr auf sein Recht auf Darstellung der eigenen Person berufen, wenn darüber auch in anderen Medien berichtet wird.

Besonderen Schutz genießen Informationen, die der Betroffene geheim halten möchte oder die aus gesetzlichen Gründen nicht preisgegeben werden dürfen. So sind z.B. E-Mails, Briefe und Telefongespräche der Berichterstattung grundsätzlich entzogen, es sei denn, dass die Informationen einen hohen Öffentlichkeitswert haben, indem sie einen Missstand von erheblichem Gewicht offenbaren.[229] Dasselbe gilt für Geschäftsgeheimnisse und für Aufzeichnungen personenbezogener Daten, wie z.B. Patientendaten, Tagebücher und für interne Vermerke und Briefe von Rechtsanwälten oder Steuerberatern. Ohne Einwilligung des Betroffenen dürfen keine **geheimen Daten** veröffentlicht werden, es sei denn, dass es dafür besondere Gründe gibt. Das wäre z.B. anzunehmen, wenn der Journalist im Zuge der Berichterstattung über einen Partei-Spendenskandal Steuergeheimnisse lüften würde.

Über **private Angelegenheiten** eines Menschen darf grundsätzlich nicht berichtet werden. Das kann z.B. auch durch die ungefragte Veröffentlichung eines Fotos geschehen, auf dem in einer Nahaufnahme eine schwangere Frau zu sehen ist. Persönliche Lebensumstände wie Schwangerschaft, Alter, Mitgliedschaften, Familienverhältnisse, Krankheiten, Vereinszugehörigkeiten, Einkommen, Vermögen, häusliche Sphäre, die Mitteilung ehebrecherischer Beziehung und der Lebensstil einer Person sind der Berichterstattung entzogen, wenn nicht ausnahmsweise das öffentliche Interesse an solchen Informationen gewichtiger ist als das Recht auf Achtung des Privat- und Familienlebens. Die bloße Neugier des Publikums genügt nicht, um über private Angelegenheiten eines Menschen zu berichten. Die Privatsphäre eines Menschen endet nicht an der Haustür. Wenn jemand darauf vertrauen kann, dass er nicht den Blicken der Öffentlichkeit ausgesetzt ist, wie z.B. im umfriedeten Garten eines Feriendomizils, ist er geschützt.

Fall

Besucher auf dem Flohmarkt
Eine Lokal-TV-Station berichtet über die Atmosphäre eines auf einer Kirmes jährlich stattfindenden großen Nachtflohmarkts. Auf einer der Filmsequenzen ist der Betroffene G zu sehen, der inmitten vieler anderer Kaufinteressenten einige Modellautos begutachtet. G meint, es gehe die Öffentlichkeit nichts an, wo er seinen Samstagabend verbringt und sieht sich in seinem *Persönlichkeitsrecht* durch die Ausstrahlung verletzt. Zu Recht?

Grundsätzlich darf niemand ungefragt mit Privatangelegenheiten in das Licht der Öffentlichkeit, z.B. durch eine Fernsehberichterstattung gezerrt werden. Das gilt grundsätzlich auch vor der Haustür. Wer einen Flohmarkt mit volksfestartigem Charakter besucht, kann allerdings nicht darauf vertrauen, dass er anonym bleibt. Grundsätzlich besteht an einem Volksfest ein *öffentliches Informationsinteresse*. Das hat die Lokal-TV Station mit ihrer Berichterstattung bedient, indem sie die Atmosphäre des Marktes bildlich eingefangen und ausgestrahlt hat.

Hinzu kommt, dass G in der gedrehten Menschenmenge zufällig lediglich als Randfigur zu erkennen war.[230] Er kann sich deshalb nicht auf die Verletzung seines *Persönlichkeitsrechts* berufen.

Wichtig

Ein unauffällig lebender Mensch, der keine besondere Stellung im öffentlichen Leben einnimmt und auch nicht durch besonderes Verhalten ins Licht der Öffentlichkeit gerückt ist, braucht grundsätzlich nicht zu dulden, dass über sein Privatleben ungefragt berichtet wird. Im Unterschied dazu kann sich grundsätzlich niemand dagegen wehren, wenn sein privates Verhalten in der Öffentlichkeit z.B. beim Besuch einer Veranstaltung bei einer Bildberichterstattung am Rande sichtbar wird.

Die Einwilligung zur Berichterstattung über Privatangelegenheiten gilt grundsätzlich nur für die **aktuelle Berichterstattung**. Will der Journalist den Beitrag über den aktuellen Verwendungszweck hinaus nutzen, muss er sich das vom Betroffenen genehmigen lassen. Es empfiehlt sich, für spätere Verwendungszwecke daher eine schriftliche Einwilligung einzuholen, die ausdrücklich sachlich, zeitlich und örtlich uneingeschränkt gilt.[231]

Fall

Das zurückgenommene Einverständnis

Straßenpassant S gibt in einer Fußgängerzone vor laufender Kamera auf Nachfrage des Fernsehredakteurs eine Erklärung zur allgemeinen Preissteigerung von Lebensmitteln ab. Zwei Minuten vor der Ausstrahlung seines Statements im Regionalfernsehen ruft S aufgeregt in der Redaktion an und bittet darum, sein Statement nicht auszustrahlen. Er begründet seinen Wunsch damit, dass er krankgeschrieben sei und ihn deshalb sein Chef unter keinen Umständen im Fernsehen sehen dürfe. Der Redakteur vom Dienst lehnt die Bitte des Betroffenen ab, weil der Sendeablauf kurz vor der Sendung nicht mehr verändert werden kann. Zu Recht?

Grundsätzlich darf jeder Mensch selber entscheiden, ob er sich öffentlich äußert. S hat durch sein Statement vor laufender Kamera schlüssig in die aktuelle Fernsehberichterstattung eingewilligt. Er wusste, dass seine Erklärungen zum Zwecke der Veröffentlichung aufgenommen wurden. Eine einmal abgegebene vorbehaltlose Einwilligung darf nicht nach Belieben rückgängig gemacht werden. Etwas anders gilt nur dann, wenn der Betroffene vom Journalisten arglistig getäuscht[232] wurde oder es dem Betroffenen durch nachträglich eingetretene besondere Umstände ausnahmsweise nicht zugemutet werden kann, dass er an seiner ausdrücklichen oder schlüssig abgegebenen Einwilligung festgehalten wird. S wusste bereits zum Zeitpunkt des Drehs, dass er krankgeschrieben ist. Er wurde zur Abgabe seiner Erklärungen vom Journalisten weder gezwungen noch über die Verwendung der Aufnahme getäuscht. Insoweit kann er grundsätzlich nicht verlangen, dass der Redakteur den Beitrag um die Erklärungen des S kürzt. Anders wäre der Fall zu beurteilen, wenn sich S einen Widerruf ausdrücklich vorbehalten hätte. Etwas anderes gilt wegen der hohen Bedeutung des Persönlichkeitsschutzes auch dann, wenn das Statement noch ohne größeren Aufwand herausgenommen werden kann bzw. wenn sich der Betroffene über die Situation im Unklaren gewesen war.

Fotos und Filmaufnahmen, die mit Einwilligung aufgenommen worden sind, dürfen nicht in einem die Persönlichkeit verletzenden Zusammenhang wiedergegeben werden. So dürfen z.B. Aufnahmen von einem unbescholtenen Gastwirt aus Anlass eines Jubiläums nicht zur Illustration eines Berichtes über die „Drogen- und Zuhälterszene" verwendet werden.

Je nachdem, wie wichtig die jeweiligen privaten Angelegenheiten für die Leser, Zuhörer oder Zuschauer sind, kann ausnahmsweise auf die Einwilligung des Betroffenen verzichtet werden. Voraussetzung ist, dass das Interesse des Lesers und des Publikums höher wiegt, als der Schutz des Betroffenen.[233] In der journalistischen Praxis muss deshalb sorgfältig zwischen dem *öffentlichen Informationsinteresse* einerseits und dem Recht des Betroffenen auf Achtung seines Privat- und Familienlebens abgewogen werden. An persönlichen Angelegenheiten besteht in der Regel kein öffentliches Informationsinteresse, es sei denn, es liegen besondere Gründe vor, die ausnahmsweise eine Berichterstattung gestatten. Solche außergewöhnlichen Gründe liegen bei Menschen, die nicht im öffentlichen Leben stehen, fast nie vor.

Fall

Das Scheidungsopfer[234]
Ein Fernsehsender beschäftigt sich in einem Beitrag mit den finanziellen Auswirkungen einer Scheidung auf Ehemänner. In der Anmoderation wird

darauf hingewiesen, dass geschiedene Männer von ihren Exfrauen wie „eine Weihnachtsgans ausgenommen werden" und dass sie „ackern wie die Blöden und am Ende doch nichts bleibt". Zu Beginn des Beitrags behauptet eine bekannte Politikerin steif und fest, dass es den „geschiedenen reichen Mann, der einen Großteil seines Vermögens an seine geschiedene Frau abgeben muss, nicht gibt". Im Anschluss an dieses Statement wird namentlich und mit akademischem Grad der Ex-Ehemann M vorgestellt, der sich über die finanziellen Folgen seiner Scheidung beklagt. So erfährt der Zuschauer, dass M für den Unterhalt seiner Exfrau F und der gemeinsamen Kinder, aber auch für Ratenkredite und für Scheidungskosten mit mehreren tausend Euro pro Monat aufkommen muss. F sieht sich durch den Beitrag stark in ihrem *Persönlichkeitsrecht* und dem Recht auf Darstellung der eigenen Person verletzt und verlangt *Unterlassung* sowie Zahlung einer *Geldentschädigung*. Zu Recht?

Durch die namentliche und bildliche Berichterstattung über den geschiedenen M war dessen Exfrau F zwangsläufig zu identifizieren. Dadurch wurde sie öffentlich mit Ehe- und Familienstreitigkeiten in Verbindung gebracht. Über solche privaten Angelegenheiten darf nur berichtet werden, wenn die betroffenen Personen einwilligen. Die Exfrau hat einer Berichterstattung nicht zugestimmt. Ihr Recht auf Achtung des Privat- und Familienlebens und ihr Recht auf Darstellung ihrer Person wurde damit grundsätzlich verletzt. Dennoch muss sich F eine identifizierende Berichterstattung gefallen lassen, wenn es diesbezüglich ein überwiegendes *öffentliches Informationsinteresse* gibt. Dadurch, dass eine prominente Politikerin pointiert in Abrede stellte, dass Männer nach einer Scheidung finanziell stark belastet sind, durfte der Fernsehsender der Politikerin und dem Publikum eine andere Sichtweise entgegenhalten, zumal die wirtschaftlichen Auswirkungen einer Scheidung auf hohes *öffentliches Informationsinteresse* stoßen.[235] Damit der Ansicht der Politikerin glaubwürdig und authentisch entgegengetreten werden konnte, war es auch gerechtfertigt, das betroffene Scheidungsopfer M bildlich und namentlich zu individualisieren, auch wenn dadurch seine Ehefrau identifizierbar geworden ist. F kann also weder *Unterlassung* noch *Geldentschädigung* verlangen.

Im Dienst können sich **Mitarbeiter der Polizei** und des Verfassungsschutzes ausnahmsweise nicht auf ihre Privatsphäre berufen, wenn ein *öffentliches Informationsinteresse* an ihren Tätigkeiten besteht. So können die Polizeibeamten z.B. nicht verhindern, dass Journalisten kritisch unter Nennung ihres Namens und des Dienstgrades berichten, wenn dadurch ihr Verhalten kritisiert werden soll, das in der Öffentlichkeit Aufsehen erregt hat und dem geistigen Meinungskampf in einer die Öffentlichkeit wesent-

Abb. 4: Polizisten in Ausübung ihres Amtes müssen sich einer aktuellen Berichter-
stattung durch die Medien stellen, jedenfalls wenn es sich wie hier um eine die
Öffentlichkeit berührende Frage wie die Auflösung einer Demonstration handelt
(Foto: Markus Kämmerer).

lich berührenden Frage dient. Die Grenze der zulässigen Berichterstattung
ist allerdings überschritten, wenn mit der Preisgabe der Identität eine konkrete Gefahr für Leib und Leben der Betroffenen verbunden ist. Das ist z.B.
der Fall, wenn über einen Verbindungsmann, also über einen V-Mann, in
identifizierender Weise berichtet wird und er dadurch mit Vergeltungs-
schlägen aus der Szene rechnen muss.

2. Wie falsche Informationen Persönlichkeitsrechte verletzen können

Wenn der Betroffene einer Berichterstattung über seine persönlichen Angelegenheiten zugestimmt hat oder der Journalist ausnahmsweise aus besonderen Gründen ungefragt über Privatangelegenheiten eines Betroffenen
berichten darf, ist es wichtig, dass der Journalist nur sorgfältig recherchier-
te Informationen veröffentlicht.[236] Wenn Unwahrheiten oder ein falscher
Eindruck über einen Menschen verbreitet werden, ist dessen *Persönlichkeitsrecht* stets verletzt.

Fall

Der Griff in die Kasse
In einer sozialen Einrichtung fehlt Spendengeld in Höhe von 2.000 Euro. Eine Lokalzeitung recherchiert den Fall und erhält von Mitarbeiter M die Erlaubnis, in diesem Zusammenhang namentlich über ihn zu berichten. Die Zeitung berichtet wie folgt: „Mitarbeiter der Einrichtung haben ausgesagt, dass M als Letzter am Abend die Kasse öffnete und der Geschäftsführer erst am nächsten Morgen feststellte, dass Geld fehlte." M sieht sich in seinem *Persönlichkeitsrecht* verletzt, weil der Artikel keine Angaben darüber enthält, dass noch weitere Personen einen Schlüssel zur Kasse haben und außer M noch weitere Personen im Büro waren. Hat M recht?

Selbst wenn M einer namentlichen Berichterstattung zugestimmt hat, ist sein *Persönlichkeitsrecht* verletzt, wenn durch den Artikel ein falscher Eindruck über seine Person entstanden ist. Das ist vorliegend zu bejahen, weil wichtige, für M entlastende Gesichtspunkte den Lesern vorenthalten wurden und zwischen den Zeilen der Verdacht erweckt wird, M habe das Geld gestohlen. In einem solchen Fall besteht ein Anspruch auf Richtigstellung.[237]

Auch wenn über eine verstorbene Person berichtet wird, müssen die Informationen über diese stimmen.[238]

Eine **Fotomontage,** die eine Person verzerrt darstellt, zum Beispiel durch Zusammenstauchen des Gesichts, verletzt ebenfalls dessen *Persönlichkeitsrecht*, selbst wenn der Betroffene mit eine Veröffentlichung eines Fotos von ihm einverstanden war.

3. Briefe an die Redaktion

Wenn Leser einer Zeitung, einer Zeitschrift oder eines publizistischen Online-Angebots Leserbriefe an die Redaktion schreiben, darf der Journalist davon ausgehen, dass der Einsender mit der Veröffentlichung seines Texts unter Namensnennung einverstanden ist. Manchmal lässt es sich aus Platzgründen nicht vermeiden, dass eine Redaktion die Texte ihrer Leser kürzen muss. In der Praxis weist die Redaktion ausdrücklich darauf hin, dass sie es sich vorbehält, Leserbriefe in gekürzter Form zu veröffentlichen. Solange dadurch der Sinn der Zuschrift nicht entstellt wird, sind Kürzungen unbedenklich.

Hingegen ist eine inhaltliche Änderung der Leserbriefe unzulässig und verstößt gegen das *Persönlichkeitsrecht* der Einsender. Im Unterschied hierzu dürfen Rechtschreibfehler und Zeichensetzungsfehler vor dem Abdruck von der Redaktion korrigiert werden.

21. Darf über Prominente alles berichtet werden?

Über Prominente wie Politiker, Schauspieler, herausragende Sportler oder Adlige darf nicht immer und alles berichtet werden. Obwohl generell ein Informationsinteresse an solchen Personen besteht, sind sie ebenfalls durch ihr *allgemeines Persönlichkeitsrecht* geschützt. Die Zulässigkeit der Berichterstattung über private Details hängt davon ab, wie weit sich die sogenannten Personen des öffentlichen Lebens gegenüber den Medien geöffnet haben, wie sie sich in der Öffentlichkeit bewegen und wie wichtig die jeweiligen Informationen für die Allgemeinheit sind. Das gilt auch für Personen, die durch ein bestimmtes *Ereignis von zeitgeschichtlicher Bedeutung*, wie z.B. eine Geiselnahme vorübergehend ins Blickfeld der Öffentlichkeit treten.[239]

Unabhängig von seinem Status in der Gesellschaft, braucht jeder Mensch einen Rückzugsbereich, in dem er sich frei entfalten kann, ohne von den Medien beobachtet zu werden.[240] Das ist eine soziale wie auch rechtliche Selbstverständlichkeit, an die sich auch die Unterhaltungsmedien halten müssen. Deshalb ist es fast immer unzulässig, wenn ein Journalist ohne Einwilligung über das Verhalten eines Prominenten in dessen Grundstücksgrenzen oder innerhalb seiner eigenen vier Wände berichtet. Eine solche Berichterstattung ist grundsätzlich unvereinbar mit dem *allgemeinen Persönlichkeitsrecht* des Betroffenen, weil sie tief in dessen engsten privaten Rückzugsbereich eingreift. Dabei endet der private Rückzugsbereich eines Prominenten nicht schon an seiner Haustür, an seiner Grundstücksgrenze oder an seiner Hotelzimmertür. In der Rechtsprechung ist anerkannt, dass private Lebensvorgänge auch dann der Privatsphäre zuzuordnen sind, wenn sie in der Öffentlichkeit stattfinden.[241] Niemand darf deshalb ohne Grund über das Verhalten von Prominenten in der Öffentlichkeit berichten, wenn sich diese an einer deutlich abgeschiedenen Örtlichkeit, etwa in einem mit Hecken abgeschirmten Gartenlokal oder an einem Privatstrand aufhalten.

Bewegt sich der Prominente in der Öffentlichkeit, darf darüber ausnahmsweise informiert werden, wenn dem Bericht ein Informationswert zukommt, dieser also nicht nur die bloße Neugier des Lesers, des Zuschauers oder des Zuhörers befriedigt. Mit den Worten des Bundesgerichtshofs ausgedrückt, darf über Prominente grundsätzlich nur berichtet werden, wenn es sich um ein **„Ereignis von zeitgeschichtlicher Bedeutung"** handelt.[242] Daran fehlt es zum Beispiel, wenn detailliert darüber berichtet wird, wie eine bekannte Person ihren Urlaub verbringt. Im Unterschied dazu wäre es zulässig, über einen Ministerpräsidenten einer westlichen Demokratie zu berichten, der seinen Urlaub in einem totalitär regierten Urlaubsland verbringt, weil daran ein *öffentliches Informationsinteresse* besteht. Mit der zeitgeschichtlichen Bedeutung lässt es sich auch begründen, wenn über das Leben eines hochrangigen Politikers nach dessen Ausscheiden aus dem Amt berichtet wird, da eine solche Berichterstattung kritische Überlegungen zu seiner Amtsauffassung anregen kann.[243]

Fall

Der Einkaufsbummel

Journalist J möchte über den Einkaufsbummel eines bekannten Politikers P berichten, der am Vortag im Parlament von den Landtagsabgeordneten als Ministerpräsident abgewählt worden ist. Zufällig hat J den P beim Kauf von Kleidungsstücken beobachten können. Um noch mehr Details zu erfahren, hat sich J unauffällig in die Nähe des prominenten P begeben. So konnte er z.B. die Konfektionsgröße des P, den Kaufpreis und die Einzelheiten der Kreditkartenabrechnung herausfinden. J möchte wissen, ob es rechtlich unbedenklich ist, wenn er über seine Recherchen berichtet.

Grundsätzlich hat auch P ein Anrecht darauf, sich unerkannt in der Öffentlichkeit beim Einkaufsbummel zu bewegen. Etwas Anderes gilt nur dann, wenn der Bericht durch andere Umstände als die Tatsache, dass es sich um einen Prominenten handelt, von öffentlichem Interesse ist. Hier bietet sich als Anknüpfungspunkt die Abwahl des Politikers am vorangegangen Tag an. Es besteht ein *öffentliches Interesse* daran, wie ein Politiker mit einem Misserfolg umgeht. Aufgrund dieses *zeitgeschichtlichen Ereignisses* muss P ausnahmsweise eine Berichterstattung über seine Einkaufstour dulden.[244] Die Grenze einer zulässigen Berichterstattung ist allerdings dann überschritten, wenn J über Einzelheiten des Kaufs berichtet, die den anderen Käufern, die zum selben Zeitpunkt wie P in der Boutique anwesend waren, verborgen geblieben sind. So verstoßen die indiskreten Recherchen über die Konfektionsgröße, den Preis und die Details der Bezahlung bei einer Veröffentlichung gegen das *Persönlichkeitsrecht* des P und sind daher unzulässig.

Wichtig

Bekannte Persönlichkeiten haben auch in der Öffentlichkeit grundsätzlich ein Anrecht darauf, unerkannt zu bleiben, es sei denn, der Journalist verknüpft seine Berichterstattung über den Prominenten mit einer sachbezogenen Information, die für die Öffentlichkeit von Interesse ist. Bei der Frage, welche Themen im öffentlichen Interesse liegen, hat die Redaktion einen weiten Spielraum.[245] Spekulationen und Gerüchte rechtfertigen dagegen grundsätzlich keinen Eingriff in das *Persönlichkeitsrecht* des Prominenten.[246]

Eine prominente Person muss eine Berichterstattung über Privates, wie z.B. Familienangelegenheiten nur dulden, wenn das *Informationsinteresse der Allgemeinheit* so wichtig sind, dass der Schutz des Betroffenen demgegenüber nachrangig ist. So kann sich ein Politiker, der im Wahlkampf die Abschaffung aller Rotlichtmeilen fordert, selbst aber in entsprechenden Etablissements verkehrt, nicht dagegen wehren, wenn über seine Besuche in den einschlägigen Clubs berichtet wird. Dies resultiert daraus, dass an der Aufdeckung von widersprüchlichem politischem und persönlichem Verhalten eines Staatsmanns oder einer Politikerin ein hohes *öffentliches Informationsinteresse* besteht.

Kein rechtlich anerkanntes öffentliches Interesse besteht dagegen an sensationslüsternen und voyeuristisch angehauchten **„Homestories"** von Prominenten, um Auflagen und Quoten zu steigern, es sei denn, der Betroffene hat die Berichterstattung aus Publizitätsgründen selbst herausgefordert, indem er sein Privatleben freiwillig offenbarte.

Fall

Vom Moderator zum Politiker

Eine überregionale Zeitung berichtet über einen Unterhaltsstreit des bekannten Fernsehmoderators F mit seinem Sohn. F ist Kandidat für den Bundestag und hat sich nach eigenen Angaben politisch schwerpunktmäßig dem Schutz der Jugend verschrieben. Der Fernsehstar hat bereits vor seiner politischen Laufbahn den Medienanbietern freimütig Angaben über seine familiäre und finanzielle Situation gemacht. F ruft den Chefredakteur der überregionalen Zeitung an und fordert ihn unter Androhung eines Rechtsstreits dazu auf, künftig jede Berichterstattung über den Unterhaltsstreit mit seinem minderjährigen Sohn zu unterlassen, weil dadurch seine *Persönlichkeitsrechte* verletzt würden. Hat F Recht?

Grundsätzlich schützt das *Persönlichkeitsrecht* Prominente wie F vor einer Berichterstattung über Familienangelegenheiten, es sei denn, das *öffentliche Informationsinteresse* an solchen Informationen ist so hoch, dass der Persönlichkeitsschutz dahinter zurücktritt. In der journalistischen Praxis muss deshalb sorgfältig zwischen dem Informationsinteresse und dem *Persönlichkeitsrecht* des Betroffenen abgewogen werden. Für eine Berichterstattung spricht, dass F für den Deutschen Bundestag kandidiert und sich im Wahlkampf schwerpunktmäßig dem Schutz der Jugend verschrieben hat. Dem Umstand, dass er einen Unterhaltsstreit mit seinem

Sohn führt, kommt eine erhebliche, für viele Leser möglicherweise eine wahlentscheidende Bedeutung zu. Hinzu kommt, dass F in der Vergangenheit freimütig den Medien Informationen über Privates wie Familie und Finanzen offenbart hatte und damit großzügig auf diese Teile seines *Persönlichkeitsrechts* verzichtet hat. Im Ergebnis fällt die Abwägung deshalb zugunsten des *öffentlichen Informationsinteresses* und zuungunsten des Persönlichkeitsschutzes des F aus. F muss also die Berichterstattung über den Unterhaltsstreit mit seinem Sohn dulden.

Wichtig

Je größer der Informationswert für die Öffentlichkeit, desto eher muss das Schutzinteresse der Prominenten an der Verbreitung privater Angelegenheiten zurücktreten. Umgekehrt gilt: Je geringer der Informationswert für die Allgemeinheit ist, desto schwerer wiegt der Schutz der Persönlichkeit. Zu berücksichtigen ist dabei auch der jeweilige Bekanntheitsgrad des Betroffenen. Wer den Medienanbietern aus Publizitätsgründen freiwillig private Details aus seinem Leben offenbart oder diese im Internet wie z.B. auf der Homepage oder in sozialen Foren für alle öffentlich zugänglich macht, kann sich grundsätzlich nicht mehr auf sein Recht auf Achtung seines Privat- und Familienlebens berufen.

Solange der Partner des Prominenten, also dessen **Ehepartner** oder **Lebensgefährte** noch nicht freiwillig ins Licht der Öffentlichkeit getreten ist, darf nicht über ihn berichtet werden. Eine Berichterstattung würde das *Persönlichkeitsrecht* des Betroffenen, also sein Recht unerkannt zu bleiben, verletzen. Erst wenn der Partner des Prominenten freiwillig ins Licht der Öffentlichkeit tritt, indem er sich z.B. öffentlich gemeinsam mit seinem berühmten Partner auf einer Veranstaltung präsentiert, darf grundsätzlich auch über ihn in identifizierender Weise berichtet werden. Das gilt aber nur, wenn die Berichterstattung das Persönlichkeitsrecht der Lebenspartnerin oder des Lebenspartners im Verhältnis zum Informationsinteresse nicht übermäßig belastet.[247] Ähnlich wie bei der Berichterstattung über den Prominenten selbst, ist das *öffentliche Informationsinteresse* gegen das *Persönlichkeitsrecht* des Betroffenen abzuwägen.

Fall

Die Prominente im Urlaub

Ein Wochenmagazin berichtet vordergründig über die Skiregion Arlberg, in der sich viele Prominente in ihrem Urlaub tummeln. Der Artikel beinhaltet u. a. eine Landschaftsbeschreibung und befasst sich mit den ortsansässigen

Hotels, deren Eigentümer und den zahlreichen Prominenten, die hier ihren Urlaub verbringen oder verbracht haben. In diesem Zusammenhang wird auch am Rande Prinzessin Caroline von Hannover erwähnt, die „jedes Jahr in Zürs Ski – meist mit Familie" fahre und ihre Bretter selbst trage. Darüber hinaus informiert der Bericht über das Mittagsbüffet auf der Terrasse eines bestimmten Hotels, indem auch manchmal die „unauffällig auftretende Caroline im Skianzug" anzutreffen sei. Die Prinzessin sieht sich durch die Berichterstattung in ihrem Schutz auf Privatsphäre und damit in ihrem *Persönlichkeitsrecht* verletzt. Hat sie recht?

Grundsätzlich sind auch Prominente in ihrer Privatsphäre geschützt, auch wenn sie sich unter den Augen der Öffentlichkeit wie z.B. im Urlaub bewegen. Die Privatsphäre endet regelmäßig nicht an der Haustür. Das allgemeine *Persönlichkeitsrecht* bietet allerdings bei einer Wortberichterstattung keinen so weitreichenden Schutz wie z.B. bei der Veröffentlichung von Bildern.[248] Der Prominente muss deshalb eine namentliche Berichterstattung dulden, wenn seine persönlichen Belange gegenüber der Meinungsfreiheit des Mediums, also der Berichterstattungsfreiheit zurücktreten. Bei der Abwägung kommt es auf den konkreten Inhalt der jeweiligen Berichterstattung an. Im vorliegenden Fall liegt der Schwerpunkt des Artikels auf der Anziehungskraft der Skiregion Arlberg für Prominente, wofür sich die Leserschaft im Hinblick auf die eigene Urlaubsgestaltung interessiert. Die im Beitrag knapp aufgeführten Urlaubsgewohnheiten der Prinzessin sind nur am Rande erwähnt und berühren weder ihre Intimsphäre noch Details aus ihrer Privatsphäre. Hinzu kommt eine gewisse Leitbildfunktion, die Prominente, wie die Prinzessin, in bestimmten Gesellschaftsschichten einnehmen. Das *öffentliche Informationsinteresse* an der Prinzessin ist also in dieser Berichterstattung höherrangiger als ihr Recht auf Achtung ihres Privat- und Familienlebens. Daraus ergibt sich, dass die Prinzessin die Berichterstattung der Wochenzeitschrift dulden muss. Sie ist deshalb in ihrem *Persönlichkeitsrecht* nicht verletzt.

Wichtig

Zwischen Wort- und Bildberichterstattung ist zu unterscheiden.[249] Bei der Wortberichterstattung hat der Einzelne keinen Anspruch darauf, dass er nie ohne seine Zustimmung zum Gegenstand der Berichterstattung wird. Die Medien dürfen frei berichten, solange sie nicht in die Intimsphäre oder in den inneren Bereich, also in den Kern der Privatsphäre einer Person eingreifen. Dabei genießen Personen, die bisher nicht ins Licht der Öffentlichkeit getreten sind, ein stärkeres Recht auf Achtung ihres Privat- und Familienlebens als Prominente.

Differenzierung zwischen Wort- und Bildberichterstattung
Schutz des allgemeinen Persönlichkeitsrechts reicht unterschiedlich weit:
- Wortberichterstattung: Schutz nur in spezifischer Hinsicht – vom Inhalt abhängig
- Bildberichterstattung: Beschränkung des allgemeinen Persönlichkeitsrechts nur gemäß § 23 Kunsturheberrechtsgesetz (KUG) gerechtfertigt.[250]

Viele **Prominente** öffnen ihre Tür zu Privatem, indem sie den Medien nicht nur sog. **Homestories** anbieten, sondern darüber hinaus freimütig im Internet, in den sozialen Plattformen wie auf Facebook über Details aus ihrem Leben berichten. So sehen z.b. manche Politiker die Offenlegung ihres Privatlebens als Teil ihrer politischen Selbstvermarktung an. Entsprechendes gilt für Schauspieler und Künstler. Wer freiwillig Privates von sich gibt, verliert seinen Schutz vor Einblicken in den Intim- und Privatbereich und kann eine Berichterstattung darüber dann nicht mehr verhindern.[251]

Fast immer unzulässig ist die Berichterstattung über **Kinder von Prominenten**. Die Gerichte begründen dies u.a. damit, dass die elterliche Hinwendung an die Kinder und dadurch auch die ungestörte Entwicklung der Nachkommen durch eine mediale Beobachtung beeinträchtigt werden kann. Wenn also zum Beispiel ein bekannter Vater mit seinem Sprössling zusammen einkauft oder Sport treibt, darf niemand darüber berichten oder Fotos abdrucken. Ausnahmsweise darf über Kinder informiert werden, wenn sie zusammen mit ihren prominenten Eltern auftreten oder sich allein, jedoch mit Zustimmung ihrer Eltern, bewusst der Öffentlichkeit, z.B. bei einem Gesangswettbewerb oder an einer öffentlichen Sportveranstaltung präsentieren.[252] Entsprechendes gilt, wenn Kinder an einer Hofzeremonie in einem Fürstenhaus teilnehmen.

Das Lebensbild eines Menschen ist nach dessen **Tod** in eingeschränktem Umfang geschützt. Die Hinterbliebenen können sich wehren, wenn die Person oder Lebensleistung des Verstorbenen in einer Berichterstattung grob entstellt wird. Der Verstorbene darf nicht in einer die Menschenwürde verachtenden Art verspottet, verächtlich gemacht oder in sonstiger Weise herabgewürdigt werden. Es empfiehlt sich, das Lebensbild eines Verstorbenen sorgfältig recherchiert wiederzugeben. Allerdings wird der Schutz des Verstorbenen immer schwächer, bis er irgendwann endet. Nutzt der Journalist Aspekte der Persönlichkeit eines prominenten Verstorbenen, wie z.B. Fotos, muss er wie zu dessen Lebzeiten dafür bezahlen. Zahlt der Journalist nicht, können die Angehörigen noch zehn Jahre nach dem Tod des Verstorbenen Schadensersatz verlangen.[253]

22. Ab wann darf ein Verdächtiger mit einer Straftat in Verbindung gebracht werden?

Aus Gründen des *allgemeinen Persönlichkeitsrechts* muss sich niemand gefallen lassen, dass er in den Medien als Täter einer Ordnungswidrigkeit oder einer Straftat dargestellt wird, die er nachweislich nicht begangen hat. Ausnahmsweise darf der Journalist jemanden einer Straftat verdächtigen, wenn er über ausreichende Anhaltspunkte für eine schwere Straftat verfügt. Der Journalist riskiert allerdings, selbst zum Gegenstand eines Strafverfahrens wegen *„übler Nachrede"*[254] zu werden, wenn er vor dem Urteilsspruch den Verdächtigen als „Täter" bezeichnet oder als solchen hinstellt. Das käme einer rechtlich unzulässigen Vorverurteilung gleich. Deshalb bezeichnen viele Journalisten einen Verdächtigen von Beginn des Ermittlungsverfahrens der Staatsanwaltschaft an bis zu seiner Verurteilung als „Beschuldigten". Möglich ist auch, die in der Gerichtssprache verwendeten Bezeichnungen zu verwenden.

Der Verdächtige wird im Strafverfahren bezeichnet ...[255]

... als „Beschuldigter" im Ermittlungsverfahren
Hier prüfen Staatsanwaltschaft und Polizei, ob genügend Anhaltspunkte für eine wahrscheinliche spätere Verurteilung vor Gericht bestehen.

Falls ja, Staatsanwaltschaft

Falls nein, Staatsanwaltschaft

erhebt Anklage vor Gericht.[256]

stellt Antrag vor Gericht auf Erlass eines Strafbefehls ohne Hauptverhandlung, wenn der Sachverhalt einfach ist, weil z.B. der Beschuldigte geständig ist und ihm kein Verbrechen[257] zur Last gelegt werden kann.

stellt das Verfahren folgenlos ein.[258]

stellt das Verfahren mit Zustimmung des Gerichts bei minder schweren Straftaten und bei geringer Schuld des Betroffenen ein, z.B. bei einem „Gelegenheitstäter" oder wenn der Schaden gering ist. Voraussetzung: Der Beschuldigte erfüllt Auflagen und Weisungen wie z.B. Zahlung einer Geldbuße etc.[259]

... als „Angeschuldigter" im Eröffnungsverfahren

Das Gericht überprüft u. a. an Hand der Aktenlage der Staatsanwaltschaft, ob der Tatverdacht ausreicht, um einen Strafprozess einzuleiten.

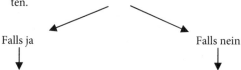

Falls ja   Falls nein

Gericht lässt die Anklage der Staatsanwaltschaft zur Hauptverhandlung zu.   Gericht stellt das Verfahren ein.[260]

... als „Angeklagter" im Hauptverfahren

Dies ist eine Gerichtsverhandlung vor dem Strafgericht. Ihr vereinfachter Ablauf umfasst folgende Punkte:

1. Aufruf zur Sache
2. Anwesenheitsfeststellung aller Verfahrensbeteiligten
3. Vernehmung des Angeklagten zu seiner Person
4. Staatsanwalt verliest die Anklageschrift
5. Belehrung des Angeklagten, dass er sich nicht zur Sache äußern muss
6. Falls sich der Angeklagte äußert: Vernehmung zur Sache
7. Beweisaufnahme z.b. durch Vernehmung von Zeugen
8. Schlussvorträge (Plädoyers)
9. Das letzte Wort des Angeklagten
10. Beratung des Gerichts
11. Urteilsverkündung mit mündlicher Begründung
12. Belehrung über Rechtsmittel wie Berufung[261] oder Revision[262]

... als „Verurteilter" und „Täter" im Vollstreckungsverfahren

Das Urteil wird vollzogen, z.b. durch Antritt einer Freiheitsstrafe oder durch Eintreiben einer Geldstrafe.

1. Unter welchen Voraussetzungen darf über einen Verdächtigen namentlich und bildlich berichtet werden?

Jeder nicht im öffentlichen Leben stehende, also nicht prominente Mensch hat ein Recht auf Achtung des Privat- und Familienlebens und darf rechtlich gesehen grundsätzlich nicht zum Gegenstand einer Berichterstattung werden, wenn er es nicht will. Das gilt auch für Verdächtige einer Straftat. Selbst wenn die Pressestellen der Justiz Namen von Verdächtigen nennen, muss der Journalist prüfen, ob er in identifizierender Weise berichten darf.

Wichtig

In identifizierender Weise (namentlich und/oder bildlich) darf der Journalist grundsätzlich nur dann über einen Verdächtigen berichten, wenn die Schwere der Tat, die Person des Täters oder besondere Umstände die Straftat deutlich aus dem Kreis der alltäglichen Kriminalität herausheben.

So dürfen Journalisten die Namen der Verdächtigen nennen, wenn eine Straftat großes Aufsehen in der Öffentlichkeit erregt hat, z.B. bei Amtsdelikten oder bei Drogenhandel.

Je größer das *öffentliche Informationsinteresse* an der Tat und dem Täter ist, desto eher muss dieser dulden, dass in identifizierender Weise über ihn berichtet wird und dass seine *Persönlichkeitsrechte* eingeschränkt werden. Das kommt vor allem bei **schwerer Kriminalität** vor. Wer so den Rechtsfrieden bricht, muss grundsätzlich dulden, dass das von ihm selbst erweckte Informationsinteresse der Allgemeinheit durch die Berichterstattung der Medien befriedigt wird. Das gilt aber nur für die aktuelle Berichterstattung und wenn die Berichterstattung das *Persönlichkeitsrecht* des Betroffenen im Verhältnis zum *Informationsinteresse der Allgemeinheit* nicht übermäßig belastet. Ob eine schwere Kriminalität vorliegt, kann der Journalist selbst durch einen Blick in die Strafgesetze im Internet leicht herausfinden. Als schwere Straftaten gelten Verbrechen, die mit einer gesetzlichen Mindeststrafe von einem Jahr Freiheitsstrafe bedroht sind.[263] Das Strafmaß einer Körperverletzung sieht z.B. eine Freiheitsstrafe bis zu fünf Jahren oder eine Geldstrafe vor.[264] Wenn der Strafrahmen neben der Freiheitsstrafe eine Geldstrafe vorsieht, liegt der gesetzlichen Terminologie zufolge kein Verbrechen vor. Der Journalist darf also ohne besonderen Grund nicht in identifizierender Weise über den Beschuldigten einer Körperverletzung berichten. Ein besonderer Grund läge z.B. vor, wenn die Tat wegen ihrer Ausführung oder ihrer Folgen die Öffentlichkeit besonders berühren würde.

Im Unterschied dazu sieht zum Beispiel Totschlag eine Freiheitsstrafe nicht unter fünf Jahren vor und wäre deshalb als Verbrechen zu qualifizieren.[265] Bei ausreichendem Verdacht darf deshalb der Journalist namentlich und bildlich über den Beschuldigten eines Totschlags und über dessen Leben berichten, soweit das für die Bewertung der Tat wesentlich ist. Allerdings kann bei einer Berichterstattung über eine schwere Straftat die Gefahr einer Stigmatisierung des noch nicht rechtskräftig Verurteilten erhöht sein, die ein Freispruch möglicherweise nicht mehr zu beseitigen mag.[266] In vielen Redaktionen ist es nicht zuletzt deshalb üblich erst dann in identifizierender Weise über den Beschuldigten zu berichten, wenn er wegen eines Verbrechens verurteilt worden ist.

Personen, die **im öffentlichen Leben** stehen, müssen sich eine namentliche Verdachtsberichterstattung schon bei geringen Verfehlungen gefallen lassen. Das gilt vor allem für Amts- und Funktionsträger wie z.b. Minister, Bürgermeister und Polizeibeamte, die verdächtig sind, in eine Straftat verwickelt zu sein oder eine Ordnungswidrigkeit begangen zu haben. So muss sich ein Verkehrsminister gefallen lassen, dass er wegen einer Geschwindigkeitsüberschreitung in den Medien öffentlich kritisiert wird. Dies gilt indessen auch für andere Prominente, an deren Verhalten ein besonderes *öffentliches Informationsinteresse* besteht.

Voraussetzung für eine identifizierende Berichterstattung ist jedoch immer, dass der Verdacht auf festen Beinen steht. Im Ermittlungsverfahren darf sich der Journalist auf einen ausreichenden Verdacht verlassen, wenn gegen den Beschuldigten ein **Haftbefehl** erlassen wurde oder die Staatsanwaltschaft **Anklage** gegen ihn erhoben hat. Beide Maßnahmen ordnen die Justizbehörden nämlich nur an, wenn ein Tatverdacht vorliegt.[267]

Der Erlass eines Haftbefehls hängt ab vom:

„dringenden Tatverdacht", d. h. hohe Wahrscheinlichkeit für eine Straftat. Falls ja, zusätzlich: mindestens ein Haftgrund

| 1. Fluchtgefahr | oder 2. Verdunkelungsgefahr, wenn anzunehmen ist, dass der Beschuldigte Zeugen beeinflusst, Beweise vernichtet etc. | oder 3. Wiederholungsgefahr, bei Serienstraftaten wie z.B. bei Sexualdelikten | oder 4. schwere Straftat, wie z.B. bei Mord und Totschlag |

Erlass eines Haftbefehls oder Haftverschonung gegen Bezahlung einer Kaution. Dauer der Haft maximal sechs Monate[268]

| Ausnahmsweise länger als sechs Monate, wenn besondere Gründe vorliegen, z.B. hoher Ermittlungsaufwand. | Der Beschuldigte muss danach aus der Haft entlassen werden, wenn sich z.B. das Strafverfahren wegen hoher Arbeitsbelastung des Gerichts verzögert. |

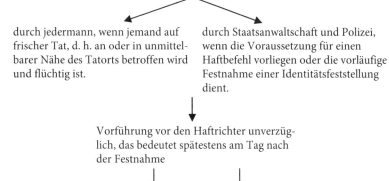

Vom Haftbefehl zu unterscheiden ist die
vorläufige Festnahme eines Verdächtigen

durch jedermann, wenn jemand auf frischer Tat, d. h. an oder in unmittelbarer Nähe des Tatorts betroffen wird und flüchtig ist.

durch Staatsanwaltschaft und Polizei, wenn die Voraussetzung für einen Haftbefehl vorliegen oder die vorläufige Festnahme einer Identitätsfeststellung dient.

Vorführung vor den Haftrichter unverzüglich, das bedeutet spätestens am Tag nach der Festnahme

Haftbefehl   Freilassung

Wichtig

Namentlich und bildlich darf über den Verdächtigen einer Straftat grundsätzlich nur in Fällen schwerer Kriminalität, wie z.B. Mord und Totschlag berichtet werden oder bei Straftaten mit hohem *Informationsinteresse*, also z.B. wenn einem Amtsträger strafbares Verhalten vorgeworfen wird. Hinzukommen muss, dass ausreichende Anhaltspunkte für einen Verdacht vorhanden sind. Darauf kann sich der Journalist verlassen, wenn gegen den Beschuldigten ein Haftbefehl erlassen worden ist oder die Staatsanwaltschaft Anklage erhoben hat. Entsprechendes gilt, wenn der Betroffene gesteht, obwohl ein Geständnis noch kein Beweis für die Täterschaft ist, da es durch Drohung oder Geldzahlung veranlasst worden sein kann.

Ohne hinreichenden Verdacht reicht eine Strafanzeige, eine Durchsuchung oder die Einleitung eines Ermittlungsverfahrens der Staatsanwaltschaft nicht aus, um identifizierend, also namentlich oder bildlich über einen Verdächtigen berichten zu dürfen. Der Journalist ist daher gezwungen, selbst ausreichende Verdachtsmomente zu recherchieren, wenn er namentlich über den Verdächtigen berichten will. Viele Journalisten versuchen daher, den Verdächtigen oder dessen Rechtsanwalt mit dem Tatvorwurf zu konfrontieren. Wenn diese sich vorbehaltlos äußern, darf über die Straftat berichtet werden.

2. Wie darf über einen Beschuldigten und über Prozessbeteiligte im Strafverfahren berichtet werden?

Bis zu seiner Verurteilung gilt der Beschuldigte als unschuldig. Wertende Formulierungen sind deshalb zu vermeiden. So wäre z.b. die Aussage „ein Zeuge hat den A stark belastet" rechtlich unzulässig, wenn nicht gleichzeitig auch über Aussagen entlastender Zeugen und über die Rechtsansicht des Verteidigers berichtet wird.

Wichtig

Wenn über einen Verdächtigen informiert werden soll, sind folgende Gesichtspunkte bei der Berichterstattung zu berücksichtigen: [269]
- Der Bericht muss sachlich, d. h. wertungsfrei, also neutral sein.
- Der Beschuldigte darf nicht als Täter einer Straftat hingestellt werden, es sei denn, er gesteht.[270]
- Im Bericht müssen nicht nur die für den Beschuldigten belastenden, sondern auch alle für den Beschuldigten entlastenden Fakten mitgeteilt werden.
- Dem Beschuldigten oder dessen Verteidiger muss es im Beitrag möglich sein, eine Stellungnahme abzugeben.

Mit diesen rechtlichen Vorgaben unvereinbar wäre deshalb folgende Berichterstattung:

„A hat O umgebracht. Das belegt die Auffassung der Staatsanwaltschaft in der Anklageschrift. Der Staatsanwalt hat in einem Interview gegenüber dieser Zeitung geäußert, dass der Täter A in brutaler Weise einen Kerzenständer auf den Kopf seines Opfers geschlagen hat. Sein Verteidiger will das anscheinend abstreiten und behauptet, dass der als Schlägertyp gerichtsbekannte alkoholabhängige A zum Tatzeitpunkt gemütlich mit seinen Freunden ein Bier getrunken habe. Dass der A schuldig ist, soll in fünf Verhandlungstagen festgestellt werden".

Vereinfachter Formulierungsvorschlag für eine rechtlich unbedenkliche Verdachtsberichterstattung:

„Dem Beschuldigten (Angeklagten oder mutmaßlichen Täter) A wird von der Staatsanwaltschaft vorgeworfen, er habe O getötet. Der Vertreter der Staatsanwaltschaft begründet seinen Vorwurf damit, der Beschuldigte A habe im Streit einen Kerzenständer auf den Kopf seines Opfers O geschlagen. Nach Auffassung des Verteidigers hingegen kann A die ihm zur Last gelegte Straftat gar nicht begangen haben, weil er zum Zeitpunkt der Tat mit seinen Freunden in der nahegelegenen Gaststätte ein Bier getrunken habe. Ob der Vorwurf des Totschlags aufrechterhalten bleiben kann oder nicht, soll der Prozess zeigen. Der Vorsitzende Richter V hat für zahlreiche Zeugenbefragungen zunächst fünf Verhandlungstage angesetzt".

Möglich aber auch folgende Formulierung:

„Das sagt die Staatsanwaltschaft: A hat O getötet, weil … Das sagt der Verteidiger: A hat O nicht getötet, denn es ist seiner Auffassung nach bewiesen, dass …"

Wichtig

Um nicht selbst wegen übler Nachrede[271] zum Gegenstand eines Strafverfahrens zu werden, muss sich also der Journalist in seinem Bericht von den wiedergegebenen Meinungen der Prozessbeteiligten distanzieren, sich diese also nicht zu eigen machen, sondern neutral berichten.

Wenn der Beschuldigte keiner schweren Straftat, also keines Verbrechens verdächtig ist, wird der Journalist nicht namentlich und bildlich über den Beschuldigten berichten, soweit nicht besondere Umstände hinzutreten. Wenn der Bericht allerdings nähere Angaben zum Beruf, zum Alter, zum Wohnort, zum Aussehen etc. macht, sind Rückschlüsse auf den Beschuldigten möglich. Das kann zu einer Verletzung des Persönlichkeitsrechts des Betroffenen führen, wenn kein öffentliches Interesse an der Namensnennung besteht.

Fall

Anwalt als Angeklagter

Ein ortsansässiger Rechtsanwalt steht vor Gericht. Er ist wegen des Verdachts der Strafvereitelung angeklagt.[272] Ein Lokalblatt berichtet über die Gerichtsverhandlung und die Person des Rechtsanwalts und gibt dabei den Vornamen und den abgekürzten Familiennamen des Beschuldigten an. Der Jurist fürchtet um seine Reputation und will erreichen, dass die Zeitung über das Strafverfahren so berichtet, dass er für niemanden identifizierbar ist.

Trotz des verwendeten Namenskürzels ist der Rechtsanwalt zumindest für seine Mandanten zu identifizieren. Damit wäre er in seinem *Persönlichkeitsrecht* verletzt. Ausnahmsweise darf die Presse aber in ihrer Berichterstattung den Angeklagten eines Strafverfahrens identifizierbar machen, wenn ihm schwere Kriminalität, also ein Verbrechen, vorgeworfen wird und ausreichende Verdachtsmomente für eine wahrscheinliche Verurteilung vorliegen. Von Letzterem darf der Journalist ausgehen, weil die Staatsanwaltschaft Anklage wegen Strafvereitelung erhoben hat. Diesem Straftatbestand zufolge kann ein Täter auch zu einer Geldstrafe verurteilt werden. Deswegen liegt kein Verbrechen vor. Ein Verbrechen setzt voraus, dass eine rechtswidrige Tat im Mindestmaß mit Freiheitsstrafe von einem Jahr oder darüber bedroht ist. Eine identifizierende Berichterstattung über einen Angeklagten unterhalb der Schwelle eines Verbrechens, also unterhalb einer Freiheitsstrafe von einem Jahr, ist ausnahmsweise dann möglich,

> wenn ein *öffentliches Informationsinteresse* am Namen des Täters besteht. Als Organ der Rechtspflege steht ein Rechtsanwalt im Blickpunkt der Öffentlichkeit, wenn er an einer Straftat beteiligt ist, insbesondere, wenn diese sich wie hier auf seine berufliche Tätigkeit bezieht. Für die Öffentlichkeit ist wichtig zu erfahren, wie die Justiz mit Straftaten in den eigenen Reihen umgeht. Die Berichterstattung der Zeitung ist deshalb nicht zu beanstanden. Schließlich ist auch zu berücksichtigen, dass durch die Abkürzung des Familiennamens der Rechtsanwalt nur schwer zu identifizieren ist und dadurch der Eingriff in sein *Persönlichkeitsrecht* abgeschwächt wurde.

In der journalistischen Praxis wird oft der Familienname des Verdächtigen gekürzt (z.b. Günther W.), obwohl dieser auf dem abgebildeten Foto oder in den Filmsequenzen zu erkennen ist. Damit soll im Streitfall eine „schwere" *Persönlichkeitsrechtsverletzung* ausgeschlossen werden, die regelmäßig hohe Geldentschädigungsansprüche nach sich ziehen kann.[273] Teilweise wird argumentiert, dass Bilder und Filmsequenzen flüchtiger sind und sich deshalb beim Leser oder Zuschauer nicht so sehr einprägen wie der gedruckte oder genannte Familienname des Verdächtigen.

Selbst wenn über einen Beschuldigten ausnahmsweise namentlich und bildlich berichtet werden darf, ist es verboten und strafbar, wenn der Journalist aus **amtlichen Schriftstücken**, wie z.B. Anklageschriften oder Schriftstücken aus Strafverfahren, Bußgeldverfahren und Disziplinarverfahren wörtlich oder in wesentlichen Teilen zitiert, bevor diese im Prozess erörtert worden sind.[274] Damit soll gewährleistet werden, dass die Schöffen unbefangen bleiben. Im Unterschied dazu ist aber eine sinngemäße Wiedergabe der Inhalte amtlicher Schriftstücke straflos.[275] Mit den *Persönlichkeitsrechten* unvereinbar ist es, wenn der Journalist über private und intime Details aus dem Leben des Beschuldigten berichtet, es sei denn, es wäre wichtig, um die Straftat bewerten zu können.

Wenn **Jugendliche oder Heranwachsende** unter 21 Jahren straffällig geworden sind, darf grundsätzlich nicht namentlich über sie berichtet werden, damit ihnen die Zukunft nicht verbaut wird und ihnen die Rückkehr ins gesellschaftliche Leben möglich bleibt. Über einen psychisch gestörten Straftäter darf wegen seiner verminderten Schuldfähigkeit ebenfalls nicht ohne besonderen Grund identifizierend berichtet werden. Ein besonderer Grund wäre anzunehmen, wenn eine Tat z.B. wegen ihrer Grausamkeit die Öffentlichkeit besonders berührt.

Damit die Medien ihrer Kontrollfunktion nachkommen können, dürfen sie grundsätzlich über Mitarbeiter der Strafverfolgungsbehörden wie Staatsanwälte oder Polizeibeamte sowie über Mitarbeiter der Justiz wie

Richter und **Schöffen** namentlich und bildlich berichten. Allerdings dürfen diese Organe der Rechtsprechung nicht diffamiert werden, indem z.b. unbewiesene Behauptungen über sie aufgestellt werden. Entsprechendes gilt für **Verteidiger**. Hingegen müssen die Namen von verdeckten Ermittlern oder von Mitarbeitern, die organisierte Kriminalität verfolgen, zu deren Schutz geheim gehalten werden. **Zeugen** und **Opfer** von Straftaten genießen fast immer uneingeschränkten Persönlichkeitsschutz und müssen sich deshalb nicht gefallen lassen, dass ihre vor Gericht besprochenen privaten oder gar intimen Angelegenheiten in den Medien ausgebreitet werden. So darf z.B. nicht in identifizierender Weise, also weder namentlich noch bildlich, über das Opfer in einem Vergewaltigungsprozess berichtet werden. Ist der Angeklagte auf einem Foto oder in einer Filmsequenz zusammen mit einem Opfer oder mit einem Zeugen abgebildet, müssen diese vor einer Veröffentlichung unkenntlich gemacht werden.

3. Wie und über welchen Zeitraum der Journalist über einen Verurteilten einer Straftat berichten darf

Wenn der Beschuldigte in erster Instanz vom Gericht wegen eines Verbrechens verurteilt worden ist, darf grundsätzlich mit Namensnennung darüber berichtet werden. Daran ändert sich auch nichts, wenn das Strafurteil noch nicht bindend und endgültig ist, weil der Verurteilte ein Rechtsmittel, also Berufung oder Revision eingelegt hat. Wenn der in erster Instanz Verurteilte in der Berichterstattung als „Täter" bezeichnet wird, empfiehlt es sich, darauf hinzuweisen, dass das Urteil überprüft wird, weil der Verurteilte ein Rechtsmittel eingelegt hat. Möglich ist folgende Formulierung:

„A ist vom Schöffengericht in erster Instanz als Totschläger verurteilt worden. Das Gericht begründete seinen Urteilsspruch damit, dass … Das Urteil steht allerdings auf dem Prüfstand, weil die Verteidigung Berufung eingelegt hat."

Ist der Verurteilte eine *Person des öffentlichen Interesses*, darf ausnahmsweise auch dann namentlich und bildlich über den Urteilsspruch berichtet werden, wenn diese wegen einer Bagatelle bestraft worden ist. So durfte zum Beispiel über Prinz August von Hannover berichtet werden, dass dieser wegen einer Geschwindigkeitsüberschreitung in Frankreich mit einem Monat Fahrverbot belegt wurde. Aber auch über nicht prominente Personen darf nach ihrer Verurteilung unterhalb der Schwelle eines Verbrechens ausnahmsweise namentlich berichtet werden, wenn sie schon vorher im Blickpunkt der Öffentlichkeit standen, weil sie sich z.B. mehrfach geprügelt haben oder weil sie verschiedentlich gestohlen haben oder wegen einer Straftat von einigem Gewicht verurteilt worden sind.

Auch wenn aktuell über die rechtskräftige, also endgültige Verurteilung des Straftäters berichtet wurde, darf nach einer gewissen Zeit nicht mehr identifizierend über den Betroffenen berichtet werden.[276] Damit soll es dem Täter erleichtert werden, nach der Verbüßung seiner Strafe wieder ins gesellschaftliche Leben zurückzufinden.

Fall

Der Kinderschänder

Ein regionaler Fernsehsender bereitet ein Magazinbeitrag zum Thema „Kindesmissbrauch" vor. Ein inzwischen volljähriges Opfer ist bereit, vor der Kamera ausführlich und offen über die Misshandlungen durch seinen Vater in der Kindheit zu berichten. Der Redakteur fragt, ob er das Opfer pixeln, also unkenntlich machen muss und ob er für seinen aktuellen Beitrag Filmsequenzen aus dem Archiv nutzen darf, die den seit einem Jahr einsitzenden Vater des Opfers bei seiner Verurteilung wegen schwerer „Kindesmisshandlung" zeigen.

Über den Vater des Opfers darf nach dessen rechtskräftiger Verurteilung nicht mehr namentlich und bildlich berichtet werden, damit er nach seiner Entlassung aus dem Gefängnis unbelastet wieder in das gesellschaftliche Leben zurückfinden kann.[277] Will der Redakteur das Archivmaterial nutzen, muss er deshalb den Vater des Opfers unkenntlich machen.[278] Im Unterschied dazu muss das Opfer nicht unkenntlich gemacht werden, auch wenn dadurch der Vater zumindest mittelbar identifizierbar ist. Das Recht auf Meinungsäußerungsfreiheit[279] des Opfers ist höher einzustufen als das Interesse des Vaters, unerkannt zu bleiben.

Für die Zielgruppe der Lokalpresse sind auch Strafverfahren mit leichter Kriminalität, wie z.B. Ladendiebstahl, interessant. Viele Zeitungen drucken deshalb in einer täglichen Rubrik das Geschehen aus dem örtlichen Gericht ab. Dabei kommt es den Journalisten auf möglichst authentische, emotionale und nahe Berichterstattung an. Konkrete Angaben über die näheren Umstände der Tat und das Profil des Angeklagten sind dabei wichtig. Für den Journalisten ist es deshalb nicht immer einfach, sich mit identifizierenden Angaben von Opfern, Zeugen und Angeklagten zurückzuhalten. In der Praxis hilft sich der Journalist damit, dass er die Namen der Beteiligten ändert und dies auch in seinem Artikel kenntlich macht.

In kleineren Städten und Gemeinden, wo fast jeder jeden kennt, genügen allerdings schon wenige Angaben, um einen Beteiligten zu identifizieren. Deshalb sollte sich der Journalist vor jeder Gerichtsberichterstattung fragen, ob eine Bloßstellung des Beschuldigten wegen des Verdachts einer leichteren Straftat, wie z.B. Ladendiebstahl, gerechtfertigt ist.

4. Wenn der Angeklagte freigesprochen wird

Wird ein Angeklagter vom Gericht freigesprochen, darf grundsätzlich nicht mehr über ihn berichtet werden. Um den Beschuldigten zu rehabilitieren, müssen die Medien allerdings über einen Freispruch informieren, wenn sie zuvor in identifizierender Weise über den Verdacht gegen den Betroffenen berichtet haben. Eine wahrheitsgemäße und vollständige Berichterstattung erfordert es auch, über einen Freispruch in einer übergeordneten Instanz zu berichten, selbst wenn dies weniger publikumswirksam ist als eine Verurteilung.

Sonderfall: Berichterstattung Fernsehen: Selbst wenn über einen Beschuldigten namentlich und bildlich berichtet werden darf, müssen Fernsehkameras während einer gerichtlichen Hauptverhandlung ausgeschaltet bleiben. Im Gesetz steht, dass lediglich Ton- und Filmaufnahmen in der mündlichen Verhandlung nicht gestattet sind.[280] Dennoch gestatten die meisten vorsitzenden Richter auch Fotoaufnahmen nur außerhalb der mündlichen Verhandlung oder in den Sitzungspausen. Dadurch soll das Verfahren für die Prozessbeteiligten im Interesse der Wahrheitsfindung nicht erschwert werden.[281] Insbesondere sollen die Prozessbeteiligten, zu denen auch Schöffen als Laienrichter gehören, nicht durch Medienberichte in ihrer Entscheidungsfreiheit beeinflusst werden. Das Drehverbot in den Hauptverhandlungen gilt nur für die Zeit, in der tatsächlich vor dem Strafgericht verhandelt wird und für die Zeit, in der Urteile oder Beschlüsse verkündet werden. Vor und nach der Hauptverhandlung und während der Sitzungspausen dürfen die Kamerateams drehen, es sei denn, der vorsitzende Richter erlaubt es nicht. Grundsätzlich kann er aus sitzungspolizeilichen Gründen, also wenn z.B. durch die Filmaufnahmen mit erheblichen Beeinträchtigungen zu rechnen ist, wegen Sicherheitsbedenken z.B. in Terroristenprozessen oder wegen der Verletzung von *Persönlichkeitsrechten*, Filmaufnahmen auch außerhalb der mündlichen Verhandlung im Gerichtssaal verbieten.[282] Bei seiner Entscheidung muss der Richter die *Persönlichkeitsrechte* des Angeklagten und der übrigen Verfahrensbeteiligten gegen das *Informationsinteresse* der Öffentlichkeit und der im Grundgesetz verankerten *Rundfunkfreiheit*[283] abwägen. So hat zum Beispiel der vorsitzende Richter im Erich Honecker-Prozess Bild- und Filmaufnahmen mit der Begründung verbieten lassen wollen, dass durch das übergroße Medieninteresse die äußere Ordnung der Gerichtsverhandlung nicht aufrechtzuerhalten sei. Mit diesem Argument ließen sich jedoch die Journalisten der Fernsehanstalten nicht abspeisen. Sie schlugen eine sogenannte **Poollösung** vor, bei der eine zum Prozess zugelassene Fernsehanstalt den anderen Anbietern das Rohmaterial weitergibt und wandten sich an das Bundesverfassungsgericht in Karlsruhe.[284] Durch die Reduzierung auf ein

Fernsehteam im Gerichtssaal sah das Bundesverfassungsgericht die äußere Ordnung im Honecker-Prozess als nicht mehr gefährdet an und wies den vorsitzenden Richter an, am ersten Verhandlungtag die Herstellung von Filmaufnahmen vor und nach der Hauptverhandlung zu ermöglichen.[285] Zudem handelte es sich um ein *Ereignis von zeitgeschichtlicher Bedeutung.* Der Zutritt zu öffentlichen Verhandlungen kann u.a. solchen Personen versagt werden, die in einer Weise erscheinen, die der Würde des Gerichts nicht entspricht. So steht es im Gesetz.[286] Die Vorschrift ist auch von Gerichtsberichterstattern zu beachten. Wegen unsachlicher oder überspitzter Berichterstattung kann dem Journalisten dagegen nicht der Zutritt zum Gericht versagt werden. Das wäre mit der *Presse- und Rundfunkfreiheit* nicht vereinbar.

Die Weiterentwicklung des Internets und der mobilen Endgeräte macht es Journalisten mittels Live-Blog und Twitter möglich, quasi live aus einer Gerichtsverhandlung zu berichten.[287] Solange dadurch keine *Persönlichkeitsrechte* verletzt werden, verstößt diese Berichterstattung in Echtzeit nicht gegen das Gesetz.[288] Allerdings kann der Richter anordnen, dass Aufnahmegeräte, Mobiltelefone und Laptops während der Verhandlung ausgestellt werden. In diesem Fall lassen sich Verhandlungspausen für die aktuelle Berichterstattung nutzen.

Wichtig

Wenn ein Verbrechen verhandelt wird, muss der Angeklagte eine Fernsehberichterstattung dulden, ohne dass er dadurch in seinen *Persönlichkeitsrechten* verletzt ist. Ist im Strafprozess mit einem großen Aufgebot von Fernsehanstalten zu rechnen, kann das Gerichtsverfahren durch ein zugelassenes TV-Team, das sein Rohmaterial an andere weitergibt, geregelt ablaufen. Verweigert dennoch ein vorsitzender Richter Filmaufnahmen außerhalb der mündlichen Verhandlung, also z.B. vor und nach der Verhandlung, ist dies grundsätzlich ein unzulässiger Eingriff in die *Rundfunkfreiheit.* In der Praxis empfiehlt es sich bei spektakulären Prozessen, rechtzeitig mit dem Richter in Kontakt zu treten, ihm eine sogenannte Poollösung vorzuschlagen und ihm deutlich zu machen, dass der Prozess für die Öffentlichkeit ein wichtiges Verfahren ist. Wenn der Journalist damit nicht durchkommt, sollte er sich mit einem Juristen beraten, der prüft, ob im Wege einer einstweiligen Anordnung beim Verfassungsgericht in Karlsruhe der vorsitzende Richter zur Duldung von Filmaufnahmen verpflichtet werden kann.

23. Darf der Journalist zugespieltes Material von Dritten nutzen?

Durch die digitale Technik ist inzwischen fast jeder in der Lage, qualitativ hochwertige Bilder, Videos und Audios z.b. mit seinem Handy herzustellen. Diesen Umstand nutzen viele Medienanbieter für sich und fordern deshalb ihre Leser, Zuschauer und Zuhörer auf, private Bilder und Videos, manchmal auch Audios oder Texte der Redaktion für eine Verbreitung in ihrem Medium zur Verfügung zu stellen. Grundsätzlich darf jeder das Material von Dritten nutzen, es sei denn, eine Veröffentlichung verletzt Rechte anderer, wie z.b. *Persönlichkeitsrechte* oder *Urheberrechte*.

1. Bilder und Videos

Selbst Fotos von der Qualität eines Schnappschusses[289] oder amateurhaft gedrehte Videos[290] sind urheberrechtlich geschützt. Dies hat zur Folge, dass nur derjenige, der das Foto oder das Video erstellt hat, somit der Urheber, entscheiden darf, ob und zu welchen Konditionen das geschützte Material vervielfältigt und verbreitet werden darf.[291] Dieses Recht kann der Urheber auch auf einen anderen übertragen, der dann in der Fachsprache „Nutzungsberechtigter" genannt wird. Nicht nur für Journalisten ist es oft schwer herauszufinden, ob derjenige, der ihm das Material zur Veröffentlichung anbietet, auch als Urheber oder Nutzungsberechtigter dazu legitimiert ist. Wird das urheberrechtlich geschützte Material unberechtigt, also ohne Zustimmung seines Inhabers oder eines Berechtigten veröffentlicht, löst dies zivilrechtliche Ansprüche wie *Unterlassung* und Ersatz entgangener *Lizenz*gebühr gegen Journalisten und Medienunternehmen aus.[292] Darüber hinaus kann der Fotograf oder Amateurfilmer wegen Verletzung seines *Urheberpersönlichkeitsrechts Schadensersatz* verlangen, wenn dessen geschütztes Werk ohne Nennung seines Namens in einem Medium veröffentlicht worden ist.[293] Schließlich können Betroffene eine Urheberrechtsverletzung strafrechtlich verfolgen lassen.[294] Falls der Journalist an der Berechtigung des Anbieters von Material zweifelt, hat er also genügend Gründe, folgende Erklärung zu erbitten:

Muster

für eine Zusicherung der „Rechte":

Hiermit versichere ich *(Name des Anbieters)*, dass ich selbst Inhaber der ausschließlichen Nutzungs- und Verwertungsrechte an dem... *(Bild- oder Videomaterial, möglichst detailliert beschreiben)* bin. Ich stelle deshalb den *(Medienanbieter)* von allen Ansprüchen Dritter frei, die im Zusammenhang mit der Nutzung und Auswertung des von mir bereitgestellten Materials erhoben werden sollten. Das gilt auch für die Kosten einer etwaigen angemessenen Rechtsverteidigung.

_____   _____
(Ort, Datum)   *(Unterschrift des Anbieters)*

Besonderheit Fernsehen, Online und Social Media: Medienschaffende, die heimlich gedrehte Videos mit Tonaufnahmen oder nur heimlich mitgeschnittene Tonaufnahmen ausstrahlen oder im Internet zum Abruf bereitstellen, machen sich fast immer strafbar.[295] An der Strafbarkeit ändert sich auch nichts, wenn die Inhalte der heimlich hergestellten Aufnahmen mit eigenen Worten wiedergeben werden.[296]

2. Bilder und Videosequenzen mit individuell erkennbaren Personen

Wenn das angebotene Material eine oder mehrere Personen abbildet, benötigt der Journalist vor der Verbreitung der Bilder oder Videos grundsätzlich das **Einverständnis aller Abgebildeten**, die individuell erkennbar sind. Aufgrund seines *Persönlichkeitsrechts* darf grundsätzlich jeder Abgebildete selbst entscheiden, ob und welche Bilder von ihm veröffentlicht werden. Das gilt unabhängig davon, auf welcher medialen Plattform die Bilder bzw. Videosequenzen verbreitet werden. In der Fachsprache wird diese Befugnis als sogenanntes *Recht am eigenen Bild* bezeichnet. Für die Veröffentlichung von **Kinderfotos** ist die Zustimmung beider Elternteile über Zweck und Umfang der Publikation notwendig, solange die Kinder oder Jugendlichen noch nicht volljährig, also noch keine 18 Jahre alt sind. Ab einem Alter von 14 Jahren ist auch die Einwilligung des Jugendlichen selbst erforderlich, wie schon oben unter Frage 20 geschildert. Im Streitfall muss der Journalist beweisen, dass der oder die Abgebildeten einer Veröffentlichung ihres Bildnisses zugestimmt haben. Gelingt dieser Nachweis nicht, kann der Betroffene zivilrechtliche Ansprüche wie z.B. *Schadensersatz* in Form eines angemessenen Honorars geltend machen.[297] Am Besten lässt er sich daher eine schriftliche Einwilligungserklärung geben.

Ausnahmsweise braucht der Journalist für eine Veröffentlichung von Fotos und Videosequenzen keine Einwilligung der abgebildeten Personen, wenn das Bildmaterial:

– eine Versammlung oder Demonstration mit einer unbestimmten Anzahl von Menschen zeigt oder
– eine oder mehrere Personen zeigt, die nur Beiwerk einer Landschaft, einer Straße, eines Gebäudes oder eines Denkmals sind oder

– eine oder mehrere Personen zeigt, die durch ein bestimmtes *Ereignis von zeitgeschichtlicher Bedeutung* wie z.b. eine Geiselnahme, das Interesse der Allgemeinheit auf sich gezogen haben.[298]

Bei Bildern und Videos von **bekannten Schauspielern, Politikern oder Sportlern** muss der Journalist in Erwägung ziehen, dass auch Prominenten eine Privatsphäre zusteht, die von Unterhaltungsmedien grundsätzlich zu beachten ist.[299] Rechtlich zulässig ist die Veröffentlichung von Fotos und Videos mit Prominenten, wenn sie ein *Ereignis von zeitgeschichtlicher Bedeutung* dokumentieren, d.h. wenn die Bilder einem legitimen *Informationsinteresse der Allgemeinheit* dienen. Das ist z.b. nicht der Fall, wenn ein Bild mit einem Prominenten veröffentlicht wird, der sich in einer Alltagssituation wie z.B. im Urlaub befindet.

Um das Risiko vor rechtlichen Auseinandersetzungen zu minimieren, sollte der Journalist Kontakt mit dem Anbieter des Materials aufnehmen und um Zusendung schriftlicher Einwilligungserklärungen der abgebildeten Personen bitten, falls nicht ausnahmsweise darauf verzichtet werden kann. Diese Bitte stößt nicht immer auf Gegenliebe. Viele Journalisten behelfen sich deshalb damit, dass sie die auf den Fotos oder in den Videos erkennbaren Personen durch „Pixeln" unkenntlich machen und damit rechtlich auf der sicheren Seite sind.

Fall

Es leben die 70er
Ein Hörfunksender will zum Jahreswechsel eine 70er Show in der städtischen Messehalle veranstalten. Auftreten sollen einige der erfolgreichsten Künstler der damaligen Zeit. Damit zwischen den einzelnen Auftritten der Künstler durch erforderliche Umbaumaßnahmen keine „Löcher" entstehen, will der Moderator der Veranstaltung zur Überbrückung auf eine großen Videowand die schönsten privaten Bilder der Hörer aus den 70er Jahren projizieren. Zu diesem Zweck fordert er die Hörer in einem „Trailer" auf, ihre schönsten Bilder aus den 70ern einzusenden, damit eine Auswahl davon unentgeltlich in der Messehalle während der Veranstaltung gezeigt werden kann. Die Redaktion erhält daraufhin viele Personenfotos, unter anderem einige Nacktfotos, die den FKK-Kult der 70er belegen sollen. Der Moderator ist begeistert. Er möchte wissen, ob er die Bilder für die Videoproduktion und zusätzlich für den Internetauftritt seines Senders nutzen darf.
Rechtlich unzulässig ist es, wenn die Nacktfotos in der Messehalle oder im Internet öffentlich zur Schau gestellt würden. Grundsätzlich ist dazu das Einverständnis aller Abgebildeten erforderlich. Zwar kommt es selten vor,

dass sich betroffene Personen gegen eine nicht autorisierte Abbildung wehren, solange sie positiv dargestellt werden. Bei Nacktfotos jedoch muss die Redaktion mit rechtlichen Konsequenzen von Seiten der Betroffenen rechnen. Denn bei der Verbreitung solcher Bilder werden die betroffenen Personen im Kernbereich ihrer Persönlichkeit, also in ihrer Intimsphäre so schwer verletzt, dass sich spätestens hier für viele Betroffene die Frage stellt, ob sie sich das gefallen lassen müssen. Jeder Anwalt wird dies auf Anfrage zu Recht verneinen und wegen schwerer *Persönlichkeitsrechtsverletzung* seines betroffenen Mandanten unter anderem Geldentschädigung verlangen.[300] Da die Bilder der Hörer unter der Maßgabe an den Sender geschickt worden sind, dass diese einmalig in der Messehalle anlässlich der 70er-Veranstaltung gezeigt werden sollen, dürfen der Moderator und die Redaktion rechtlich betrachtet nicht davon ausgehen, dass die Anbieter damit einverstanden sind, dass ihre Bilder über die einmalige unentgeltliche Aufführung in der Messehalle hinaus auch im Internet öffentlich weltweit zur Schau gestellt werden. Bei einer Veröffentlichung der Fotos im Internet würde die Redaktion deshalb riskieren, dass sie auf Verlangen der Berechtigten *Lizenzgebühren* zahlen müsste. Bei einer Präsentation ausschließlich während der Veranstaltung besteht noch das Risiko, dass ein Fotograf des zur Schau gestellten Fotos *Lizenzgebühren* und *Schadensersatz* verlangt, weil ohne seine Zustimmung und ohne seine Namensnennung sein Bild auf der Videowall gezeigt worden ist. Damit ist allerdings nur zu rechnen, wenn der Einsender des Fotos nicht gleichzeitig der Fotograf des Bildes ist und der berechtigte Urheber von der Bildaktion des Hörfunks erfährt.

Oft liefern Leser und Zuschauer Fotos und Videos, die aufrütteln oder betroffen machen und dadurch politische Diskussionen auslösen. So sorgen z.B. Bilder von brutalen Quälereien von Schlachtvieh auf dem Transportweg oder Bilder von Kinderarbeit immer wieder für politischen Zündstoff. Wenn aber Handyaufnahmen nur der Befriedigung von Voyeurismus und Sensationslust der Leser oder Zuschauer dienen, indem sie z.B. Details einer Massenkarambolage mit Schwerverletzten zeigen, steht die Redaktion vor der Entscheidung, ob sie solche Bilder veröffentlichen will. Die Entscheidung hat mit journalistischer Fairness und Anstand zu tun. Keinesfalls dürfen die *Persönlichkeitsrechte* der Abgebildeten verletzt werden. Deswegen müssen die Betroffenen gegebenenfalls gepixelt oder anderweitig unkenntlich gemacht werden, bevor das Material mit deren Bildnissen verbreitet wird.

3. Bilder und Videos von Sportveranstaltungen

Frei angebotene Fotos und Videos von Sportveranstaltungen darf der Journalist fast nie veröffentlichen. Dies liegt daran, dass die Veranstalter Foto- und Filmaufnahmen exklusiv an einen Vermarkter verkaufen. Rechtlich gesehen ist dies aufgrund des Hausrechts des Sportveranstalters zulässig, soweit die Veranstaltung in einem abgrenzbaren Bereich, etwa einem Stadion stattfindet. Ohne Einverständnis der Inhaber der Foto- und Filmrechte würde der Journalist deren *Exklusivrechte* verletzen, wenn er zugespieltes privates Bildmaterial von der Sportveranstaltung veröffentlicht. Die Folge wäre, dass der Berechtigte wegen der unzulässigen Veröffentlichung der Fotos Schadensersatz gegenüber dem Medienanbieter verlangen kann.[301]

4. Fotos, Videos und Audios von kulturellen Veranstaltungen

Frei angebotene private Fotos und Videos von Musik- und Theateraufführungen darf der Journalist aus urheberrechtlichen Gründen grundsätzlich nicht veröffentlichen. Neben dem Repertoire der Künstler ist auch der Veranstalter geschützt.[302] Ohne entsprechende Genehmigungen aller Berechtigten ist eine Veröffentlichung von Bildern und Videos deshalb urheberrechtlich unzulässig. Entsprechendes gilt für angebotene Livemitschnitte von einem Konzert.

5. Texte aller Art

Selbst inhaltlich dürftige Texte sind mit Ausnahme von kurzen **Tweets** oder **Pinnwandeinträgen** grundsätzlich urheberrechtlich geschützt.[303] Will der Journalist einen angebotenen Text veröffentlichen, benötigt er dazu also fast immer eine Genehmigung des Autors oder des Verlags. Je nach dem in welchem Medium der Journalist den eingeschickten Text veröffentlichen will muss erkennbar sein, dass der Absender mit einer Veröffentlichung im Onlinebereich wie auf Webseiten, Blogs und sozialen Netzwerken und /oder im Offlinebereich wie in Zeitungen, Zeitschriften und Büchern einverstanden ist. Bei Zweifeln über die Urheberschaft eines Textes empfiehlt es sich, das oben angeführte Musterschreiben (Zusicherung der Rechte) entsprechend zu verwenden.

6. Amtliche Schriftstücke und Bekennerschreiben

Wenn der Journalist eine Anklageschrift der Staatsanwaltschaft oder andere amtliche Schriftstücke eines Strafverfahrens, eines Bußgeld- oder eines Disziplinarverfahrens zugespielt bekommt, ist Vorsicht geboten. Die auszugsweise oder gar vollständige Veröffentlichung in Wort, Text und Bild ist strafbar, solange die Inhalte der amtlichen Schreiben noch nicht öffentlich in einer Verhandlung erörtert worden sind.[304] Im Unterschied dazu ist die sinngemäße Wiedergabe straffrei. Ist sich der Journalist also nicht sicher, ob ein amtliches Schriftstück bereits in einer öffentlichen Verhandlung erörtert worden ist, gibt er den Inhalt sinngemäß wieder.

Oft erreichen die Redaktionen Schreiben, Videos oder E-Mails, in denen sich Täter zu ihrer Tat bekennen. In den Schreiben erklären sich die Verfasser, die meist mit den Tätern identisch sind, unter einem Tarnnamen zur Tat und legen ihre Tatmotive dar. Den Absendern ist es wichtig, in der Öffentlichkeit auf sich aufmerksam zu machen und die Sympathie der Bevölkerung zu erlangen. Sie wünschen sich deshalb, dass die Massenmedien ihr Schreiben oder Video veröffentlichen. Die Veröffentlichung eines Bekennerschreibens oder eines Bekennervideos ist deshalb urheberrechtlich betrachtet zulässig. Ob sie sinnvoll und moralisch zu rechtfertigen ist, muss die Redaktion selbst entscheiden, da sie dem Täter eine mediale Plattform bietet. Unzulässig ist die Veröffentlichung, wenn das Schreiben oder das Video eine Aufforderung zur Begehung oder zur Unterstützung von Straftaten enthält.

Wenn sich der Journalist dazu entschließt, Material eines Anderen zu veröffentlichen, ist es empfehlenswert, wenn er zuvor mit dem Anbieter vereinbart, wie und in welchem Umfang das zur Verfügung gestellte Material von der Redaktion genutzt werden darf. Wenn es zum Streit kommt, ist dabei eine kurze schriftliche Vereinbarung zu Beweiszwecken hilfreich.

Wichtig

Über folgende Punkte sollte jeder, der Content verbreitet mit dem Anbieter des Materials einig werden:
- Welches konkrete Material (*Text, Bild, Video, möglichst genau umschreiben*) darf der Medienanbieter mit welchem Inhalt und in welcher Länge (*vollständig oder auszugsweise, bei Videos: in welcher Länge*) nutzen?
- Wie darf der Medienanbieter das Material nutzen? (*Veröffentlichung in der Zeitung, überregional, regional, lokal? Abruf im Internet, Social-Web-Auftritt, Ausstrahlung im Fernsehen – Verbreitungsgebiet?*)
- In welchem Umfang darf der Medienanbieter das zur Verfügung gestellte Material nutzen? (*einmalig, befristet bis zum ...? Oder ohne Einschränkung: sachlich, zeitlich und örtlich unbeschränkt?*)
- Erhält der Medienanbieter das Material ausschließlich, also exklusiv?
- Darf das Material bearbeitet werden? (*z.B. indem es verändert wird. Wichtig, wenn Bildmaterial nur ausschnittweise oder „gepixelt" veröffentlicht werden soll.*)

– Darf auf die Nennung des Urhebers verzichtet werden?
– Wie und in welcher Höhe soll die Nutzung des Materials vergütet werden *(pauschal oder Seitenpreise?)*

Muster

für eine **Rechteübertragung an einen Rundfunksender:**

Hiermit übertrage ich ... *(dem Medienanbieter)* für die Sendung am: ...
für folgende Fotos *(oder Videokassetten oder Sonstiges ... genau umschreiben)* kostenfrei / gegen eine einmalige Gebühr von ... Euro folgende Nutzungsrechte:
– die sachlich, zeitlich, örtlich und anzahlmäßig unbeschränkten rundfunk- und außerrundfunkmäßigen Nutzungsrechte inkl. Kabel und Satellitenrechte und /oder
– die zeitlich und anzahlmäßig unbeschränkten Rundfunkrechte (inkl. Kabel- und Satellitenrechte) sowie das Recht der öffentlichen Zugänglichmachung im Internet und / oder
– die zeitlich und anzahlmäßig unbeschränkten Rundfunkrechte für ... *(Sendegebiet/BRD/Europa)* und /oder
– Videorechte/CD-Rechte/Tonträgerrechte.

Ich versichere, dass ich Inhaber der vorgenannten Nutzungsrechte bin und stelle deshalb... (Medienanbieter) von sämtlichen Ansprüchen Dritter frei.

_____   _____
(Lizenzgeber)   *(Rundfunkunternehmen)*

Besonderheit Online und Social Media: Private Mails dürfen grundsätzlich nicht verwendet werden. Eine Ausnahme besteht dann, wenn ein erheblicher Missstand auf diese Weise aufgedeckt werden kann. Das traf zu, als Journalisten private Mails eines Ministers zugespielt bekamen, aus denen sich ergab, dass er Unterhaltszahlungen für das nicht eheliche Kind nicht korrekt geleistet und damit dem Sozialbetrug der Kindsmutter Vorschub geleistet hatte.[305] Hyperlinks können grundsätzlich ohne Rücksprache mit den Urhebern oder Nutzungsberechtigten unproblematisch gepostet und verbreitet werden. Entsprechendes gilt für Deeplinks. Wenn der Journalist also seine Leser auf brauchbare Texte, Fotos oder Videos von anderen hinweisen möchte, setzt er einen Link.[306] Aus haftungsrechtlichen Gründen muss es jedoch dem Nutzer deutlich werden, dass es sich um einen nicht vom Journalisten generierten Inhalt handelt, den dieser sich auch nicht „zu eigen gemacht" hat.

24. Muss der Journalist Interviews vorlegen?

Der Journalist muss ein Interview vor der Veröffentlichung grundsätzlich nicht dem Gesprächspartner zur Autorisierung vorlegen.

Anders ist es hingegen, wenn er mit seinem Gesprächspartner vereinbart hat, das druckfertige oder sendefähige Interview vor der Veröffentlichung oder Verbreitung zur Genehmigung vorzulegen. In der Praxis muss sich der Journalist oft auf eine solche Vereinbarung einlassen, wenn er ein Interview mit einer bestimmten Person haben will. Dies liegt daran, dass Gesprächspartner oft ihre Zustimmung zum Interview davon abhängig machen, dass sie das fertiggestellte Interview vor Veröffentlichung nochmals zu Gesicht bekommen, um Änderungen und Ergänzungen einzuarbeiten. Gegen diesen sogenannten **„Autorisierungsvorbehalt"** ist der Journalist hilflos, denn rechtlich betrachtet kann sich der Betroffene dabei auf sein *Persönlichkeitsrecht* berufen. Daraus ergibt sich das Recht, selbst zu entscheiden, mit welchen schriftlichen oder mündlichen Äußerungen man in den Medien dargestellt wird oder ob man ein Interview geben möchte oder nicht. Das gilt grundsätzlich auch für Bild- und Filmaufnahmen.[307]

Im Unterschied dazu kann der Gesprächspartner nicht verlangen, dass die Veröffentlichung des Beitrags, in dem einzelne Äußerungen von ihm eingebettet sind, von seiner Zustimmung abhängig gemacht wird. Ein Mitsprache- oder Abnahmerecht am Beitrag kann der Gesprächspartner nicht erzwingen, weil das gegen die *Presse-* bzw. *Rundfunkfreiheit,* die freie Berichterstattung der Journalisten verstößt.[308]

Viele Interviewpartner sichern sich einen Autorisierungsvorbehalt an ihren Antworten ab, indem sie Journalisten vertraglich zu einer empfindlichen **Geldzahlung** verpflichten, falls sie sich nicht an die Vereinbarungen halten. Besonders ärgerlich ist es für die Journalisten, wenn der Betroffene aufgrund seines vertraglich eingeräumten Autorisierungsvorbehalts nach Vorlage des Interviews Fakten streicht oder die Veröffentlichung des Interviews ablehnt. Wenn es noch so schmerzt, Vertrag ist Vertrag, folglich ist der Journalist an die redigierte Fassung des Betroffenen bezüglich seines Interviews gebunden. Hält er sich nicht daran, kann ihn das teuer zu stehen kommen, vor allem, wenn eine Geldzahlung vereinbart wurde.

Der Journalist ist nicht gezwungen, das vom Gesprächspartner nachträglich stark veränderte Interview zu drucken oder auszustrahlen. In diesem Fall waren die zeitlichen Aufwendungen für das nicht veröffentlichte Interview dennoch nicht immer umsonst. Die Redaktion kann die Inhalte des nicht autorisierten anfänglichen Interviews für weitere Recherchen verwerten.

> **Wichtig**
>
> Vereinbarungen des Journalisten mit seinem Gesprächspartner über die Modalitäten eines Interviews, also wie das Gespräch aufgezeichnet, hergestellt, bearbeitet oder verwertet wird, sind verbindlich. Um im Streitfall diese Vereinbarung beweisen zu können, ist es vorteilhaft, wenn der Journalist neben dem Inhalt des Gesprächs auch die Bedingungen des Interviews gleich mit aufzeichnet und vom Betroffenen bestätigen lässt.

Wenn der Gesprächspartner vorbehaltslos ein Interview gegeben hat, braucht der Journalist das druckreife oder sendefertige Interview dem Gesprächspartner grundsätzlich nicht mehr vorzulegen, vorausgesetzt, der Wortlaut wird redaktionell nicht verändert. Bei Zweifeln über den genauen Wortlaut der Äußerungen wird sich der Journalist mit dem Interviewpartner in Verbindung setzen und sich rückversichern, um nicht dessen *Persönlichkeitsrecht* zu verletzen. Zu Unsicherheiten hinsichtlich der Äußerungen des Gesprächspartners kommt es häufig dann, wenn der Journalist den Dialog nicht im Wortlaut aufzeichnet und sich daher nur auf seine handschriftlichen Notizen stützen kann.

Seine Antworten kann der Gesprächspartner nach dem Interview grundsätzlich nicht widerrufen, es sei denn, er hat sich das Recht dazu ausdrücklich vorbehalten.[309] Hat sich eine medienunerfahrene Person also um Kopf und Kragen geredet, ist der Journalist vor die moralische Frage gestellt, ob er „Gnade vor Recht" ergehen lassen will. Falls möglich, wird er dem Betroffenen wenigstens gestatten, dass er unklare Äußerungen korrigiert.

25. Darf der Journalist Interviews und Zitate kürzen?

Äußerungen einer Person müssen vom Journalisten in seiner Berichterstattung grundsätzlich so wiedergegeben werden, wie sie gesagt worden sind.

Das liegt daran, dass jeder selbst entscheiden darf, mit welchen Äußerungen er sich öffentlich in den Medien darstellen will. Wenn also der Journalist in seinem Bericht einem Gesprächspartner etwas in den Mund legt, was dieser nicht oder nicht so geäußert hat, verstößt er gegen dessen *Persönlichkeitsrecht*, also sein Recht auf Darstellung der eigenen Person. Der Verletzte kann gerichtlich dagegen vorgehen.[310] Das gilt erst recht für frei erfundene Interviews.

1. Wie Interviews bearbeitet werden dürfen

Im journalistischen Alltag kommt es häufig vor, dass Interviews aus redaktionellen Gründen bearbeitet werden müssen. Rechtlich unbedenklich ist es, wenn der Journalist die Aussagen seines Interviewpartners an den Stellen redigiert, an denen sich dieser versprochen oder grammatikalisch unsauber geantwortet hat, soweit dadurch die inhaltliche Aussage erhalten bleibt. Solche **stilistischen Veränderungen** liegen schließlich auch im Interesse des Betroffenen.

Darüber hinaus dürfen Interviews in gewissem Rahmen gekürzt und zusammengefasst werden. Die Grenze des Zulässigen ist überschritten, wenn dadurch die Aussagen des Betroffenen sinnentstellt wiedergegeben werden, also einen anderen Inhalt erfahren. Damit es nicht zum Streit kommt, vereinbaren manche Journalisten mit ihrem Gesprächspartner, dass dieser mit einer redaktionellen Bearbeitung des Interviews einverstanden ist. Selbst wenn der Interviewte auf eine solche Vereinbarung eingeht, ist es rechtlich nicht zulässig, wenn der Journalist die Aussagen des Interviewpartners so kürzt oder verändert, dass dessen Aussagen entstellt wiedergegeben werden und er sich inhaltlich nicht mehr damit identifizieren kann.

Wichtig

Um gerichtlichen Auseinandersetzungen zu entgehen, ist es empfehlenswert, wenn der Journalist im Zweifel ein überarbeitetes Interview vor der Veröffentlichung vom Gesprächspartner autorisieren lässt. Bei längeren Interviews für Zeitschriften oder Zeitungen ist es ratsam, dass der Journalist in Übereinstimmung mit dem Interviewpartner das Gespräch aufzeichnet. Auf diese Weise kann er bei einem Streit beweisen, dass das gedruckte Interview inhaltlich mit den Aussagen des Gesprächspartners übereinstimmt.

Fall

Das gefälschte Interview

Hörfunkredakteur R recherchiert im Archiv verschiedene Äußerungen des A, die dieser in mehreren Interviews zu unterschiedlichen Themen von sich gegeben hat. R will die Aussagen des A in Form eines Interviews ausstrahlen, indem er den Antworten passende Fragen voranstellt. Darf er das?

Das von R vorgetäuschte Interview verstößt bei einer Ausstrahlung im Hörfunk gegen das *Persönlichkeitsrecht* des A, weil beim Hörer der falsche Eindruck erweckt wird, er habe Antworten in einem Dialog mit R gegeben. Ohne entsprechenden Hinweis muss grundsätzlich niemand damit rechnen, dass seine Gespräche, Reden oder Äußerungen bei anderen Gelegenheiten in Form eines Interviews wiedergegeben werden. R darf deshalb das Interview nur ausstrahlen, wenn er auf dessen fiktiven Charakter hinweist oder wenn A damit einverstanden ist. Das gilt genauso bei Abdruck eines fiktiven Interviews in Printerzeugnissen oder im Internet.

Rechtlich unzulässig ist es zudem, wenn der Journalist seine Fragen aus dem Interview vor Veröffentlichung nachträglich neu und noch schlagkräftiger formuliert, weil der Gesprächspartner nicht mehr auf die Änderungen reagieren kann. Ebenfalls benötigt der Journalist die Zustimmung seines Gesprächspartners, wenn er dessen Antworten entgegen seinen ursprünglichen Absichten später doch in Form eines Interviews veröffentlichen will.

Besonderheit Fernsehen und Hörfunk: In den elektronischen Medien sind Kürzungen von Interviews oder Statements branchenüblich und oft auch unvermeidlich. Medienerfahrene Gesprächspartner der Journalisten wissen das und halten ihre Antworten entsprechend kurz. Manchmal müssen selbst kurze Originaltöne für die Nachrichtensendungen noch weiter gerafft werden. Wichtig dabei ist, dass trotz Kürzungen der Sinn der Aussagen erhalten bleibt, wenn die *Persönlichkeitsrechte* des Interviewpartners nicht mit Füßen getreten werden sollen.

2. Wenn Zitate bearbeitet werden

Wenn der Journalist eine andere Person wörtlich zitiert, muss er sich an den genauen Wortlaut der Äußerung halten. Umgekehrt darf der Journalist nicht seine Interpretation einer Äußerung als Zitat eines anderen „verkaufen". Wo immer jemand unrichtig zitiert wird, verstößt dies gegen seine *Persönlichkeitsrechte*. Um zu beweisen, dass das verbreitete Zitat richtig ist, nehmen viele Journalisten zum Informationsgespräch einen Kollegen mit, dem im Streitfall eine Zeugenrolle zukommt. Praktikabler ist ein Mitschnitt des Gesprächs mit Zustimmung des Betroffenen. Besondere Vorsicht ist geboten, wenn der Journalist aus einem Manuskript zitiert, das den Vermerk trägt: „Es gilt das gesprochene Wort".

> **Wichtig**
>
> Wenn der Journalist mündliche Äußerungen wörtlich zitiert, muss er sich an den Wortlaut des Gesagten halten. Hält er sich nicht daran, riskiert er auf *Unterlassung*, Widerruf und *Geldentschädigung* in Anspruch genommen zu werden. Ist zweifelhaft, ob das Zitat so geäußert wurde, empfiehlt

> sich deshalb eine Rückfrage bei demjenigen, der die Aussage gemacht haben soll.

Ausnahmsweise darf der Journalist ein Zitat „glätten", wenn sich der Gesprächspartner verhaspelt hat. So darf er z.b. **Wortwiederholungen** streichen, den **Sprachstil** leicht optimieren und den Text von allen Füllwörtern wie „ähs" und „ehms" befreien, solange der Sinn des Gesagten unangetastet bleibt. Unzulässig ist eine Kürzung, wodurch das Gesagte einen anderen Inhalt erhält. So wäre es z.b. unrecht, wenn der Journalist einen Politiker mit dessen Aussage zitiert, Arbeitslose sollten mehr Geld zahlen und dabei verschweigt, dass der Politiker diese Aussage im Zusammenhang mit der Rückzahlung erschlichener Sozialleistungen getroffen hat. Dasselbe gilt, wenn einer Person nur einseitige Aussagen in den Mund gelegt werden, sie also z.b. nur mit Pro-Argumenten zitiert wird, obwohl sie auch Contra-Argumente geäußert hat.

26. Wie kritisch oder satirisch darf ein Beitrag sein?

Für die demokratische Meinungsbildung sind kritische Beiträge unerlässlich. Gedeckt werden sie vom Recht auf freie Meinungsäußerung[311], worauf sich jeder Journalist berufen kann. Dieses Grundrecht geht sehr weit. Selbst polemische und aggressive, aber auch robuste und abwertende Formulierungen der Journalisten sind verfassungsrechtlich grundsätzlich zulässig. Entsprechendes gilt für satirische Darstellungen, die zudem unter die „Kunstfreiheit" fallen können.[312] Doch kein Grundrecht wird schrankenlos gewährt. So stößt die Meinungsfreiheit z.B. an ihre Grenzen, wenn der Journalist in ehrverletzender Weise über eine Person berichtet[313] oder wenn eine satirische Darstellung einen anderen diffamiert.[314] Eine Berichterstattung ist deshalb rechtlich grundsätzlich unzulässig, wenn der Journalist bewusst falsch informiert (1), jemanden verächtlich macht (2), Indiskretionen verbreitet (3) oder in einer Satire entwürdigend über einen anderen berichtet (4). Diese Grundsätze gelten sowohl für die Offline- als auch für die Onlinemedien.

1. Unzulässig: Wenn der Journalist bewusst falsch informiert

Obwohl die Medien über fast alles berichten dürfen,[315] ist es den Journalisten rechtlich untersagt, bewusst falsche *Tatsachenbehauptungen* über eine Person zu verbreiten. Auf die verfassungsrechtlich garantierte *Presse- und Meinungsfreiheit* kann sich der Journalist nicht berufen, wenn im Zeitpunkt der Verbreitung seines Beitrags feststeht, dass die aufgestellte Behauptung falsch ist. An solchen Informationen gibt es grundsätzlich kein *öffentliches Informationsinteresse*. Vielmehr muss der Journalist damit rechnen, dass der Betroffene Strafanzeige wegen Verunglimpfung seiner Person erhebt[316] und zivilrechtlich gegen ihn vorgeht.[317]

Fall

Die falsche Schlagzeile[318]
Die Hauptschlagzeile einer großen Boulevardzeitung lautet: „S nackt. Sie will 50.000 Euro", wobei anstelle des Buchstaben S der volle Vor- und Nachname einer bekannten Politikerin genannt wird. Im kleingedruckten Fließtext wird dann mitgeteilt, dass S 50.000 Euro Geldentschädigung verlangt, weil ohne ihre Einwilligung, also unbefugt, Nacktaufnahmen von ihr veröffentlicht worden sind. S möchte wissen, ob eine solche Form der Berichterstattung zulässig ist.

Die Formulierung der Schlagzeile ist unzulässig, wenn sie ehrverletzend ist und damit *Persönlichkeitsrechte* der S verletzt. Eine *Tatsachenbehauptung*, die den Betroffenen in ein falsches Licht rückt, ist generell ehrverletzend. Durch die Überschrift des Artikels wird zumindest beim flüchtigen Leser, der nur Schlagzeilen liest, der falsche Eindruck erweckt, S sei bereit, sich für 50.000 Euro nackt abbilden zu lassen. Dieser Eindruck verletzt S grob in ihrem *Persönlichkeitsrecht*. Daran ändert sich auch nichts, wenn im Fließtext das mögliche Missverständnis eindeutig aufgeklärt wird. S kann deshalb *Geldentschädigung* verlangen. Entsprechendes gilt, wenn ein falscher Eindruck in sogenannten Teasern[319], die auf Hörfunk- oder Fernsehbeiträge hinweisen, erweckt wird.

Im Unterschied dazu sind Verdächtigungen rechtlich zulässig, wenn der Journalist sorgfältig recherchiert, die Stellungnahme des Betroffenen berücksichtigt und zum Zeitpunkt der Veröffentlichung eindeutig feststeht, dass der Verdacht nicht haltlos ist.[320]

Bei **Tatsachenbehauptungen** kann man eindeutig feststellen, ob sie wahr oder falsch sind. Wenn es zum Streit kommt, muss der Journalist seine Tatsachenbehauptungen belegen können, wenn er sich nicht *Berichtigungs-* und *Unterlassungsansprüchen* aussetzen will. Bei ehrenrührigen Tatsachenbehauptungen droht dem Journalisten, der sie nicht beweisen kann, ein Strafverfahren. Von Tatsachenbehauptungen zu unterscheiden sind Wertungen, also **Meinungen**, die der Journalist in seinen Beiträgen äußert. Sie können nicht bewiesen werden. So ist z.B. die Altersangabe von Heidi Klum durch einen Blick in ihren Personalausweis oder ihre Geburtsurkunde eindeutig feststellbar und damit eine Tatsache, während die Feststellung, ob sie nun als Model für ihr Alter noch gut oder ziemlich reif aussieht, als eine Meinungsäußerung zu qualifizieren ist, die begründet oder unbegründet sein kann. Die Meinungsäußerungen der Journalisten sind durch das Recht auf freie Meinungsäußerung fast immer gedeckt. Deswegen ist die Unterscheidung zwischen einer Tatsachenbehauptung und einer Meinungsäußerung im journalistischen Alltag besonders wichtig. Hinzu kommt, dass Tatsachenbehauptungen im Unterschied zu Meinungsäußerungen gegendarstellungsfähig sind.[321]

Die meisten Chefredakteure erwarten von den Redakteuren, dass sie ihre Meinungen mit Fakten, also Tatsachen untermauern. In gewissem Maße wird dies von den Gerichten im Streitfall auch toleriert. So hat sich z.b. der „Spiegel" in einem Artikel mit dem Verhalten eines bekannten Journalisten im „Dritten Reich" befasst. Das Nachrichtenmagazin zitierte aus zahlreichen damaligen Artikeln des namhaften Journalisten. In einem dieser Artikel hatte der Journalist ein Todesurteil des Volksgerichtshofs wegen „Feindbegünstigung und Wehrkraftzersetzung" gutgeheißen. In diesem Zusammenhang bezeichnete der Autor des Spiegel-Beitrags den Journalisten als „Schreibtischtäter". Das Gericht bewertete diese Bezeichnung nicht als *Tatsachenbehauptung,* sondern als reines Werturteil. Begründet wurde dies damit, dass die Bezeichnung „Schreibtischtäter" zusammenfassend das damalige tatsächliche Verhalten des prominenten Journalisten bewertet.[322]

Im Gegensatz dazu sind Beiträge, die Fakten und Bewertungen mit relativierenden Floskeln vermengen, keine Meinungsäußerungen. So ist z.B. die Umschreibung

„Man könnte leicht auf den Gedanken kommen, dass der Unternehmer durch seine Unfähigkeit Pleite gemacht hat und seine Gläubiger deswegen auf dem Trockenen sitzen bleiben"

im Hinblick auf die vermutete Insolvenz eine Verdachtsäußerung. Ob jemand zahlungsunfähig ist, kann festgestellt werden, ist also beweisbar. Damit handelt es sich um eine *Tatsachenbehauptung.* Diese darf nur verbreitet werden, wenn konkrete Anhaltspunkte dafür vorhanden sind.[323] Die relativierende Floskel „Man könnte leicht auf den Gedanken kommen ..." ersetzt nicht eine Recherche, ob der Unternehmer tatsächlich insolvent ist.

Hingegen ist die Bezeichnung des Unternehmers als „unfähig" als Meinungsäußerung aufzufassen, weil sie nicht auf ihren Wahrheitsgehalt überprüft werden kann. Die Unterscheidung zwischen Meinungsäußerungen und Tatsachenbehauptungen ist wichtig, weil der Journalist seine aufgestellten Tatsachenbehauptungen belegen muss, es sei denn, er kann sich auf eine privilegierte Quelle wie z.B. eine behördliche Mitteilung stützen.[324]

Wenn der Journalist eine ergebnisoffene **Frage** aufwirft, steht diese unter dem Schutz der Meinungsfreiheit. Davon zu unterscheiden sind rhetorische Fragen, die aus dem Kontext heraus eine bestimmte Aussage treffen.

So wurde z.B. die Überschrift „Udo Jürgens im Bett mit Caroline? In einem Playboy-Interview antwortet er eindeutig zweideutig" vom Gericht als rhetorische Frage und damit als falsche Tatsachenbehauptung angesehen, weil sie die einzig in Betracht kommende Antwort dem Leser buchstäblich aufzwingt.[325]

Warentests, Gutachten und Prognosen werden grundsätzlich als Meinungsäußerungen eingestuft. So ist z.B. die Prognose, dass „die Kabinettsumbildung den Ministerpräsidenten politisch stärken wird" als Meinungsäußerung zu bewerten.

> **Wichtig**
>
> Die rechtliche Abgrenzung zwischen *Tatsachenbehauptungen* und *Meinungsäußerungen* fällt nicht immer leicht. Das liegt auch daran, dass gerichtliche Entscheidungen hierzu im Einzelfall kaum vorhersehbar sind. Fest steht, dass zur Unterscheidung zwischen *Tatsachenbehauptung* und *Meinungsäußerung* immer eine Gesamtwürdigung des Textes in Bezug auf dessen Sinngehalt und Kontext erforderlich ist. Das ist in der Praxis sehr bedeutsam, weil *Tatsachenbehauptungen* im Unterschied zu Meinungsäußerungen sorgfältig recherchiert und im Streitfall durch geeignete Quellen wie z.B. Dokumente, Zeugen oder Fotos belegt werden müssen.[326] Kann der Wahrheitsgehalt der *Tatsachenbehauptung* nicht eindeutig nachgewiesen werden, verletzt dies die *Persönlichkeitsrechte* des Betroffenen und kann rechtliche Konsequenzen wie Abmahnungen nach sich ziehen.[327]

Will der Journalist Tatsachenbehauptungen Dritter, also Äußerungen anderer in seinen Beitrag einbauen, müssen diese grundsätzlich wahr, also belegbar sein, da es an der Verbreitung falscher Informationen fast nie ein *Informationsinteresse der Allgemeinheit* gibt. Das gilt selbst dann, wenn sich der Journalist von Äußerungen Dritter distanziert. Nur ausnahmsweise kann sich aber ein *öffentliches Informationsinteresse* an einer unwahren Behauptung eines Dritten ergeben. Wenn z.B. ein Kabinettsmitglied einen ehrverletzenden Vorwurf gegenüber einem führenden Oppositionspolitiker macht, hat die Öffentlichkeit ein *berechtigtes Interesse* daran, davon zu erfahren, selbst wenn die Anschuldigung selbst nicht zutreffend ist. Um kein rechtliches Risiko einzugehen, sollte der Journalist zweifelhafte Äußerungen Dritter durch eigene Recherchen und Quellen überprüfen, bevor er sie verbreitet. Das gilt vor allem dann, wenn die Äußerungen Personen betreffen, die selbst noch nie öffentlich in Erscheinung getreten sind und die deshalb besonders schutzbedürftig sind. Anders stellt es sich dar, wenn in einer Berichterstattung über Personen berichtet wird, die sich gegenseitig ehrenrühriges Verhalten vorwerfen. So wäre es rechtlich unbedenklich,

wenn bei einer Reportage über einen Nachbarschaftsstreit beide Streithäh-
ne zu Wort kommen und sich der Journalist einer eigenen Stellungnahme
enthält.

Besonderheit Fernsehen: Wegen der Rundfunkfreiheit haftet ein Sender
grundsätzlich nicht, wenn ein sorgfältig ausgewählter Talkgast unvorherge-
sehene ehrverletzende Äußerungen über eine andere, nicht an der Diskussion beteiligte schutzwürdige Person macht. Wichtig ist allerdings, dass der
Moderator sich vom problematischen Statement distanziert und eine Fort-
setzung aktiv verhindert, indem er z.b. den Talkgast unterbricht. Dieses
Haftungsprivileg gilt allerdings nicht für Wiederholungen und für die
Übernahme durch andere Sender. Deshalb muss gegebenenfalls die ehrverletzende Passage aus dem Live-Talk vor einer erneuten Ausstrahlung ge-
schnitten werden.

2. Unzulässig: Wenn der Journalist eine andere Person schlecht macht

Der Journalist ist in der Bewertung von Tatsachen frei. Das verfassungsrechtlich garantierte Recht auf freie Meinungsäußerung ist meist stärker als
der Ehrenschutz des Einzelnen, vor allem wenn sich die Berichterstattung
mit Angelegenheiten befasst, die von *öffentlichem Interesse* sind, wie Verbraucherfragen, Gesundheitsschutz und Politik. Dabei haben die betroffenen Personen sowohl harsche und überspitzte Bewertungen als auch polemische und ironische Äußerungen zugunsten der „freien Rede", also der
geistigen Auseinandersetzung, hinzunehmen. Wenn sich der Journalist in
seinem Beitrag jedoch gar nicht kritisch mit einem Sachverhalt oder einer
Person auseinandersetzen will, sondern vorrangig den Betroffenen in der
Öffentlichkeit mit abwertenden Bezeichnungen verächtlich machen möchte, kann er sich nicht mehr auf die Meinungsfreiheit oder Medienfreiheit
berufen.

    Eine Berichterstattung, in der nur geschmäht, beleidigt und vorsätzlich
gekränkt wird, klärt keine Fragen, die von öffentlichem Interesse sind.
Deswegen ist bei einer **„Schmähkritik"** der Ehrenschutz gewichtiger als die
Meinungsfreiheit. Die Schmähkritik zielt auf Diffamierung einer Person
und nicht auf eine Auseinandersetzung in der Sache.[328] Als unzulässige
„Schmähkritik" ist vom Gericht z.B. die Berichterstattung über eine Fern-
sehansagerin angesehen worden, die als „ausgemolkene Ziege" bezeichnet
wurde, bei deren Anblick bei den Zuschauern die „Milch sauer" werde.[329]
Ebenfalls in diese Kategorie fällt die Bezeichnung eines Rennrodlers als
„rasende Weißwurst" und „dumpfer Dummbeutel", dem „sein Resthirn in
die Kufen gerutscht ist". Wenn ein Journalist also ohne erkennbaren
Grund lediglich Schimpfworte aneinanderreiht, wird erkennbar, dass es

ihm in seiner Berichterstattung nur darum geht, den Betroffenen zu demü-
tigen.

Im Unterschied dazu muss ein Betroffener eine starke, ehrverletzende
Kritik dulden, wenn er durch sein Verhalten begründeten Anlass dazu
gegeben hat und dies in einem Bericht oder Kommentar mit Fakten belegt
wird. Das betrifft vor allem Personen, die sich politisch und wirtschaftlich
betätigen. So darf zum Beispiel ein leitender Beamter in einem Bericht über
eine Gemeinderatssitzung als „Kasper" bezeichnet werden, wenn erläutert
wird, der Beamte habe die Sitzung durch zahlreiche Zwischenrufe gestört
und wie ein Pferd gewiehert.[330] Ebenso musste sich ein Arzt und Wissen-
schaftler als „Scharlatan" und „Pfuscher" bezeichnen lassen, weil sich der
Beitrag kritisch mit seiner Werbung für Nahrungsergänzungsmittel der
„Vitaminindustrie" befasste, für deren Wirksamkeit der Mediziner bürg-
te.[331] Ohne diese kritische Auseinandersetzung mit dem massenhaften
Vertrieb von Vitaminpräparaten, wären diese Beschimpfungen allerdings
als „*Schmähkritik*" zu bewerten und damit unzulässig gewesen.

Ehrenschutz genießen nicht nur einzelne Menschen, sondern auch **Per-
sonenvereinigungen** als juristische Personen wie z.B. Aktiengesellschaften,
Gesellschaften mit beschränkter Haftung und rechtsfähige Vereine. Auch
nicht rechtsfähige Gesellschaften und Vereine, die so organisiert sind, dass
sie nach außen einen einheitlichen Willen repräsentieren wie Handelsgesellschaften,[332] Parteien, Gewerkschaften sowie Personengemeinschaften,
die einen anerkannten sozialen Zweck verfolgen, wie z.B. das „Rote Kreuz",
sind geschützt. Staatliche Einrichtungen wie Behörden sind ebenfalls belei-
digungsfähig und können sich gerichtlich wehren, wenn falsch über sie
berichtet wird.[333]

Fall

Von Pfuschern und Korrupten
Journalist J möchte wissen, ob er in seinen Artikeln folgende Aussagen
treffen kann:
1. „Alle deutschen Ärzte sind Kurpfuscher".
2. „Die Polizeibeamten der Polizeidirektion in der Stadt S sind korrupt".
3. „Der Rom-Korrespondent des Nachrichtenmagazins N (nur das Nachrichtenmagazin, nicht der Korrespondent selbst wird im Bericht namentlich genannt) soll für seine positive Berichterstattung von höchster Stelle
   bezahlt worden sein".
Zu 1: Von der Bezeichnung „Alle Ärzte sind Kurpfuscher" ist abzuraten,
wenn durch dieses Werturteil Personen gekränkt werden, die deswegen
Strafantrag wegen *Beleidigung* stellen könnten.[334] In Betracht kommt jeder
niedergelassene Arzt in Deutschland, wenn er durch diese Aussage indivi-

duell betroffen ist. Das ist zu verneinen, weil es sich bei dieser Aussage erkennbar um eine nicht ernst gemeinte Verallgemeinerung handelt, die sich ganz offensichtlich nicht auf einen bestimmten Arzt bezieht. Entsprechendes gilt für „die Frauen", „die Männer", „die Vermieter", „die Politiker" etc., die mit einem ehrverletzenden Werturteil überzogen werden. Der Journalist kann also aufgrund der Meinungsfreiheit durchaus behaupten, dass „alle Ärzte Kurpfuscher sind". Seriös und gehaltvoll wird sein Beitrag allerdings erst dann, wenn er dem Leser noch mitteilt, welche Tatsachen bzw. Fakten ihn zu dieser Erkenntnis bringen.

Zu 2: In diesem Fall ist J von seiner Äußerung abzuraten. Hier ist jeder einzelne Polizeibeamte individuell in seiner Ehre verletzt und kann Strafantrag stellen, weil bei der überschaubaren Anzahl von Polizeibeamten in einer bestimmten Direktion auf jeden Einzelnen der Verdacht fallen könnte, korrupt zu sein. Je kleiner die angesprochene Gruppe ist, umso wahrscheinlicher ist die individuelle Betroffenheit jedes Einzelnen durch eine ehrverletzende Äußerung. Im Unterschied dazu kann sich die Polizei als Ganzes nicht gegen eine Rufbeeinträchtigung wehren, weil sie aufgrund ihrer Struktur und Organisation als Landes- und Bundespolizei nicht einheitlich auftreten kann.

Zu 3: Den Verdacht der Bestechlichkeit darf J nur äußern, wenn er dafür konkrete Anhaltspunkte recherchiert hat und dem Betroffenen in seinem Beitrag Gelegenheit zur Stellungnahme gibt.[335] Dass der Korrespondent im Beitrag unerwähnt bleibt, ändert daran nichts. Durch die Nennung des Nachrichtenmagazins, für das der Korrespondent tätig ist und durch die Angabe seines Korrespondentenplatzes, ist dieser zumindest durch Kollegen und Freunde identifizierbar, was ausreicht. Deswegen ist dem J ohne sorgfältige Recherche von der Äußerung abzuraten, der Rom-Korrespondent des Nachrichtenmagazins N lasse sich für eine positive Berichterstattung bezahlen.

Der Journalist kann sich seiner Verantwortung nicht dadurch entziehen, dass er die *Beleidigung* Dritten in den Mund legt, selbst wenn er einen Quellenhinweis gibt. Die Formulierung

„A ist ein großes Rindvieh, das sagte der Geschäftsführer des Unternehmens U."

geht auf das Konto des Journalisten, wenn er das Zitat verbreitet. Ausnahmsweise haftet der Journalist nicht für die Verbreitung von Bosheiten von Politikern untereinander, weil für die öffentliche Debatte wichtig ist, was diese voneinander halten. So wäre die Formulierung

„Minister A ist ein großes Rindvieh, sagte der Abgeordnete B"

rechtlich gesehen nicht zu beanstanden.

Wichtig

Wenn die Berichterstattung nur der Ehrenkränkung einer Person dient und nicht mehr der Auseinandersetzung in der Sache selbst, ist die Grenze der freien Meinungsäußerung überschritten und auf Antrag des Verletzten strafbar.[336] Das gilt grundsätzlich auch, wenn der Journalist beleidigende Äußerungen Dritter in seinem Beitrag wiedergibt. Um sich nicht wegen *Beleidigung* verantworten zu müssen, sollte der Journalist für geäußerte Werturteile (wie z.B. „Halunke") ausreichende Fakten, also nachprüfbare *Tatsachen*, anfügen, damit sich der Leser, der Zuschauer oder der Zuhörer eine eigene Meinung bilden kann. Kritik darf noch schärfer formuliert werden, wenn sie sich nicht auf Personen, sondern auf staatliche Einrichtungen bezieht. Es empfiehlt sich deshalb, gegebenenfalls auf die namentliche Nennung des Behördenleiters zu verzichten, wenn eine Behörde besonders scharf kritisiert wird. Doch auch bezüglich einer Behörde darf die Kritik nicht unsachlich sein.

Verstorbene können grundsätzlich nicht mehr in ihrer Ehre verletzt werden. Indessen darf weder ihr Achtungsanspruch noch ihre Lebensleistung herabgewürdigt werden. So ist eine besonders schwere Kränkung eines Toten, als sogenannte Verunglimpfung des Andenkens Verstorbener[337] strafbar, wenn z.B. ein drastisches negatives Werturteil oder eine unrichtige *Tatsachenbehauptung* über den Verstorbenen verbreitet wird. Entsprechendes gilt auch für zivilrechtliche Ansprüche der Hinterbliebenen, wie z.B. *Unterlassungs-* und Widerrufs*ansprüche*, wenn über das Lebensbild des Verstorbenen in besonders grob entstellender Weise berichtet wird, wobei sich der Schutz im Laufe der Jahre immer weiter verringert. Aus der Kränkung des Verstorbenen kann sich eine Ehrverletzung der Hinterbliebenen ergeben, wenn z.B. behauptet wird, der Verstorbene habe seine Firma „unter Ausnutzung der Arbeitskraft von Naziopfern aufgebaut".

3. Unzulässig: Wenn der Journalist Indiskretionen über andere verbreitet

Die Berichterstattungsfreiheit stößt an ihre Grenzen, wenn Informationen über Personen verbreitet werden, die nicht dem berechtigten *öffentlichen Informationsinteresse* entsprechen, sondern ausschließlich der Neugier und dem Sensationsinteresse des Publikums oder des Lesers dienen. Das ist fast immer der Fall, wenn über Intimitäten eines anderen berichtet oder wenn ohne besonderen Grund über private Angelegenheiten eines Menschen informiert wird, selbst wenn diese zutreffend sind. Grundsätzlich darf jeder selber entscheiden, welche Angaben er über sein Leben preisgeben will.[338] In der Praxis führt das dazu, dass der Journalist oft nur in nicht identifizierender Weise über einen anderen berichten darf, wenn er einem Streit mit dem Betroffenen wegen einer *Persönlichkeitsrechtsverletzung* aus dem Weg gehen will.[339]

Besonderheit Online und Social Web: Die Aussagen der Rezipienten auf den sozialen Plattformen der Redaktion, sollten im Auge behalten werden. So kann unter Umständen bei unrichtigen privaten oder intimen Inhalten in einem Blog oder auf einer Facebook-Seite das seitenbetreibende Medienunternehmen zur Verantwortung gezogen werden. Entsprechendes gilt auch für beleidigende Äußerungen von Dritten.[340]

4. Unzulässig: Wenn der Journalist in einer Satire entwürdigend über einen anderen berichtet

Bei einer satirischen Darstellung darf der Journalist über die noch zulässige Meinungsäußerung hinaus noch dreister oder kecker sein, sei es in einem Text oder in einer Karikatur oder Bildmontage. Voraussetzung dafür ist, dass die Satire der Kunst zuzurechnen ist, weil diese hohen verfassungsrechtlichen Schutz genießt.[341] Über den Begriff der Kunst bestehen unterschiedliche Auffassungen. Fest steht, dass eine gewisse schöpferische Gestaltung erforderlich ist. Eine Satire zeichnet sich dadurch aus, dass sie reale Sachverhalte überspitzt und verzerrt wiedergibt.

So hat beispielsweise ein bekannter Entertainer in einer großen Sonntagsboulevardzeitung in einem Interview freimütig erzählt, dass er sich jährlich während eines Kuraufenthalts Frischzellen „ins Hinterteil" spritzen lässt. Eine große Tageszeitung ging auf ihrer Satireseite umfänglich auf dieses Interview ein und fragte in der Überschrift ganz dreist: „Will denn der Moderator (Name wurde genannt) demnächst mit dem Arsch moderieren?" Verständlich, dass dem Betroffenen diese Darstellung nicht gefiel und er sich rechtlich beraten ließ. In diesem Fall musste der Prominente ein dickes Fell bewahren, denn er hat durch sein offenes Interview diese satirische Darstellung geradezu herausgefordert. Außerdem war dem Leser bewusst, dass der Artikel nicht ernst gemeint war, weil er auf der Satire-Seite abgedruckt war.

Die Grenze der zulässigen Satire ist allerdings dann überschritten, wenn sie für den Betroffenen entwürdigend ist oder nur der Schmähung dient.[342] So ist zum Beispiel die Fotomontage eines Porträts auf einem fremden oder nackten Körper grundsätzlich unzulässig. Entwürdigend ist auch eine Karikatur des Inhabers einer Firma, die den Slogan hat: „Wir lieben unsere Kunden", dem eine Sprechblase in den Mund gelegt wird mit dem Text: „Ich liebe jeden Tag eine andere Kundin". Diese Karikatur wäre keine satirische Verzerrung und Übertreibung eines realen Sachverhalts, sondern eine bewusst auf den Firmeninhaber zielende Darstellung die ihn u. a. als vulgäre und sexbesessene Person darstellt.[343]

> **Wichtig**
>
> Verzerrende, vereinfachende und überspitzte künstlerische Ausdrucksformen riskieren, dass sie als ehrverletzend und schmähend gedeutet werden können, vor allem, wenn sie im Kern eine Aussage enthalten, die den Betroffenen in schwerer Weise demütigt.

Besonderheit Fernsehen: Einen geringeren Schutz genießt ein Gast in einer Fernseh-Comedy-Show oder Fernseh-Comedy-Talkshow, weil er damit rechnen muss, dass er zum Gegenstand einer überspitzten und verzerrten Darstellung wird. Die Grenze zur unzulässigen Schmähkritik verläuft da, wo der Betroffene im innersten Kern seiner Persönlichkeit getroffen wird, also zum Beispiel in die Nähe zur Pornografie gerückt wird.

Vierte Phase: Redaktionelle Abnahme

Bei der Abnahme eines Beitrags in der Redaktion stellt sich die Frage, inwieweit der Chefredakteur (im Auftrag des Verlegers oder Rundfunkunternehmers) einen Beitrag redigieren und verändern darf oder inwieweit der Journalist sich mit seiner Fassung des Beitrags durchsetzen kann. Da ein Medienunternehmer grundsätzlich die *Tendenz* seiner Zeitung oder seines Senders festlegen darf, hat der Journalist keinen Anspruch darauf, dass seine Auffassung umgesetzt wird. Der angestellte Journalist wird arbeitsvertraglich an die Vorgaben des Chefredakteurs gebunden sein, der freie Mitarbeiter muss damit rechnen, dass sein Beitrag abgelehnt wird. Unzulässig ist es demgegenüber, wenn der Name des Journalisten dazu missbraucht wird, um ihm eine Meinung unterzuschieben, die nicht die seinige ist.

27. Darf der Chef den Beitrag ablehnen oder bearbeiten?

In fast jedem Unternehmen hat der Chef das Sagen und das letzte Wort. In Medienunternehmen ist das grundsätzlich nicht anders. Im Rahmen ihrer Kompetenzen dürfen Chefredakteur, Produktmanager, Ressortleiter oder Chef vom Dienst die angebotenen publizistischen Beiträge redigieren, bearbeiten oder für eine Veröffentlichung ablehnen. In großen Medienunternehmen kommt es manchmal vor, dass ein Autor seinen Artikel neu schreiben oder seinen Fernsehbeitrag umschneiden muss. In kleineren Unternehmen wie z.B. einer Provinzzeitung wird das Meiste so gedruckt, wie es der Autor geschrieben hat. Neben der Größe und der Personalstruktur hängt die inhaltliche Einflussnahme des Chefs auch von der politischen Grundhaltung, also der *Tendenz* des Medienunternehmens ab oder von speziellen vertraglichen Vereinbarungen, sogenannten Essentials.

Ist der Chef als **verantwortlicher Redakteur** einer Sendung oder im Impressum als *verantwortlicher Redakteur* einer Zeitung oder eines Internetangebots aufgeführt, wird er jedenfalls immer dann einschreiten, wenn ein Beitrag strafbare Inhalte aufweist. Dies liegt daran, dass nach fast allen presse- und rundfunkrechtlichen Bestimmungen ein *verantwortlicher Redakteur* verpflichtet ist, dafür zu sorgen, dass ein Beitrag nicht gegen strafrechtliche Vorschriften verstößt.[344] Das kann z.B. durch volksverhetzende oder jugendgefährdende Inhalte oder dadurch geschehen, dass der Beitrag eine andere Person verächtlich macht und so in seiner Ehre kränkt, dass der Straftatbestand der *Beleidigung* oder der *Verleumdung* erfüllt ist.[345] Kommt der *verantwortliche Redakteur* seiner gesetzlichen Prüfungspflicht nicht nach, macht er sich seinerseits strafbar. Das ist der Grund, warum der Chef oder ein dazu bestellter Dokumentar vom Autor Einsicht in dessen Recherchematerial und Auskunft über die Informanten verlangen darf. Indessen darf sich der Autor darauf verlassen, dass sein Chef und alle anderen, die am Medienprodukt beteiligt sind, das *Redaktionsgeheimnis* wahren, d.h. keine Quellen und internen Informationen nach außen tragen. Unterstützt werden sie dabei vom sog. *Zeugnisverweigerungsrecht*, wonach grundsätzlich alle Mitarbeiter eines Medienunternehmens gegenüber staatlichen Stellen, wie z.B. der Staatsanwaltschaft und den Gerichten die Aussage über den Inhalt von recherchierten Informationen und über Informanten verweigern dürfen.[346]

Im Unterschied zum festangestellten Mitarbeiter kann sich der freie Mitarbeiter gegen jede Veränderung seines Beitrags sperren. Ohne vertragliche Bindung kann er nämlich nicht dazu gezwungen werden, seinen Beitrag an die Redaktion zu verkaufen. Allerdings geht er dann finanziell leer aus. Der festangestellte Mitarbeiter ist hingegen kraft seines Arbeitsverhältnisses weisungsgebunden und muss deshalb arbeitsrechtlich grundsätzlich die Anordnungen seines Chefs befolgen.

Im Gegensatz dazu ist die **Bearbeitung**, also Veränderung eines publizistischen Beitrags durch den Chef, soweit es dabei nicht nur um kleinere grammatikalische oder stilistische Korrekturen handelt, urheberrechtlich nur zulässig, wenn der freie oder festangestellte Autor mit der Bearbeitung seines geschützten Materials einverstanden ist. Das ist fast immer so, denn in den meisten Honorarverträgen mit freiberuflich tätigen Mitarbeiten ist vereinbart, dass mit der Honorarzahlung alle Autorenrechte, also auch das Bearbeitungsrecht am Beitrag, an das Medienunternehmen abgetreten wird. Bei festangestellten Mitarbeitern ist dies im Arbeitsvertrag oder Tarifvertrag entsprechend geregelt. Die Grenze der zulässigen Bearbeitung durch den Chef ist allerdings dann überschritten, wenn er den Beitrag des Autors so verfälscht, dass er erheblich von der ursprünglichen Fassung abweicht.

Fall

Das falsche Insert

Der freie Fernsehredakteur F produziert seit vielen Jahren für ein regionales Nachrichtenmagazin. Im Rahmenvertrag zwischen F und dem Sender ist vereinbart, dass er gegen Honorar sämtliche Rechte, also auch Bearbeitungsrechte an seinen Filmen, an den Sender abtritt. Eines Tages erstellt F einen Beitrag zu einem umweltpolitischen Thema, der noch am selben Abend um 19 Uhr im Regionalfernsehen ausgestrahlt werden soll. In dem Beitrag kommen auch einige Kommunalpolitiker mit kurzen Statements zu Wort. Nachdem er seinen Beitrag am frühen Nachmittag vertont hat, sucht er den für die Abnahme *verantwortlichen Redakteur* auf, um mit diesem gemeinsam sein Werk anzusehen. Nach Auskunft der Chefsekretärin ist ihr Chef aber in einer wichtigen Redaktionskonferenz, die voraussichtlich noch mehrere Stunden dauern wird. So lange will F nicht warten, bestellt schöne Grüße und hinterlegt seinen Beitrag bei der Sekretärin. Er verlässt die Redaktion, um bei sommerlichen Temperaturen baden zu gehen. Pünktlich um 19 Uhr schaut sich F zu Hause die Regionalsendung an und staunt: Der verantwortliche Redakteur hat seinen Beitrag komplett umgearbeitet, indem er Statements seiner Gesprächspartner kürzte und den Text teilweise neu formulierte, so dass der Beitrag insgesamt eine andere politische Aussage erfährt. Besonders ärgert sich F darüber, dass in einer Einblendung sein Name als Autor erscheint. F fragt, ob er sich das alles gefallen lassen muss.

Grundsätzlich hat F, wie jeder andere Autor auch, keinen Anspruch darauf, dass sein Beitrag veröffentlicht oder ausgestrahlt wird. Wird er ausgestrahlt, ist eine Bearbeitung seines Beitrags durch den *verantwortlichen Redakteur* urheberrechtlich nur zulässig, wenn F zustimmt. Zwischen F und dem Sender wurde ausdrücklich vereinbart, dass der Beitrag des F bearbeitet werden darf. Dass der *verantwortliche Redakteur* den Beitrag vor der Ausstrahlung umgetextet und umgeschnitten hat, ist deshalb rechtlich betrachtet nicht zu beanstanden. Unzulässig ist es hingegen, wenn wie hier geschehen, dem bearbeiteten Beitrag der Stempel des Autors der ursprünglichen Fassung aufgedrückt wird. Dies verstößt gegen das *Persönlichkeitsrecht* des F, also seinem Recht, selber zu bestimmen, mit welcher politischen Aussage er in der Öffentlichkeit dargestellt wird. Hinzu kommt eine Verletzung seines Namensrechts,[347] weil er in einer Einblendung als Autor ausgegeben wurde, obwohl der Beitrag in dieser Form gar nicht von ihm stammt.

Besonderheit Print: Als große Fehlerquelle stellen sich immer wieder die **Überschriften** heraus, weil diese nicht von den Autoren selbst, sondern von anderen Redaktionsmitgliedern wie z.B. dem Chefredakteur getextet oder formuliert werden. Überschriften werden im journalistischen Alltag erst erstellt, wenn die Grafik ein Wort mitgeredet hat und man weiß, für wie viele Zeilen oder Anschläge Platz ist. Derjenige, der letztlich die Entscheidung über die Überschriften trifft, hat manchmal nur wenig Zeit, den fertigen Artikel gründlich zu lesen. Das führt oft dazu, dass die Überschriften falsch sind, also inhaltlich nicht mit dem Fließtext übereinstimmen. Im günstigsten Fall geht dann der Autor zum Informanten und teilt diesem mit, dass die falsche Überschrift nicht von ihm stammt. Im ungünstigsten Fall macht der Informant eine *Persönlichkeitsrechtsverletzung* geltend, wenn z.B. die Überschrift eine Falschaussage über ihn enthält. Dasselbe gilt auch **für Bildunterschriften** und **Vorspänne**, also für alle sogenannten Kleintexte.

Fünfte Phase: Veröffentlichung

Musste sich der Journalist bereits in der Phase der Themenumsetzung fragen, in welcher Weise er sein Thema für die Öffentlichkeit aufbereitet, so hat der Journalist in dieser letzten, unmittelbar vor der Veröffentlichung liegenden Phase noch einmal zu prüfen, welche Materialien er der Öffentlichkeit zugänglich machen darf. Besonders brisant sind Fotos und Filme von Personen, da diese *Persönlichkeitsrechte* verletzen könnten. Zwischen unbekannten Personen und Prominenten gibt es dabei nur graduelle Unterschiede.

Immer wieder stellt sich die Frage, ob Bilder von Gebäuden verbreitet werden dürfen und welche Materialien aus anderen Medien, insbesondere aus dem Internet, für eine Veröffentlichung verwendet werden können. Unzulässig wäre ein Bericht, der *Schleichwerbung* enthält, weshalb eine letzte Prüfung auch diesen Aspekt berücksichtigen muss.

28. Dürfen Personenfotos ohne weiteres veröffentlicht werden?

Jeder darf grundsätzlich selber entscheiden, ob und welche Bilder und Filmaufnahmen von ihm in den Medien wie Zeitungen, Zeitschriften, Fernsehen und Internet veröffentlicht werden. Dieses „*Recht am eigenen Bild*" zählt zum *Persönlichkeitsrecht* eines jeden Menschen und erstreckt sich auch auf Karikaturen und nachgestellte Fotos unter Verwendung eines Doubles. Geregelt ist das „*Recht am eigenen Bild*" im Kunsturhebergesetz (KUG). Es gilt für alle, die Bilder und Videos verbreiten oder öffentlich zur Schau stellen. Die Herstellung von Personenbildnissen regelt dieses Gesetz allerdings nicht.[348] Da der Zulässigkeit der Verbreitung von Personenbildnissen nicht nur im redaktionellen Alltag in Print, im Fernsehen und Online eine hohe Bedeutung zukommt, ist es lohnenswert, wenn sich jeder Medienschaffende sorgfältig mit dem KUG befasst. Das Gesetz ist deshalb auch auszugsweise im Anhang dieses Buches abgedruckt.

In §§ 22, 23 KUG steht: Wenn der Journalist Personenbilder (1) veröffentlichen will, ist grundsätzlich die Einwilligung der Abgebildeten (2) erforderlich. Ausnahmsweise darf er auf eine Einwilligung verzichten, wenn es sich um ein Bild oder Video aus dem Bereich der Zeitgeschichte handelt (3) oder um Personen, die als „Beiwerk" wie z.B. in einer Landschaftsaufnahme (4) oder als Teilnehmer einer Versammlung oder Veranstaltung (5) abgebildet sind. Wenn hierdurch allerdings *berechtigte Interessen* der Abgebildeten (6) verletzt werden, können die Abgebildeten die Veröffentlichung ihrer Fotos und Filmaufnahmen auch in diesem Fall untersagen.[349]

Zu 1. Personenbilder

Ist auf einem Foto oder in einer Filmsequenz eine Person individuell erkennbar, liegt ein Personenbildnis vor. Dann benötigt der Journalist grundsätzlich die Einwilligung des Abgebildeten, wenn er dieses Bild veröffentlichen will. Hauptsächlich ist der Mensch an seinen Gesichtszügen zu erkennen. Viele Journalisten legen deshalb einen schmalen Balken über die Augenpartie des Abgebildeten oder „pixeln" dessen Kopf, wenn der Betroffene unerkannt bleiben will. Doch das allein reicht häufig nicht aus, um jemanden unkenntlich zu machen. Selbst wenn die Gesichtszüge grafisch verwischt werden, kann der Abgebildete anhand seiner Statur, Oberkörper, Haltung, Händen, Narben, Muttermale, Tattoos oder seines Haarschnitts etc. identifiziert werden. Für die meisten Gerichte reicht es aus, wenn der Betroffene Anlass zur Annahme hat, dass er auf einem Bild oder Video von einem mehr oder minder großen Bekanntenkreis identifiziert werden kann.

Wichtig

Die Verpixelung eines Gesichts zur Anonymisierung einer Person ist unzureichend, wenn Stirn, Haaransatz, Ohren sowie Mund- und Kinnpartie sichtbar bleiben.[350]

Eine Person kann auch durch einen dem Bild beigefügten Text erkennbar werden. So können konkrete Angaben zum Wohnort, zur Arbeitsstelle oder zum sozialen Umfeld des Betroffenen dazu führen, dass er zumindest von seinem näheren Bekanntenkreis identifiziert wird.[351]

Besonders sorgfältig muss der Journalist intime Bilder, also z.B. **Nacktfotos** bearbeiten. Bei Nacktaufnahmen sind die Gerichte sehr streng. Es genügen den Richtern oft nur geringste Anhaltspunkte, um eine individuelle Erkennbarkeit des Fotografierten oder Gefilmten, also ein Personenbildnis zu bejahen.

Besonderheit Fernsehen, Online und Social Media: Wenn eine Person in Videosequenzen unerkannt bleiben will, reichen grafische Veränderungen im Kopfbereich nicht aus. Manchmal ist der Betroffene aufgrund seiner eigentümlichen Sprache oder Stimme zumindest für dessen engen Familien- und Freundeskreis identifizierbar. Deswegen ist es sicherer, auch die Stimme zu verfremden oder nachsprechen zu lassen.

Zu 2. Einwilligung des Abgebildeten

Da niemand dulden muss, dass sein Gesicht ohne triftigen Grund in den Medien zu sehen ist, benötigt der Journalist grundsätzlich eine Einwilligung, will er Fotos oder Filmsequenzen, auf denen Gesichter zu erkennen sind, veröffentlichen. Wichtig ist, dass grundsätzlich alle auf einem Foto erkennbaren Personen einer Veröffentlichung zustimmen müssen, es sei denn, das Bild zeigt eine Menschenmenge. Die Einwilligungserklärung ist dabei nicht an eine bestimmte Form gebunden. Sie kann vor, während oder nach der Aufnahme ausdrücklich oder durch schlüssiges, also stillschweigendes Verhalten, z.B. durch ein spontanes Straßeninterview erklärt werden. Eine stillschweigende Zustimmung zur Veröffentlichung seines Bildnisses ist auch darin zu erkennen, dass sich jemand bewusst ins Bild drängt.

Davon zu unterscheiden sind Fotos, die jemand auf der eigenen Homepage oder auf einer sozialen Plattform wie z.B. auf Facebook öffentlich zur Schau stellt. Hier erteilt die betroffene Person nur die Einwilligung, dass die Besucher der Seite das Foto betrachten dürfen, soweit nicht besondere Umstände hinzukommen.[352] Ohne ausdrückliche Einwilligung des Betroffenen darf deshalb niemand solche Fotos für seine Zwecke nutzen.[353]

Kommt es zum Streit, muss der Verbreiter des Personenbildnisses beweisen, dass der Abgebildete mit der Veröffentlichung einverstanden war. Dabei ist derjenige im Vorteil, der dem Gericht eine schriftliche Einwilligungserklärung vorlegen kann.

Hat der Abgebildete ein **Honorar** erhalten, wird vermutet, dass er die erforderliche Einwilligung erteilt hat.[354] Das bedeutet, dass der Betroffene beweisen muss, dass er trotz Entlohnung nicht mit der Veröffentlichung seines Bildnisses einverstanden war.

Wirksam ist eine Einwilligungserklärung nur dann, wenn der Abgebildete sie freiwillig, also ohne jeden Zwang und im Vollbesitz seiner geistigen Kräfte abgegeben hat. Steht der Betroffene unter Schock wie z.B. ein **Unfallopfer** oder unter **Alkoholeinfluss** oder ist er in anderer Weise erkennbar verwirrt, kann er nicht wirksam in die Veröffentlichung seiner Abbildungen einwilligen.[355] Dasselbe gilt auch, wenn der Betroffene überrumpelt wird oder sich in einer **Drucksituation** befindet, selbst wenn er mit dem Journalist spricht oder sich den Kameras stellt. In dieser Situation befindet sich der Betroffene z.B. dann, wenn ein Fernsehteam die Polizei bei einer unangemeldeten Vernehmung begleitet.

Unzulässig ist es auch, wenn der Journalist den Abgebildeten über die Verwendung seiner Bilder täuscht oder im Unklaren lässt. Hat z.B. ein Chirurg auf Anfrage eines Fernsehjournalisten bereitwillig und ausführlich Auskunft über seine erfolgreichen Schönheitsoperationen gegeben und wird er in der Fernsehsendung wider Erwarten als „Abzocker" dargestellt, kann er seine Einwilligungserklärung anfechten. Der Anfechtungsgrund wird im Gesetz als **arglistige Täuschung** bezeichnet.[356] Rechtlich hat die „Anfechtungserklärung" zur Folge, dass das Bildmaterial ohne Einwilligung rechtswidrig, also in unzulässiger Weise veröffentlicht wurde.[357] Die unerfreuliche Konsequenz davon ist, dass der Betroffene *Schadensersatzansprüche* gegen den Journalisten geltend machen kann.

Ist der Abgebildete noch nicht volljährig, also keine 18 Jahre alt, sind die Einwilligungserklärungen beider Elternteile bzw. aller Sorgeberechtigten erforderlich, wenn der Medienschaffende kein rechtliches Risiko eingehen will. Sofern das abgebildete Kind über 14 Jahre alt ist, muss der Journalist zusätzlich die Zustimmung des Minderjährigen einholen.

Muster

für eine Einwilligungserklärung der Eltern:

Wir *(Namen der Eltern)* sind damit einverstanden, dass von unserem Kind *(Name des Kindes)*, geboren am *(Geburtsdatum des Kindes)*, folgende Bilder / Videosequenzen *(möglichst konkret beschreiben)* hergestellt werden. Das Bildmaterial soll für folgende Zwecke *(einmalig oder wiederholt)* veröffentlicht werden: *(möglichst detailliert aufführen, z.B. zur Bebilderung eines Artikels mit folgendem Thema ..., für eine Sendung zum Thema ..., für das Internetangebot ... zum Thema ...).*

Datum, Unterschriften *(beider Eltern), (Kind, soweit 14 Jahre und älter)*

Die Einwilligung der Eltern reicht indessen nicht aus, wenn die Kinder von den (Bild-)Journalisten „beschäftigt" werden. Davon kann man ausgehen, wenn Szenen gestellt und geprobt werden, wenn auf das Verhalten der Kinder durch (Regie-)Anweisungen Einfluss genommen wird oder wenn es bei den aufgezeichneten Film- oder Videosequenzen nicht nur um spontane Lebensäußerungen des Kindes geht. Bevor Kinder bei den Medien beschäftigt werden dürfen, muss dies bei den jeweils zuständigen Aufsichtsbehörden wie z.B. dem Amt für Arbeitsschutz beantragt und genehmigt werden.[358] Ein Kind im Sinne des Jugendarbeitsschutzgesetzes ist, wer noch nicht 15 Jahre alt oder noch vollzeitschulpflichtig ist. Unter Einhaltung bestimmter Bedingungen wie z.B. Betreuung und Beaufsichtigung, dürfen Kinder über drei Jahre bei Rundfunk-, Film- oder Fotoaufnahmen mitwirken.[359] Details hierzu erfährt der Journalist auch bei den jeweiligen Jugendämtern.

Wenn der Abgebildete gestorben ist, benötigt der Journalist bis zehn Jahre nach dessen Tod für eine Veröffentlichung die Einwilligung der Angehörigen, meistens des Ehegatten und der Kinder.[360]

Wichtig

Kommt es zum Streit, muss der Journalist vor Gericht beweisen, dass der Abgebildete mit der Veröffentlichung von Bildern und Videosequenzen einverstanden war. Deswegen empfiehlt sich eine kurze schriftliche Einwilligungserklärung, soweit die mündlich geäußerte Zustimmung nicht elektronisch aufgezeichnet werden kann. Bei Kindern und Jugendlichen ist die Einwilligung beider Elternteile erforderlich. Werden Kinder von den Medien „beschäftigt", sind bei den jeweils zuständigen Aufsichtsbehörden wie den Ämtern für Arbeitsschutz zusätzlich Genehmigungen einzuholen. Unwirksam ist die Einwilligungserklärung, wenn sie der Betroffene nicht freiverantwortlich abgegeben hat, er also z.b. unter Alkoholeinfluss oder unter Schock stand oder wenn er über die Verwendung des Bildmaterials irrte. In der Praxis klärt deshalb der Journalist den Abgebildeten über die konkrete Verwendung des Bildmaterials, also über den Umfang, die Art (z.B. Glosse) und den Zweck der Berichterstattung auf.

Soweit der Abgebildete stillschweigend einwilligt, erstreckt sich die Zustimmung zur Veröffentlichung seines Bildnisses nur auf das konkrete aktuelle Ereignis, in dessen Zusammenhang das Foto oder die Videosequenz hergestellt worden ist. Wenn also z.b. eine junge Frau auf einer Verbrauchermesse mit einem Glas Bier in der Hand für die Fotografen posiert, erklärt sie dadurch stillschweigend ihre Zustimmung zur Verbreitung der Fotos zum Zwecke der aktuellen Berichterstattung. Die Veröffentlichung desselben Fotos in anderem Zusammenhang, z.B. in Verbindung mit einem Artikel, der sich mit alkoholkranken Frauen auseinandersetzt, wäre von der stillschweigenden Einwilligung hingegen nicht gedeckt. Wenn ein Journalist ein Personenfoto mehrfach, in unterschiedlicher Weise und für verschiedene Zwecke nutzen will, braucht er dafür die ausdrückliche Zustimmung des Betroffenen. Nur wenn der Abgebildete die *Rechte an seinem eigenen Bild* vollständig überträgt, kann man die Fotos zu jedem beliebigen Zweck nutzen. Deswegen wird der Journalist mit dem Betroffenen vereinbaren, dass er die konkret bezeichneten Fotos oder Videosequenzen sachlich, zeitlich und örtlich frei verwenden und veröffentlichen darf.

Muster

für eine Vereinbarung zur Nutzung eines Personenbildnisses:
Hiermit willige ich *(Name des Betroffenen, bei Minderjährigen zusätzlich Einwilligung und Unterschrift der Erziehungsberechtigten erforderlich)* ein, dass folgende Fotoaufnahmen *(möglichst konkret umschreiben)* zur beliebigen Verwendung für die Produkte des Verlags *(Name des Verlags)* in der

Zeit vom ... bis ... verwendet werden dürfen. Der Verlag ist Beschränkungen in Art und Weise der dazu gestalteten Texte nicht unterworfen. Der Verlag darf die Fotos ohne räumliche und sachliche Einschränkungen nutzen. Insbesondere erhält er das Recht zur Vervielfältigung, Verbreitung und öffentlichen Wiedergabe. Ihm steht auch das Recht zu *(z.B. die Fotos für eine Verfilmung zu nutzen, für Datenträger wie CD-ROM, CD-R oder CD-I, Kalender, Postkartenproduktion, Plakatierung ... möglichst detaillierte Aufzählung).* Ich verzichte auf Namensnennung, bin aber auch mit der Nennung meines Namens einverstanden oder mit der Verwendung eines Pseudonyms im Zusammenhang mit der Veröffentlichung meines Bildnisses. Für diese Genehmigung erhalte ich ein Pauschalhonorar von *(Euro).*

_____   _____
(Ort), den (Datum)   *(Unterschrift des Betroffenen)*

An seine unbeschränkt erteilte Einwilligung ist der Abgebildete fast immer gebunden, es sei denn, sein Gewissen lässt das nicht mehr zu. An den Widerruf einer wirksam abgegebenen Einwilligung sind hohe Anforderungen geknüpft. Die **gewandelte Überzeugung** muss so gewichtig sein, dass dem Betroffenen die weitere Verbreitung seines Personenbildnisses nicht zugemutet werden kann. So muss ein Betroffener z.B. nicht dulden, dass seine ursprünglich genehmigten Nacktaufnahmen weiter veröffentlicht werden, wenn dies mit seinen neuen religiösen Vorstellungen nicht mehr vereinbar ist. Die unerfreuliche Konsequenz eines Widerrufs ist oft, dass der Nutzungsberechtigte *Schadensersatz* verlangt.

Zu 3. Bilder und Videos aus dem Bereich der Zeitgeschichte

Keine Einwilligung benötigt der Journalist, wenn der Abgebildete im Zusammenhang mit einem *zeitgeschichtlichen Ereignis* fotografiert oder gefilmt worden ist.[361] Die Bildberichterstattung muss also ein *Ereignis von zeitgeschichtlicher Bedeutung* betreffen, das für die Öffentlichkeit so wichtig ist, dass ausnahmsweise das Recht des Betroffenen auf Achtung seiner Privatsphäre und seines Familienlebens zurücktritt. Die Redaktion muss also zwischen der *Presse- und Meinungsfreiheit* einerseits und dem *Persönlichkeitsrecht* der abgebildeten Person andererseits abwägen. Im Mittelpunkt steht das Ereignis und nicht die Person. Wenn die Redaktion ihre klassische Rolle als **„public watchdog"** wahrnimmt und durch ihre Berichterstattung zu einer Diskussion über eine Frage von allgemeinem Interesse, einer sogenannten **„debate of gerneral interest"** beiträgt, liegt meistens ein *„zeitgeschichtliches Ereignis"* vor. So darf z.B. ein Foto mit einem Polizeibeamten verbreitet werden, der mit Hilfe seines Schlagstocks eine

Sitzblockade auflöst. Dasselbe gilt für einen öffentlichen Auftritt eines Politikers z.B. bei der Einweihung eines neuen Krankenhauses.

Selbst die Veröffentlichung eines Fotos mit einem Verdächtigen einer Straftat ist zulässig, wenn die Berichterstattung das *Persönlichkeitsrecht* des Betroffenen im Verhältnis zum Informationsinteresse der Allgemeinheit nicht übermäßig belastet.[362] Das ist jedenfalls anzunehmen, wenn es sich um **gravierende Strafdelikte** mit erheblicher Bedeutung für die Allgemeinheit im Zusammenhang mit Terrorismus und organisierter Kriminalität und Kapitalverbrechen wie Mord und Totschlag handelt. So wäre die Verurteilung eines Polizisten wegen Totschlags ein *zeitgeschichtliches Ereignis*, während alltägliche Verfehlungen und Gesetzesverstöße, also Kleinkriminalität fast nie ein *zeitgeschichtliches Ereignis* dokumentieren, wenn nicht besondere Umstände hinzutreten.[363]

Selbst Bilder einer **Katastrophe,** von der viele Menschen betroffen sind, wie z.B. solche vom Debakel der Duisburger Loveparade, dokumentieren in der aktuellen Berichterstattung ein *zeitgeschichtliches Ereignis*. Auch wenn viele Menschen solche Personenbilder für unerträglich halten, so sind sie doch von hohem Interesse, um die außergewöhnliche Situation und das Ausmaß einer Katastrophe besser einschätzen zu können. Die Grenze der zulässigen Bildberichterstattung ist allerdings überschritten, wenn Personenbildnisse verbreitet werden, die den Kernbereich der *Persönlichkeitsrechte* tangieren, also wenn z.B. die Großaufnahme eines schwerstverletzten, sterbenden Opfers verbreitet oder öffentlich zur Schau gestellt wird und damit dessen Intimsphäre verletzt wird.[364]

Veranstaltungen wie z.B. **Bälle, Galas, Feste oder Vernissagen**, die unter Anwesenheit der Presse mit Prominenten gefeiert werden, sind als *zeitgeschichtliche Ereignisse* anzusehen. Entsprechendes gilt für **regionale Sportereignisse** und Straßenfeste.[365] Selbst Veranstaltungen von nur lokaler Bedeutung wie z.B. ein Mieterfest der Wohnungsbaugenossenschaft können ein *Ereignis der Zeitgeschichte* dokumentieren.[366]

Ereignisse von zeitgeschichtlicher Bedeutung können auch unterhaltende Beiträge sein, solange sie nicht nur sensationslüstern die Neugierde des Lesers oder des Zuschauers befriedigen. Letztlich muss der Journalist bei seiner (Bild-) Berichterstattung jeweils zwischen dem Informationswert für die Öffentlichkeit einerseits und dem *Persönlichkeitsrecht*, also dem Recht des Betroffenen auf Achtung seiner Privatsphäre und seinem Familienleben abwägen. Grundsätzlich gilt dabei: Je größer das *öffentliche Informationsinteresse*, umso eher muss das *Persönlichkeitsrecht* dahinter zurücktreten.

Zu 4. Personen, die Beiwerk sind

Erscheint eine oder finden sich mehrere Personen zufällig auf einem Bild oder in einem Video, benötigt der Journalist keine Einwilligung zur Veröffentlichung, wenn die zu identifizierenden Individuen im Vergleich zum eigentlichen Motiv belanglos sind. Kontrollieren kann dies der Journalist, indem er folgende Frage aufwirft: Kann die Personenabbildung entfallen, ohne dass sich der Charakter des Bildes verändert? Falls er diese Frage bejahen kann, sind die abgebildeten Personen lediglich „Beiwerk". So ist es z.b. unbedenklich, wenn Personen in einer Landschaft, in einem Gebäude oder auf einer Straße zu erkennen sind, soweit sie nicht im Mittelpunkt der Fotos oder der Videosequenz stehen. Sind hingegen die Nacktbader im Englischen Garten in München Gegenstand der Bildberichterstattung und nicht der beliebte Park, also die Landschaft, bilden die fotografierten Nudisten kein Beiwerk.[367] Unzulässig ist auch eine Veröffentlichung in bloßstellenden Situationen, z.b. von Passanten auf dem Straßenstrich.[368]

Abb. 5: Einwilligung der Abgebildeten entbehrlich, weil sie „Beiwerk" sind, also nur zufällig auf diesem Bild erscheinen (Foto: privat).

Zu 5. Personen als Teilnehmer einer öffentlichen Versammlung

Fotos und Videos von Menschenansammlungen wie **Demonstrationen,** Karnevalsumzügen und ähnlichen Vorgängen können ohne Einwilligung der Teilnehmer verbreitet werden.[369]

Will der Journalist hingegen einzelne Personen aus der Menschenmasse ablichten, braucht er zur Veröffentlichung des Bildmaterials die Einwilligung der Betroffenen, es sei denn, die so abgebildeten Menschen heben

Abb. 6: Fußballfans beim „public viewing" vor einer Großleinwand. Es handelt sich um eine „Versammlung", die ohne Einwilligung der Abgebildeten veröffentlicht werden darf (Foto: Markus Kämmerer).

sich von der Masse durch auffällige Kleidung, Schminke oder durch Transparente in der Hand ab.

Unter Juristen wird teilweise darüber gestritten, wie groß die abgebildete Menge an Personen sein muss, damit man von einer Versammlung sprechen kann. Entscheidend ist der Gesamteindruck der Abbildung. Grundsätzlich gilt, je höher die Zahl der Abgebildeten, desto unwahrscheinlicher ist es, dass sich der Focus des Betrachters auf eine einzelne Person richtet, die dadurch in ihrem *Recht am eigenen Bild* verletzt ist. Indessen muss nicht die gesamte Versammlung abgebildet werden. Es genügt, wenn auf dem Bildausschnitt der Veranstaltungscharakter erhalten bleibt.

Die Gerichte halten den Schutz für Kinder sehr hoch. Deshalb empfiehlt es sich, auch bei der Verbreitung von Bildern und Videos von **Kindergruppen**, wie z.B. bei einer Einschulung, vorher die Einwilligung sämtlicher Eltern einzuholen.

Polizisten, die eine Demonstration begleiten, gehören mit zur Versammlung und können deshalb in der Menschenansammlung fotografiert und gefilmt werden. Das Material darf ohne Einwilligung veröffentlicht bzw. verbreitet werden, es sei denn, der einzelne Polizist ist großformatig z.B. im Vordergrund abgebildet. Die Großaufnahme eines Polizisten darf nur verbreitet werden, wenn sie ein *zeitgeschichtliches Ereignis* dokumentiert, also wenn der Beamte z.b. eine Demonstration auflöst (vgl. Abb. 4 in Frage 20).

Besonderheit Fernsehen: Um nicht jeden einzelnen Zuschauer einer Fernsehsendung fragen zu müssen, ob er mit der Verbreitung seines Personenbildnisses einverstanden ist, wird dessen Einwilligung oft zusammen mit dem Kauf der Eintrittskarte über sogenannte Allgemeine Geschäftsbedingungen vereinbart.

Zu 6. Berechtigtes Interesse des Abgebildeten

Selbst wenn der Abgebildete im Zusammenhang mit einem *zeitgeschichtlichen Ereignis*, als Beiwerk oder in einer Menschengruppe fotografiert oder gefilmt worden ist, benötigt jeder Medienschaffende für die Verbreitung des Materials ausnahmsweise doch eine Einwilligung, wenn der Betroffene schutzwürdig ist, also ein *berechtigtes Interesse* daran hat, dass sein Bildnis nicht verbreitet wird.[370] So ist z.B. das Verbreiten von Bildern und Videosequenzen, die Schwerverletzte zeigen, nicht zulässig, weil sie in den Kernbereich der *Persönlichkeitsrechte*, also in die Intimsphäre eingreifen. Gleiches gilt für die Verbreitung von Bildmaterial mit schwer kranken Menschen und Toten.

Wichtig

Auf ein berechtigtes Interesse kann sich der Abgebildete berufen, wenn sein Personenbildnis:
- zu Werbezwecken benutzt wird
- gegen Fotografierverbote hergestellt wurde[371]
- durch grafische Bearbeitung manipuliert wurde
- den Kernbereich des Persönlichkeitsrechts wie z.B. intime Details tangiert[372]
- zu einer Gefährdung der abgebildeten Person führt wie z.B. bei Geheimagenten, Straftätern oder Zeugen.

Nimmt der Journalist in Kauf, dass durch seine Veröffentlichung von Fotos oder durch Verbreitung von Filmsequenzen eine Person in ihren Bildrechten verletzt wird, kann er strafrechtlich verfolgt werden, sofern der Betroffene einen Antrag stellt.[373] Entsprechendes gilt grundsätzlich auch bei der Verbreitung von Bildaufnahmen, die dem Ansehen einer Person erheblich schaden.[374] Weiterhin drohen dem Journalisten zivilrechtliche Geldansprüche.[375]

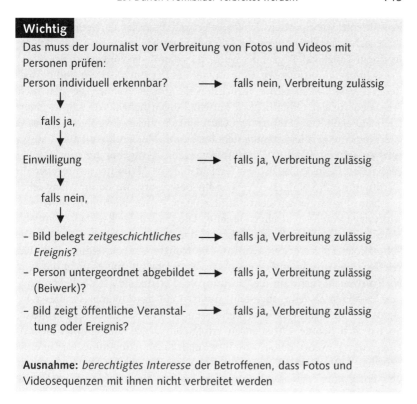

Wichtig

Das muss der Journalist vor Verbreitung von Fotos und Videos mit Personen prüfen:

Person individuell erkennbar? ⟶ falls nein, Verbreitung zulässig

↓

   falls ja,

↓

Einwilligung ⟶ falls ja, Verbreitung zulässig

↓

   falls nein,

↓

– Bild belegt *zeitgeschichtliches* ⟶ falls ja, Verbreitung zulässig
  Ereignis?

– Person untergeordnet abgebildet ⟶ falls ja, Verbreitung zulässig
  (Beiwerk)?

– Bild zeigt öffentliche Veranstal- ⟶ falls ja, Verbreitung zulässig
  tung oder Ereignis?

Ausnahme: *berechtigtes Interesse* der Betroffenen, dass Fotos und Videosequenzen mit ihnen nicht verbreitet werden

29. Dürfen Promibilder verbreitet werden?

Die Verbreitung von Bild- und Videoaufnahmen, die Prominente wie Politiker und Schauspieler in ihrer Freizeit, also im Urlaub, beim Spazierengehen oder Einkaufen zeigen, ist grundsätzlich unzulässig. Das gilt auch, wenn die Personen des öffentlichen Lebens berühmt sind, also einen hohen Bekanntheitsgrad genießen. Allein der Status als prominente Person rechtfertigt keine Bildberichterstattung über private Angelegenheiten. Das gilt selbst dann, wenn sich der Prominente im öffentlichen Raum, also z.B. in der Fußgängerzone oder als Gast bei einer öffentlichen Veranstaltung befindet. So hergestellte Aufnahmen darf jeder grundsätzlich nur für sein Privatalbum nutzen. Ein Foto, das einen berühmten Fußballer in seiner Freizeit in einer Diskothek zeigt, darf also ohne seine Zustimmung auch nicht auf öffentlichen Plattformen im Internet wie z.B. auf Facebook veröffentlicht werden. Solche Einschränkungen sind für viele Journalisten ungewohnt. In der Vergangenheit war es ihnen grundsätzlich erlaubt, über

Prominente wie Sportler, Schauspieler und Politiker zu berichten, wenn diese sich unter den Augen der Öffentlichkeit bewegten, also zum Beispiel in einem Tanzlokal. Begründet wurde dies damit, dass ein generelles *öffentliches Informationsinteresse* an prominenten Personen besteht und deshalb deren *Persönlichkeitsrechte* zurückstehen müssen, solange sie sich nicht erkennbar in der Öffentlichkeit zurückgezogen haben, wie z.B. in einem nach außen gut abgeschirmten Gartenlokal. Vielen Prominenten hat es allerdings nie gefallen, ständig den Augen der Medienöffentlichkeit ausgesetzt zu sein. So hat sich Caroline von Hannover, geborene von Monaco, erfolgreich beim Europäischen Gerichtshof für Menschenrechte über die Veröffentlichung einiger Fotos von ihr beschwert, die sie im Alltagsleben wie beim Einkaufen auf dem Markt zeigten.[376] Dies blieb nicht ohne Auswirkungen auf die deutschen Gerichte. Die großzügige Rechtsprechung bei Veröffentlichung von Promibildern ist durch ein sogenanntes „abgestuftes Schutzkonzept" verändert worden. Die frühere Unterscheidung zwischen relativen und absoluten Personen der Zeitgeschichte gibt es nicht mehr. Es wird also nicht mehr auf die (prominente) Person, die auf die Bekanntheit von Personen abzielte, abgestellt, sondern auf das Ereignis. Ist dieses Ereignis privater Natur, ist eine Verbreitung des Promibildnisses unzulässig. So hat sich Sabine Christiansen erfolgreich gegen die Veröffentlichung eines Fotos gewehrt, das sie und ihre Putzfrau beim Shopping, also in einer privaten Alltagssituation zeigt.[377] Entsprechendes gilt für die Verbreitung von Fotos oder Videosequenzen, die eine prominente Person im Urlaub wiedergeben.

Wichtig

Prüfungsschema bei Veröffentlichungen von Fotos und Filmsequenzen:

Stufe 1: Einwilligung

Die Bekanntheit einer Person ist noch keine Rechtfertigung für eine Bildberichterstattung, selbst wenn sich die prominente Person in der Öffentlichkeit, beispielsweise beim Shoppen oder im Urlaub befindet. Will der Journalist darüber berichten, braucht er die Einwilligung des Betroffenen.

Stufe 2: Zeitgeschichtliches Ereignis

Ausnahmsweise kann der Journalist auf die Zustimmung des Prominenten verzichten, wenn die Bildberichterstattung ein *zeitgeschichtliches Ereignis* dokumentiert, d. h. wenn der Informationswert der Aufnahme schwerer wiegt als das Interesse des Betroffenen, nicht abgebildet zu werden. So hat z.B. der Bundesgerichtshof entschieden, dass die Erkrankung des damals regierenden Fürsten von Monaco ein Ereignis von *öffentlichem Interesse* ist und die Presse deshalb auch bildlich darüber berichten darf, wie die

Tochter und der Schwiegersohn zu dieser Zeit Urlaub machen. Begründet wurde dies damit, dass die Abbildung nicht die Absicht verfolgte, indiskrete Blicke in das Urlaubsverhalten der Abgebildeten zu werfen, sondern die Tatsache dokumentierte, dass die Prinzessin in St. Moritz Winterurlaub machte, während ihr Vater im Sterben lag.[378]

Stufe 3: Berechtigtes Interesse
Dokumentieren Fotos oder Filmsequenzen gegebenenfalls im Zusammenhang mit der Wortberichterstattung ein *zeitgeschichtliches Ereignis*, muss der Prominente dennoch keine Verbreitung des Film- und Bildmaterials dulden, wenn er ein *berechtigtes Interesse* hat, dass es nicht zu einer Veröffentlichung kommt. Ein berechtigtes Interesse liegt vor, wenn der Betroffene durch Verbreitung des Bildnisses im Kernbereich seiner Persönlichkeit verletzt wäre, wie bei Aufnahmen, die ihn in intimen Situationen zeigen, also z.B. als nackte oder als schwer erkrankte Person oder wenn manipulierte Fotoaufnahmen einen falschen Eindruck von seiner Person erwecken.[379]

Eine prominente Person muss es grundsätzlich nicht hinnehmen, dass ohne ihre Zustimmung mit ihrem Namen und Foto geworben wird.[380]

Abb. 7: Gegen diese Veröffentlichung wehrte sich Dieter Thomas Heck zu Recht: Sein Foto und Name wurden gegen seinen Willen für eine Werbeanzeige für Billigprodukte verwendet, die damit sein Persönlichkeitsrecht in schwerwiegender Weise verletzte.

Fall

Offener Vollzug[381]

Der bekannte Schauspieler S wurde wegen Betrugs zu einer mehrjährigen Haftstrafe verurteilt und sitzt deshalb seine Strafe seit zwei Wochen im offenen Strafvollzug ab, d. h. dem Inhaftierten wird erlaubt, das Gefängnis zu bestimmten Zeiten zu verlassen. Eine Boulevardzeitung veröffentlicht ein Bild, das S zwei Wochen nach Haftantritt zeigt, wie er das Gefängnis verlässt und in ein Auto steigt. Das Bild wird mit folgendem Text überschrieben: „Hier schlendert S in die Freiheit". Der zugehörige Artikel beschäftigt sich mit der Frage, ob S als Prominenter im Knast bevorzugt wird. S will nicht, dass solche Aufnahmen von ihm erneut veröffentlicht werden. Zu Recht?

In der Praxis wird eine Prüfung nach dem oben im Text aufgeführten Schutzkonzept empfohlen:

Stufe 1: Einwilligung

S zählt als bekannter Schauspieler zu den prominenten Persönlichkeiten des öffentlichen Lebens. Das allein rechtfertigt noch keine Verbreitung von Fotos, die ihn beim Verlassen des Gefängnisses zeigen, selbst wenn die Aufnahmen in der Öffentlichkeit vor den Toren der Anstalt gemacht worden sind. Da S mit der Veröffentlichung der Bilder nicht einverstanden ist, dürfen sie nicht ein weiteres Mal verbreitet werden, es sei denn Stufe 2 ist zu bejahen.

Stufe 2: Zeitgeschichtliches Ereignis

Gegen den Willen von S darf das Bild nur veröffentlicht werden, wenn es ein *zeitgeschichtliches Ereignis* dokumentiert, das gewichtiger ist als eine Persönlichkeitsrechtsverletzung des inhaftierten Akteurs. Das könnte hier zu bejahen sein, weil die Bildberichterstattung im Text die Frage aufwirft, ob ein Prominenter im Strafvollzug begünstigt wird. Diese Fragestellung ist von *öffentlichem Interesse für die Allgemeinheit*. Die Zeitung nimmt mit ihrer Bildberichterstattung eine wichtige Funktion als „öffentlicher Wachhund" wahr, die hier wichtiger erscheint als das *Persönlichkeitsrecht* des S. Das Bild darf also weiterhin veröffentlicht werden, wenn nicht Stufe 3 zu bejahen ist.

Stufe 3: Berechtigtes Interesse

Ungeachtet des *zeitgeschichtlichen Ereignisses*, welches der bebilderte Artikel dokumentiert, muss S eine Veröffentlichung der Aufnahmen ausnahmsweise nicht dulden, wenn er ein *berechtigtes Interesse* an der Nichtveröffentlichung hat. Als *berechtigtes Interesse* könnte er vortragen, dass die Öffentlichkeit erneut über sein Fehlverhalten informiert wird, was ihn an einer *Resozialisierung*, also an einer gesellschaftlichen Wiederein-gliederung hindert und damit sein *Persönlichkeitsrecht* gravierend verletzt. Dieser Argumentation kann entgegengehalten werden, dass er seinen Strafvollzug 14 Tage vor Veröffentlichung angetreten hat und ihm deshalb eine Berichterstattung (noch) zuzumuten ist.

Ergebnis
S kann also nicht verhindern, dass die von ihm kritisierten Fotos zum jetzi-gen Zeitpunkt erneut veröffentlicht werden.

Sind Wort- und Bildberichterstattung miteinander kombiniert, muss sie der Journalist im Zusammenhang bewerten. Ein an sich unzulässiges Bild-nis einer Person kann durch den beigefügten Text zulässig werden.[382]

Wenn die Wortberichterstattung allerdings keine Auseinandersetzung über ein *zeitgeschichtliches Ereignis*, also über eine Frage von öffentlichem Interesse zu leisten vermag, ist eine Abbildung der betroffenen Person unzulässig.[383]

Fall

Die minderjährige Eisprinzessin[384]

Ein wöchentlich erscheinendes Boulevardmagazin veröffentlicht ungefragt drei Bilder über die 11-jährige Tochter von Caroline von Hannover, also über Alexandra, die an einem Eiskunstlauf-Turnier „III. Pokal von La Garde" teilnahm. Aufgemacht wird der Artikel mit der Überschrift: „Prinzessin Caroline: Ihr Neuer ist für Tochter Alexandra schon wie ein Papa". Der darunter befindliche Text lautet wie folgt:

„Beim Eiskunstlauf-Turnier um den „III. Pokal von La Garde" verzauber-te die 11-jährige Tochter von Caroline und Ernst August nicht nur das Publikum, sondern auch einen Italiener, der kaum von Mamas Seite wich. Fast schwerelos glitt sie über die Bahn, drehte anmutig ihre Pirouetten. Die Zuschauer im Eisstadion der französischen Kleinstadt Toulon waren ent-zückt. Eine echte Prinzessin trat bei ihrem Turnier, dem „III. Pokal von La Garde", an und stellte sich den Konkurrentinnen: Alexandra von Hannover (11). In ihrem glitzernden dunkelvioletten Kostüm machte das Mädchen eine fabelhafte Figur – bei der Bewegung ging ein bewunderndes Raunen durch das Publikum. Mitten unter den Gästen: Prinzessin Caroline von Hannover (54), die Mutter der Eisprinzessin. Hingabe. Aufgeregt griff sie nach ihrer Kamera und hielt die artistischen Einlagen ihrer Tochter für das Familienalbum fest. Rührend. Als das Mädchen vorbeifuhr, warf die stolze Mama einen Blumenstrauß auf die Eisbahn. Einziger Wehrmutstropfen für Alexandra: Vater Ernst August (56) war nicht im Stadion, um sich den

Auftritt seiner Tochter anzuschauen. Doch ein anderer Mann erfüllte seine Rolle als Ersatz mit Bravour: Gerard Faggionato (50). Einsatz. Der attraktive Italiener wich kaum von der Seite der strahlenden Caroline und sah sich auch die zauberhafte Kür von Alexandra mit Begeisterung an. Wie ein stolzer Papa stand er auf der Tribüne und bewunderte das große Talent der kleinen Eisprinzessin. Aber wie würde das Urteil der Punktrichter ausfallen? Skandal. Leider wurde Alexandra die offizielle Anerkennung verweigert. Am Ende sprang mit 9,37 Punkten nur Platz 11 heraus – von 13 Teilnehmerinnen. Gewonnen hat A. S. mit 16,43 Punkten. Nachvollziehen konnte Alexandras schlechte Platzierung niemand. Wollte die strenge Jury mit ihrem fragwürdigen Urteil demonstrieren, dass sie keine Promi-Punkte verteilt? Wurde Alexandra womöglich ihre Berühmtheit zum Verhängnis? Alexandra war die Siegerin der Herzen. Zum Glück zählte am Schluss der olympische Gedanke: „Dabei sein ist alles." Und für Mama Caroline und Ersatz-Papa Gerard war sie die Siegerin der Herzen . . ."

Ist die Fotoveröffentlichung zulässig?

Ob die Verbreitung der Fotos zulässig ist, richtig sich auch hier nach dem oben erläuterten sogenannten abgestuften Schutzkonzept.

Stufe 1: Einwilligung[385]
Bildnisse dürfen nur mit Einwilligung des Abgebildeten und wenn der Abgebildete minderjährig ist, nur mit Einwilligung des oder der gesetzlichen Vertreter des Abgebildeten verbreitet werden. Da die 11-jährige Alexandra zum Zeitpunkt der Veröffentlichung minderjährig ist, benötigt der Verlag die Zustimmung ihrer Eltern, bevor er die Bilder veröffentlichen kann. Eine Einwilligung der Eltern in die Verbreitung der Fotos liegt ersichtlich nicht vor.

Stufe 2: Zeitgeschichtliches Ereignis[386]
Ausnahmsweise kann der Verlag auf eine Einwilligung verzichten, wenn eine gesetzliche Ausnahme vorliegt.[387] Da Alexandra als closeup, also im Nahbereich und nicht zufällig mit mehreren Personen abgebildet wurde, muss der Verlag vor Veröffentlichung der Bilder prüfen, ob die Berichterstattung ein zeitgeschichtliches Ereignis betrifft. Ein zeitgeschichtliches Ereignis wird dokumentiert, wenn der Informationswert der Bildberichterstattung schwerer wiegt als das Interesse der minderjährigen Alexandra nicht abgebildet zu werden. Das bedeutet, dass zwischen dem öffentlichen Informationsinteresse an der Bildberichterstattung einerseits und dem Persönlichkeitsschutz von Alexandra andererseits abgewogen werden muss. Für eine zulässige Bildberichterstattung spricht, dass das Eiskunstlauf-Turnier „III. Pokal von La Garde" regional bedeutsam ist und damit ein zeitgeschichtliches Ereignis dokumentiert. An einem öffentlichen Informationsin-

teresse fehlt es hingegen fast immer, wenn die Bildberichterstattung nur die Neugier und das Sensationsbedürfnis des Lesers befriedigen will, um so gegebenenfalls die Auflage zu „pushen". Das könnte hier durch die Art und Weise der Berichterstattung und ihre Aufmachung anzunehmen sein. Hervorgehobener Aufmacher ist nämlich nicht das Eiskunstlauf-Turnier. Aufgemacht wird der Artikel mit der männlichen Begleitung ihrer Mutter, die „für Tochter Alexandra schon wie ein Papa ist". Dennoch verliert der Artikel durch diese Gestaltung nicht den Charakter eines Berichts über ein Sportereignis. Denn im Artikel wird über das Turnier ernsthaft und sachbezogen berichtet. So informiert der die Bilder begleitende Text über Einzelheiten des Eiskunstlauf-Wettbewerbs und nennt außer Alexandra auch die Siegerin des Turniers und die von beiden jeweils erreichten Punktwerte. Diese Wortberichterstattung wird durch die veröffentlichten Fotos illustriert. Die Fotos sind damit kontextbezogen und zeigen die Klägerin während ihres Eiskunstlaufes beim betreffenden Turnier. Die Art und Weise der Berichterstattung, also ihre „reißerische" Aufmachung unterliegt der publizistischen Freiheit, solange der Artikel sowohl hinsichtlich der Wort- als auch hinsichtlich der Bildberichterstattung einen ausreichenden Bezug zum Turnier also zum zeitgeschichtlichen Ereignis hat.

Die Verbreitung der Fotos ist somit zulässig, da sie ein zeitgeschichtliches Ereignis dokumentieren. Etwas anderes gilt nur dann, wenn Alexandra auf Stufe 3 ein berechtigtes Interesse geltend machen kann.

Stufe 3: Berechtigtes Interesse[388]

Trotz einer Bildberichterstattung über ein zeitgeschichtliches Ereignis ist die Verbreitung der drei Fotos unzulässig, wenn sich Alexandra auf ein berechtigtes Interesse berufen kann. Das ist u. a. dann der Fall, wenn durch die Veröffentlichung der Bilder der Kernbereich des Persönlichkeitsrechts von Alexandra verletzt wäre.[389] Nach ständiger Rechtsprechung sind Kinder in der Entfaltung ihrer Persönlichkeit und in ihrer spezifischen Beziehung zu ihren Eltern besonders schutzbedürftig. Dies wird damit begründet, dass sich Kinder nur dann ungehindert in ihrer Persönlichkeit entwickeln, wenn sie sich unbeobachtet von den Medien in der Öffentlichkeit bewegen können. Das gilt auch und gerade für Kinder, deren Eltern wie im vorliegenden Fall prominent sind. Bei dem Eiskunstlauf-Event setzen sich Alexandra und auch ihre „Eltern" bzw. Begleitpersonen bewusst der Öffentlichkeit und damit den Bedingungen öffentlicher Auftritte aus. Bei sportlichen Wettkämpfen wie bei einem Eiskunstlauf-Turnier sind Foto- und Videoaufnahmen heute üblich, auch wenn sie kein Großereignis sind und nur in einer begrenzten Öffentlichkeit stattfinden. Die abgedruckten Fotos und der dazugehörige Text beschäftigen sich hauptsächlich mit dem Sportereignis, sodass nicht ersichtlich ist, warum durch die Veröffentlichung der

drei Bilder die kindgerechte Entwicklung von Alexandra gestört sein sollte. Mithin kann sich die minderjährige Alexandra ausnahmsweise nicht auf ein berechtigtes Interesse an der Nichtveröffentlichung der Fotos berufen.
   Die Verbreitung der drei Fotos ist damit zulässig.

Abb. 8: Freizeit Revue vom 16.02.2011

Wichtig

Prominente müssen sich nicht gefallen lassen, dass Bild- und Filmaufnahmen, die sie in privaten Situationen in der Öffentlichkeit, wie z.B. beim Radfahren in der Natur oder im Urlaub zeigen, veröffentlicht werden. Hingegen ist eine Bild- und Wortberichterstattung zulässig, wenn sie ein *zeitgeschichtliches Ereignis* dokumentiert, also einen Informationswert für die Allgemeinheit hat. Viele Journalisten versuchen deshalb, ihre Fotos, die Prominente im Alltag zeigen, rechtlich sicher zu machen, indem sie einen Text über einen Sachverhalt beifügen, der von öffentlichem Interesse, also gesellschaftlich relevant ist. So darf beispielsweise über den bekannten Fußballspieler in der Diskothek bildlich berichtet werden, wenn in der dazugehörenden Wortberichterstattung die im öffentlichen Informationsinteresse liegende Frage aufgeworfen wird, ob eine Party in der Nacht vor dem Qualifikationsspiel den Erfolg der Mannschaft gefährden könnte.

Der Schutz des *allgemeinen Persönlichkeitsrechts* reicht bei der Bildberichterstattung weiter als bei der reinen Wortberichterstattung. Details hierzu finden Sie in Antwort auf Frage 21.

30. Dürfen Bilder von Gebäuden verbreitet werden?

Außenaufnahmen von Gebäuden und Häusern dürfen urheberrechtlich betrachtet ohne Zustimmung des Architekten medienübergreifend in allen Offline- und Onlinemedien veröffentlicht werden, wenn sie von öffentlicher Straße, also nicht von einem Privatgrundstück aus und ohne Hilfsmittel wie Leiter, Teleobjektive oder Hubschrauber fotografiert oder gefilmt worden sind. Diese sogenannte **Panoramafreiheit** gilt auch für urheberrechtlich geschützte Kunstwerke, die sich *dauerhaft* an öffentlichen Wegen und Plätzen befinden. So steht es in § 59 Abs. 1 Urheberrechtsgesetz (UrhG), der aufgrund der hohen praktischen Bedeutung im redaktionellen Alltag im Anhang abgedruckt ist.

Wichtig

Gegenstände, die jedermann von der Straße aus sehen kann, dürfen mit dem Blick eines Fußgängers ungefragt fotografiert, gedreht und in allen Medien verbreitet werden. Dasselbe gilt auch für urheberrechtlich geschützte Werke, die nicht nur vorübergehend, sondern dauerhaft in Szene gesetzt sind.

Der Bildjournalist muss sich für seine Aufnahmen aber einen Standpunkt wählen, der allgemein zugänglich ist. Es ist rechtlich betrachtet ein Unterschied, ob der Fotograf oder Kameramann seine Aufnahmen *auf* oder *vor* einem Grundstück macht. Werden Bauten und Parkanlagen von einem Platz außerhalb des Grundstücks fotografiert oder gedreht, kann dies vom Grundstückeigentümer oder vom Hausrechtsinhaber nicht verboten werden. Das gilt selbst dann, wenn die so hergestellten Filmsequenzen oder Fotos kommerziell verwertet werden.

Davon abgesehen, würde eine andere Ansicht als von der öffentlichen Straße aus die Privatsphäre, also das *Persönlichkeitsrecht* der Hausherren oder der Hausbewohner verletzen. So wäre es rechtlich unzulässig, wenn z.B. der Fotograf oder Kameramann mit einer Leiter über die Gartenhecke hinweg Aufnahmen machen und verbreiten würde.

Fall

Das Hundertwasser-Haus[390]

Ein Verlag möchte gern Fotografien eines Hundertwasser-Hauses veröffentlichen. Bei dem Haus handelt es sich um ein knallbunt bemaltes Gebäude. Um diese Fotos vom besten Standort aus zu schießen, holt sich der Fotograf die Erlaubnis eines Mieters im 3. Stock des gegenüber liegenden Hauses. Sind die Fotos zulässig?

Das Hundertwasser-Haus ist ein Kunstwerk. Da es dauerhaft dort steht, braucht der Fotograf für Aufnahmen von dem Gebäude und für deren Verbreitung grundsätzlich keine Zustimmung der Berechtigten.[391] Das gilt allerdings nicht, wenn die Fotos von einem Standort aus geschossen werden, der nicht öffentlich zugänglich ist. Wenn also der Kameramann oder Fotograf von einem Nachbargrundstück oder aus einem Hubschrauber fotografiert oder dreht, braucht er die Zustimmung des Urhebers, also des Architekten oder eines Berechtigten.

Unzulässig ist es, wenn der Journalist Fotos oder Filmsequenzen von Grundstücken, Häusern und Wohnungen mit dem Namen der Bewohner und deren Adresse verknüpft und verbreitet. Dadurch wird grundsätzlich das *Persönlichkeitsrecht* der Hausbewohner verletzt[392]. Das trifft vor allem auf Prominente zu, die sich durch eine solche Bildberichterstattung mit Angaben zum Aufenthaltsort auf ihrem Anwesen nicht mehr ungehindert bewegen können, weil sie sich von zahlreichen Zaungästen, also Schaulustigen, beobachtet fühlen und sogar teilweise regelrecht belagert werden.

Wichtig

Grundsätzlich muss sich eine prominente Person gefallen lassen, dass ihre Villa von öffentlicher Straße aus fotografiert oder gefilmt wird. Die Grenze des Zulässigen ist überschritten, wenn der Fotograf Teleobjektive benutzt oder das Anwesen aus der Luft fotografiert, weil dadurch das *Persönlichkeitsrecht* des Bewohners verletzt wird. Das gilt auch, wenn der Journalist die Wohnanschrift oder Wegbeschreibung zum Anwesen des Prominenten preisgibt. Sein Recht auf Privatheit verliert der Prominente allerdings dann, wenn er z.B. in Interviews freiwillig seinen persönlichen Aufenthaltsort offenbart.

Abb. 9: Gebäude dürfen von öffentlich zugänglichen Stellen aufgenommen werden. Anders war es, als der Reichstag im Rahmen einer Kunstaktion nur vorübergehend verhüllt war. Sollten Personen identifizierbar sein, sind sie hier „Beiwerk" (Foto: Markus Kämmerer).

31. Welche Materialien aus anderen Medien dürfen veröffentlicht werden?

Grundsätzlich dürfen Journalisten über alles berichten was passiert, selbst wenn über ein aufgegriffenes Thema schon andere Kollegen berichtet haben. In einem Urteil wurde das so ausgedrückt:

„Die Presse darf alles schreiben, sie darf nur nicht abschreiben."[393]

Der Journalist darf also für seinen eigenen publizistischen Beitrag auf sämtliche Informationsquellen zurückgreifen.

Im Unterschied dazu ist aber eine identische Übernahme fremder Materialien wie Texte oder Bilder unzulässig, wenn dadurch *Urheberrechte* verletzt werden. Urheberrechtlich geschützt sind „persönliche geistige Schöpfungen" anderer. So steht es im Gesetz.[394] Darunter fallen u. a. Texte, Bilder, Grafiken, Zeichnungen, Videos, Filme sowie Musik- und Kunstwerke, soweit sie individuell gestaltet sind. Bei publizistischen Texten ist das fast immer so, es sein denn, der Text ist sehr einfach gestaltet, wie z.B. bei kurzen Nachrichtenmeldungen oder Kurzberichten.

Abb. 10: Mangels schöpferischer Eigentümlichkeit sind kurze Meldungen wie diese aus der „Süddeutschen Zeitung" nicht geschützt.[395]

Tweets, Statusupdates und Pinnwandeinträge auf den sozialen Plattformen sind kurz und sachlich gehalten, sodass sie fast nie urheberrechtlich geschützt sind. Deshalb darf die Tageszeitung kurzgehaltene Facebook-Einträge und Tweets ohne Zustimmung der Verfasser übernehmen und z.B. drucken. Der Verlag muss sich allerdings fragen lassen ob es notwendig ist, die jeweiligen Verfasser zu nennen, es sei denn, es handelt sich um Äußerungen von Prominenten und Politikern, die einen besonderen Bezug zum Thema haben.

In allen anderen Fällen braucht der Journalist eine ausdrückliche oder stillschweigende Einwilligung, wenn er urheberrechtlich geschützte Materialien wie Texte, Bilder oder Videosequenzen aus anderen Medien, wie z.B. aus dem Internet veröffentlichen will.[396] Dasselbe gilt, wenn er solche Originalwerke bearbeiten will, indem er sie umgestaltet, Teile daraus entfernt oder hinzufügt.

Informiert ein Fernsehsender in einer ausführlichen Presseinformation über die bevorstehende Ausstrahlung einer zeitgeschichtlichen Dokumentation und übermittelt hierzu einige Bilder aus dem Film, willigt er stillschweigend ein, dass Journalisten seine Presseinfo redigieren und verwerten, sowie die dazugehörenden Bilder nutzen dürfen.

Im Unterschied dazu erlaubt die Einwilligung nicht, die Presseinformation zu entstellen, indem der Text abwertend verfälscht und die Fotos über eine Vergrößerung oder Verkleinerung hinaus digital manipuliert werden.

Wichtig

Für die identische Übernahme von publizistischen Texten und für die Verwendung von Bildern oder Videosequenzen aus anderen Medien, wie z.B. dem Internet, braucht der Journalist grundsätzlich die ausdrückliche oder schlüssige Einwilligung des Urhebers oder eines Berechtigten, der die Rechte für den Urheber wahrnimmt, wie z.B. die Verwertungsgesellschaft Wort oder die Verwertungsgesellschaft Bild-Kunst.[397] Entsprechendes gilt, wenn solche Materialien bearbeitet werden, indem z.B. aus einem Text oder aus einer Grafik Teile entfernt oder hinzugefügt werden. Ausnahmsweise braucht der Journalist keine Einwilligung des Urhebers, wenn er amtliche Werke (1), wie z.B. gerichtliche Entscheidungen, öffentliche Reden (2) oder Zeitungsartikel und Rundfunkkommentare (3) über aktuelle politische, wirtschaftliche oder religiöse Tagesfragen veröffentlicht. Urheberrechtlich zulässig ist es auch, wenn der Journalist aktuell über Tagesereignisse berichtet (4) und dabei urheberrechtlich geschützte Werke, wie z.B. Kunstwerke sichtbar werden oder wenn der Journalist zitiert (5). Aufgrund ihrer praktischen Bedeutung sind diese gesetzlichen Ausnahmebestimmungen im Anhang dieses Buches abgedruckt.

Zu 1. Amtliche Werke wie Gesetze und Urteile[398]

Wegen des Informationsbedürfnisses der Öffentlichkeit an amtlichen Werken wie Gesetzen, Verordnungen, Erlassen und anderen amtlichen Bekanntmachungen, darf sie der Journalist ganz oder teilweise veröffentlichen und verbreiten, soweit er dabei keine *Persönlichkeitsrechte* verletzt.[399] Das gilt ebenso für gerichtliche Entscheidungen wie Urteile und Beschlüsse, sowie Verwaltungsakte, also Entscheidungen der Behörden.

Nicht frei verwenden darf der Journalist staatliche Informationen, die wirtschaftliche, soziale und kulturelle Dienstleistungen, also den Bereich der Daseinsvorsorge betreffen. Dazu zählen z.B. amtliche Kartenwerke wie Stadtpläne, Landkarten und Katasterpläne.

Wichtig

Strafbar macht sich der Gerichtsreporter, wenn er eine Anklageschrift der Staatsanwaltschaft oder andere amtliche Schriftstücke aus einem Straf-, aus einem Bußgeld- oder aus einem Disziplinarverfahren ganz oder in wesentlichen Teilen wortwörtlich kundgibt, bevor sie öffentlich erörtert worden sind.[400] Das gilt jedoch nicht, wenn der Journalist den Inhalt der amtlichen Texte unter Berücksichtigung der Persönlichkeitsrechte mit eigenen Worten wiedergibt.

Zu 2. Öffentliche Reden[401]

Reden, die tagesaktuelle Ereignisse zum Inhalt haben und öffentlich vorgetragen, gesendet oder im Internet öffentlich wiedergegeben worden sind, dürfen im Rahmen der aktuellen Berichterstattung im Wortlaut in allen Offline- und Onlinemedien publiziert werden. Darüber hinaus dürfen z.B. die Reden der Vorstände einer Aktiengesellschaft aus einer nicht öffentlichen Hauptversammlung publiziert werden, wenn sie anderweitig, zum Beispiel im Internet, an die Öffentlichkeit gelangt sind. Die wörtliche Publikation einer öffentlichen Rede, die vor staatlichen Einrichtungen wie im Parlament, im Gericht[402] oder im Stadtrat gehalten worden ist, darf publiziert werden. Das gilt auch für öffentliche Reden vor kirchlichen Institutionen wie z.B. einer Synode.

Zu 3. Zeitungsartikel und Rundfunkkommentare[403]

Der Journalist darf einzelne Rundfunkkommentare von Konkurrenzsendern ausstrahlen oder einzelne Artikel aus anderen Zeitungen und Zeitschriften[404] drucken oder zum Abruf ins Internet stellen, wenn sie aktuelle Themen aus Politik, Wirtschaft und kirchlichem Leben zum Gegenstand haben und nicht mit einem Vorbehalt der Rechte wie z.B. mit dem Vermerk „Nachdruck ausgeschlossen" versehen sind. In der Praxis kommen solche Einschränkungen allerdings selten vor.[405] Rechtlich betrachtet, ist es dem Journalisten dadurch fast immer erlaubt, kurze Auszüge aus verschiedenen Zeitungsartikeln oder Rundfunkkommentaren in einer Art „Presseschau" unentgeltlich zusammenzustellen. Wenn der Journalist dagegen Artikel eines Kollegen vollständig nachdruckt oder fremde Rundfunkkommentare vollständig ausstrahlt, muss er dafür bezahlen.[406] In jedem Fall ist der Journalist verpflichtet, seine Quelle zu nennen.[407] Wenn die fremden Artikel oder Rundfunkkommentare philosophische, kulturelle oder wissenschaftliche Fragen beinhalten, dürfen sie ohne Zustimmung des Verlags oder der Sendeanstalt nicht übernommen werden.

Zu 4. Aktuelle Berichterstattung über Tagesereignisse[408]

Unbedenklich ist es, wenn der Journalist unter Quellenangabe[409] im Rahmen einer aktuellen Berichterstattung über ein Tagesereignis wie z.B. die Eröffnung einer Ausstellung informiert und dabei ein urheberrechtlich geschütztes Werk sichtbar wird.[410] Das urheberrechtlich geschützte Werk darf dabei vollständig abgedruckt, ausgestrahlt oder für den Online-Auftritt des Medienanbieters ins Netz gestellt werden. Allerdings muss sich der Journalist dabei in Zurückhaltung üben, weil das Gesetz die Verwertung solcher Werke nur in einem „durch den Zweck gebotenen Umfang", also nicht unbeschränkt erlaubt. Die Grenze des rechtlich Zulässigen ist also z.B. dann überschritten, wenn die Zeitung aus Anlass einer Ausstellungseröffnung einen großformatigen Sonderdruck ausgestellter Bilder herausgibt oder wenn ein Hörfunksender zwei längere Musikwerke von insgesamt 40 Minuten anlässlich eines Festaktes ausstrahlt.

Wichtig

Wenn der Journalist tagesaktuell über eine Ausstellungseröffnung oder über eine Neuerscheinung einer Reihe von Kunstbänden berichtet, bei der urheberrechtlich geschützte Werke wie z.B. Kunstgegenstände oder Gemälde sichtbar werden, darf er diese im Internet nicht dauerhaft zeigen. Urheberrechtlich geschützte Werke dürfen nur so lange lizenzfrei als Teil der Berichterstattung im Internet gezeigt werden, wie die Veranstaltung, auf der die Werke zu sehen sind, noch als Tagesereignis angesehen werden kann.[411] Will die Redaktion ihren Beitrag mit den Kunstwerken dauerhaft online abrufbar halten oder erneut zu einem späteren Zeitpunkt im Printmedium abdrucken, muss sie entweder entsprechende Lizenzen bei der VG Bild Kunst[412] erwerben oder auf die Wiedergabe der entsprechenden Bilder verzichten. Entsprechendes gilt für tagesaktuelle Fernsehbeiträge, die urheberrechtlich geschützte Werke zeigen und nach Ausstrahlung ins Netz gestellt werden.

Fall

Der Shitstorm

Der bekannte Schlagersänger S besuchte als Tourist Berlin und ließ dabei Fotos von sich vor Sehenswürdigkeiten und Denkmälern aufnehmen. Ein Foto zeigt ihn lümmelnd und grinsend mit Rücken und Füßen zwischen zwei Stelen des Holocaust-Mahnmals abgestützt. Er postete das Foto auf seiner Facebook-Fanseite. Dies verursachte innerhalb kurzer Zeit einen unerwartet heftigen Shitstorm und löste in verschiedenen Publikationen eine breite Diskussion in der Öffentlichkeit über die Bedeutung und den Umgang mit dem Holocaust-Mahnmal aus. Viele Fans des Schlagersängers waren über das Foto empört und empfanden es als geschmacklos. Der Verlag einer Tageszeitung möchte wissen, unter welchen Voraussetzungen er ungefragt das den Shitstorm auslösende aktuelle Foto abdrucken darf.

Abb. 11: Foto aus dem Berliner Kurier vom 02.09.2013

Jedes Bild ist urheberrechtlich geschützt, ganz gleich ob man es für ein Social-Media-Profil oder für eine Tageszeitung nutzen möchte. Auf die Qualität des Bildes kommt es dabei nicht an. Grundsätzlich braucht man deshalb für die Veröffentlichung von fremden Fotos fast immer eine Genehmigung des Fotografen oder eines Nutzungsberechtigten. Dieser Grundsatz wird ausnahmsweise u.a. dann gelockert, wenn eine Bildberichterstattung ein tagesaktuelles, die Öffentlichkeit interessierendes Thema betrifft.[413] Nur so kann die Öffentlichkeit ohne rechtliche Hürden umfassend über wichtige Tagesereignisse informiert werden. Dabei spielt es keine Rolle, ob die Bildberichterstattung in Druckmedien aller Art wie in Zeitschriften und Tageszeiten oder in einem Online-Blog erfolgt. Die unerwartete Resonanz auf das im Internet veröffentlichte Foto und die dadurch ausgelöste breite Diskussion über die Bedeutung und den Umgang mit dem Holocaust-Mahnmal ist von allgemeinem Interesse und damit ein Tagesereignis. Will der Verlag das Foto ungefragt nutzen, darf es in der Berichterstattung allerdings nicht ausschließlich nur um das Foto selber gehen. Das Bild darf lediglich im Zusammenhang mit dem aktuellen Ereignis stehen über das berichtet wird. Der Verlag muss also darauf achten, dass das Foto in der Berichterstattung nur als Beleg für das aktuelle Tagesereignis, also für den Shitstorm und für die große Diskussion über das Mahnmal dient.[414] Unter dieser Voraussetzung darf der Verlag ausnahmsweise das Foto unverändert und unter Angabe der Bildquelle ungefragt abdrucken. Dies gilt wie im vorigen Abschnitt dargestellt jedoch nur im Rahmen der Berichterstattung über aktuelles Tagesgeschehen.[415] Fraglich ist allerdings, ob der Verlag durch den Abdruck des Fotos gegen das *Recht am eigenen Bild* und damit gegen die *Persönlichkeitsrechte* des S verstoßen würde. Ohne Einwilligung des Abgebildeten darf dessen Bildnis grundsätzlich nicht veröffentlicht werden. Das gilt grundsätzlich auch für Prominente. Dadurch, dass der Sänger das Bild auf seinen Facebook-Seiten veröffentlicht hat, zeigt er sich zumindest schlüssig damit einverstanden, dass sein Bildnis von allen Besuchern seiner Fanseite im Internet angeschaut wird. Seine Einwilligung geht allerdings nicht darüber hinaus. Will also der Verlag das Bild in seiner Print-Ausgabe abdrucken, benötigt er die Einwilligung des S, falls nicht eine Ausnahme greift. Hier kann der Verlag argumentieren, dass das Foto ein *zeitgeschichtliches Ereignis* dokumentiert. Da sein Personenfoto einen Shitstorm im Netz auslöste und in der Öffentlichkeit zu einer wie bereits oben geschilderten breiten Diskussion führte, wiegt das *öffentliche Informationsinteresse* an der Verbreitung des Fotos schwerer als das *Recht am eigenen Bild* des S. Hinzu kommt, dass der Sänger erst durch die Veröffentlichung seines Bildnisses auf der Facebook-Fanpage den Shitstorm auslöste. Somit ist auch nicht ein *berechtigtes Interesse* des S verletzt.[416] Der Abdruck des Fotos ist somit unter den oben genannten Voraussetzungen als tagesaktuelles Ereignis zulässig.

Zu 5. Zitat[417]

Schließlich darf der Journalist für seine Berichterstattung unter Quellenangabe[418] kleine Stellen aus bereits veröffentlichten Texten, Filmen, Musikstücken und auf Webseiten veröffentlichten Multimediawerken wiedergeben, also zitieren. Voraussetzung ist jedoch, dass das Zitat einen Bezug zur eigenen Darstellung hat und der Erörterung dient. Daran fehlt es z.B., wenn der fremde Text-, Film- oder Musikausschnitt nur zitiert wird, um z.B. das eigene Werk zu illustrieren oder weil man als serviceorientierter Journalist seinen Lesern das Anklicken eines Links ersparen will.

Fall

Der Callboy[419]
Die Redakteurin R bereitet eine Fernseh-Talksendung zum Thema „Callboys" vor. In der Live-Sendung soll der Moderator mit einem im Studio anwesenden Callboy und einer Kundin über die käufliche Liebe sprechen. R findet eine Szene aus einem Spielfilm, in der ein Callboy mit seiner Kundin ins Gespräch kommt. R fragt ihren Chef, ob man die kurze Filmsequenz von knapp drei Minuten lizenzfrei zum kurzen „Einstieg" in die Talksendung verwenden könne, ohne in der Sendung näher darauf einzugehen.
   Ein Spielfilm ist urheberrechtlich geschützt. Sollen Teile daraus verwendet werden, muss die Zustimmung des Filmverleihers, also eine *Lizenz*, die Geld kostet, vorliegen. Ausnahmsweise darf der Journalist lizenzfrei kleine Stellen eines Films zu Zitatzwecken verwenden, wenn sie als Beleg oder Erörterungsgrundlage für sein eigenes urheberrechtliches Werk dienen. Die von R ausgesuchte Filmszene dient als Einstieg in die Live-Sendung, eine Art plakative Dekoration, damit das Interesse der Zuschauer auf die Gesprächssendung geweckt wird. Eine inhaltliche Auseinandersetzung mit der Szene im anschließenden Talk ist nicht geplant. Außerdem darf ein Zitat nur für ein eigenes urheberrechtlich geschütztes Werk verwendet werden. Eine Live-Talksendung ist grundsätzlich nur dann urheberrechtlich geschützt, wenn sie sich von alltäglichen Gesprächen abhebt. Bei einem gewöhnlichen Interview mit dem Callboy und einer seiner Kundinnen ist das nicht anzunehmen. Strahlt deshalb der Sender die kurze Filmszene aus dem Spielfilm aus, verstößt er gegen das *Urheberrecht* des Filmverleihers.[420]

Wenn der Fernsehjournalist hingegen kritisch über den Umgang der Juroren mit den Kandidaten in der Sendung „Deutschland sucht den Superstar" berichtet, darf er als Beleg für seine Erörterungen unter Quellenangabe daraus einige kurze Filmsequenzen verwenden.[421]

Ein **Hyperlink** ist kein Zitat, auch wenn er auf einen urheberrechtlich geschützten fremden Text, auf ein Foto oder auf eine Filmsequenz verweist. Deswegen ist es manchmal rechtlich sicherer einen Link zu posten und zu verbreiten, anstatt das Zitatrecht zu bemühen, zumal davon nur in gebotenem Umfang Gebrauch gemacht werden darf.[422]

Die Übernahme von kurzen **Tonfolgen** aus einem Musikstück, wie z.B. einem Schlager, ist lizenzfrei und kostenlos als Zitat nur zulässig, wenn sie als Beleg oder Erörterung eigener Ausführungen dient.

Die Produktion eines **Audio- und Videojingles** für Hörfunk, Fernsehen oder Internet erfüllt diese Voraussetzung nicht. Will der Musikredakteur also Teile aus Musikstücken für seinen Jingle nutzen, muss er dies der

Verwertungsgesellschaft GEMA[423] melden, die im Auftrag der Komponisten, Texter und Musikverleger Tantiemen, also Geld für die *Urheber* einzieht.

Im Unterschied dazu ist es vom Zitatrecht gedeckt, wenn in einer **Musikrezension** auf einer Webseite einzelne Musikzitate als Streaming-Datei eingefügt werden.

Zitiert werden dürfen grundsätzlich nur kleine Stellen aus einem fremden Werk. So wäre es z.B. unzulässig, wenn der Journalist aus einem einseitigen Text fast eine dreiviertel Seite in seine Berichterstattung übernimmt. Sein eigener Bericht muss stets im Vordergrund stehen. Ausnahmsweise darf der Journalist auch größere Teile oder ein ganzes Werk in seinen Bericht aufnehmen, wenn dies zum Verständnis erforderlich ist. So ist es z.B. rechtlich unbedenklich, wenn der Journalist ein Kunstwerk abbildet, um sich damit in seinem Bericht kritisch auseinanderzusetzen.

Die Regeln des Zitatrechts sind von allen Medienschaffenden zu beachten, die Content auf irgendeiner medialen Plattform veröffentlichen.

Besonderheit Online und Social Media: Wird ein **Screenshot** veröffentlicht und verbreitet, kann er gegen das *Urheberrecht* und gegen *Persönlichkeitsrechte* verstoßen.[424] Wenn der Journalist also seinen selbst angefertigten Screenshot mit einem urheberrechtlich geschützten Foto, einer urheberrechtlich geschützten Grafik oder einem urheberrechtlich geschützten Text twittert oder auf Facebook oder bei Google+ zeigt, verstößt er ohne Genehmigung der Rechteinhaber oder der Nutzungsberechtigten gegen das *Urheberrecht*.[425] Sind auf dem Screenshot Personen abgebildet, können auch noch *Persönlichkeitsrechte* verletzt sein. Entsprechendes gilt für eine Veröffentlichung des Screenshots im Fernsehen oder in der Printausgabe einer Zeitung oder einer Zeitschrift.

Der Erwerb eines Musikstückes z.B. über Amazon oder über iTunes berechtigt nur zu einer privaten Nutzung des Liedes. Will also z.B. eine Redaktion **Musik** für ihren kommerziellen Internetauftritt also z.B. für ihre Homepage, für ihren Podcast oder für ihre soziale Plattform nutzen, braucht sie eine entsprechende *Lizenz*. Auf der Seite der **GEMA** findet die Redaktion diverse Lizenzen für eine Online-Musiknutzung (www.gema.de). Die GEMA nimmt die Rechte der Komponisten, der Textdichter und der Verleger der Musikwerke wahr. Die GEMA erlaubt allerdings in der Regel nicht die Nutzung von Musik auf Social Media-Plattformen, weil sich Facebook & Co Nutzungsrechte an allen eingestellten Inhalten einräumen lassen.[426] Es werden im Internet jedoch auch Musikstücke von Künstlern angeboten die sich selbst vermarkten und keine Verträge mit der GEMA geschlossen haben. Bei solcher GEMA-freier Musik muss sich die Redaktion direkt an die Künstler wenden, wenn sie deren Songs im Internet nutzen will.

Abb. 12: Screenshots sind urheberrechtlich geschützt, wenn sie wie hier (ARD vom 16.09.2014) Bilder enthalten. Aber auch längere Texte oder Marken- und Firmenzeichen genießen Schutz. Der Journalist sollte sich deshalb die Nutzung von Screenshots genehmigen lassen.[427]

Über die kostenfreien **Creative-Commons-Lizenzen** (CC-Lizenzen) ist es ohne Rückfrage beim Urheber möglich, die unter dieser *Lizenz* stehenden Musikstücke im Social Webauftritt zu verwenden, solange die Symbole eine kommerzielle Nutzung nicht ausschließen.[428]

Abb. 13: Mit diesen Zeichen darf z.B. ein CC-lizenziertes Musikstück ins kommerzielle Facebook und Google+ eingebunden werden. Alle Symbole der CC-Lizenzen sind im Anhang abgedruckt und unter www.de.creativecommons.org abrufbar.

Nicht nur der instrumentale Teil eines **Musikstücks,** auch die zugrundeliegenden Texte sind als Sprachwerk geschützt. Deswegen darf ein Liedtext ohne Einwilligung des Urhebers weder in den Offline- noch in den Onlinemedien verbreitet oder öffentlich zugänglich gemacht werden. Entsprechendes gilt, wenn ein Liedtext ohne Einwilligung umgetextet, also bearbeitet wird.

In **Bilderdatenbanken** können nicht nur Redaktionen teilweise für wenig Geld Rechte für die Nutzung von Bildern erwerben. Die Allgemeinen Geschäftsbedingungen der Anbieter schreiben aber oft vor, dass man die Bilder nicht an andere lizenzieren darf. Da sich aber die meisten Social Media-Plattformen wie Facebook, Twitter, Google+ an allen hochgeladenen Inhalten Nutzungsrechte einräumen lassen, sind die Angebote der Bilderdatenbanken zumindest für die Social Web-Auftritte der Redaktionen nicht akzeptabel. Zu beachten ist ferner, dass viele Bilderdatenbanken in ihren Allgemeinen Geschäftsbedingungen eine Haftung für unberechtigt hochgeladene Bilder in ihrem Angebot ausschließen. Nutzt die Redaktion also ein Bild, das unberechtigt in der Bilderdatenbank hochgeladen wurde, muss sie mit einer Abmahnung und mit *Schadensersatzansprüchen* des Urhebers rechnen. Der gute Glaube an eine Erlaubnis zur Nutzung z.B. von Bildern, Videos, Audio und Texten schützt – urheberrechtlich betrachtet – nicht.

Marken- und Firmenzeichen, also **Logos,** darf der Journalist im Rahmen seiner Berichterstattung veröffentlichen, sofern diese der Illustration seines Beitrags dienen und keine *Schleichwerbung* darstellen.[429]

Abb. 14: Firmenlogos wie hier von „Opel" dürfen für die publizistische Berichterstattung verwendet werden. Das erlaubt die Presse- und Meinungsfreiheit.

Im Online-Journalismus ist die „Verlinkung" üblich. Soweit Inhalte im Internet frei zugänglich sind, darf jeder dahin verlinken. Die mit **Hyperlinks** zugänglich gemachten Inhalte stellen für den Nutzer einen Mehrwert dar und machen jedes Internetangebot besonders attraktiv. Für Medienschaffende ist das Setzen von Links allerdings mit rechtlichen Risiken verbunden. Enthält nämlich die verlinkte Webseite strafbare Inhalte, kann der Linksetzer strafrechtlich wegen Beihilfe und zudem zivilrechtlich zur Verantwortung gezogen werden. Ist sich der Medienschaffende nicht sicher, ob die Seiten, auf die er verlinken will gegen Strafgesetze verstoßen, sollte er einen erfahrenen Juristen zu Rate ziehen oder auf den Link verzichten. Rechtlich riskant ist es vor allem, auf terroristische oder strafrechtlich relevante pornographische Inhalte zu verlinken. Zivilrechtlich haftet jeder, wenn er auf Inhalte verlinkt, die **offensichtlich** rechtswidrig, also unzulässig sind. Das trifft oft für Video- oder MP-3-Files zu, die vielfach unberechtigt ins Netz gestellt sind und gegen *Urheberrechte* verstoßen. So wäre z.B. die Verlinkung zu einer Internetseite, auf der man aktuelle urheberrechtlich geschützte Singles aus der Hitparade kostenlos herunterladen kann, unzulässig. Bei solchen offensichtlich rechtswidrigen Inhalten haftet die Redaktion als Störer und muss im Beispielsfall damit rechnen, von Rechteinhabern der jeweiligen Musikstücke abgemahnt und in Anspruch genommen zu werden.[430] Um nicht haften zu müssen, sollte ein Medienschaffender auch nicht auf ehrenrührige Aussagen über eine andere Person oder über ein Unternehmen verlinken. Meistens kann man allerdings nicht eindeutig erkennen, ob der verlinkte Inhalt rechtswidrig ist, also z.B. gegen *Urheberrechte* verstößt. Dann muss sich auch eine Redaktion keine Sorgen machen. Sie haftet nämlich in solchen Fällen erst dann, wenn sie von der Rechtswidrigkeit des Inhalts z.B. durch den Rechteinhaber erfährt und den Link dennoch nicht von der Seite entfernt. Voraussetzung dafür ist allerdings, dass sich der Journalist nicht den gesetzten Link zu eigen macht. Es darf also nicht der Eindruck entstehen, dass der Inhalt zu dem der Link führt, vom Journalist selbst stammt.

Wichtig

So kann jeder Medienschaffende die Haftungsrisiken beim Setzen eines Links verringern:
– Er prüft die fremde Webseite auf Rechtsverstöße.[431]
– Er macht sich Inhalte der Hyperlinks nicht zu Eigen.[432]
– Er kennzeichnet externe Links als solche.
– Er verwendet möglichst keinen Frame.[433]
– Er hebt die fremden Inhalte optisch von den eigenen Inhalten ab.

Die oftmals zu lesenden „Disclaimer", also sogenannte Haftungsausschlussklauseln, die darauf hinweisen, dass der Linksetzer für eventuelle Rechtsverletzungen auf der Zielseite nicht haftet, nützen meistens nichts. Das gilt vor allem, wenn der Linksetzende die rechtswidrigen Inhalte der verlinkten Seite kennt oder sich aus dem Inhalt seiner Webseite ergibt, dass er sich damit identifiziert.

Unter den Juristen heftig umstritten ist die Frage, ob sich ein Facebook-Nutzer ein Video oder Foto zu eigen macht, wenn er es in der eigenen

Chronik teilt. Da es bereits zu Abmahnungen gekommen ist, sind auch Journalisten gut beraten, wenn sie auf das „Teilen" verzichten, wenn sie nicht selbst die Rechte an den Inhalten haben.

Das Einbinden eines fremden Videos, das sogenannte **Framing** oder **Embedding** in den eigenen Web-Auftritt ist grundsätzlich zulässig. Dies wird damit begründet, dass sich der Inhalt nicht an ein neues Publikum richtet und keine anderen technischen Mittel zur Einbindung verwendet werden.[434]

Betreibt eine Online-Redaktion in ihrem Internetauftritt **Foren**, auf denen Nutzer ungeprüft Einträge hinterlassen können, ist es nicht auszuschließen, dass dort Texte mit strafbarem Inhalt, wie z.B. *Beleidigung*en[435] oder volksverhetzende Inhalte eingetragen werden. Dafür haftet der Autor grundsätzlich selbst, wenn er zu identifizieren ist. Der Forenbetreiber haftet nur dann, wenn ihm die Rechtsverletzungen z.B. durch eine Beschwerde bekannt werden und er den Eintrag nicht innerhalb kurzer Zeit löscht.[436] Tut er das nicht, kann er in jedem Fall haftbar gemacht werden und es besteht ein Unterlassungsanspruch[437] sogar dann, wenn der Autor des Beitrags belangt werden könnte.[438]

Private E-Mails, **SMS** und sonstige **private Nachrichten**, **geschäftliche und betriebinterne Mitteilungen** und **nicht öffentliche Chats** dürfen grundsätzlich nicht gegen den Willen der beteiligten Personen veröffentlicht werden. Vertrauliche Konversation ist auch im Netz, ähnlich wie Briefe, durch das Telekommunikationsgeheimnis geschützt. Veröffentlicht werden dürfen **private Nachrichten** deshalb nur, wenn die Korrespondierenden damit einverstanden sind. Wenn es sich allerdings um Informationen von hohem Öffentlichkeitswert handelt, die einen Missstand von erheblichem Gewicht offenbaren, darf ausnahmsweise aus einem Mailwechsel zitiert werden. Voraussetzung ist also, dass es in den Mails nicht nur um Privates geht, sondern auch um politisch höchst Brisantes.[439] Auch zur Gefahrenabwehr dürfen ausnahmsweise persönliche und geheime Nachrichten veröffentlicht werden. Das ist z.B. anzunehmen, wenn eine Straftat bevorsteht oder begangen wurde oder wenn den Verbrauchern Gesundheitsschäden drohen.

32. Wann wird ein Bericht Schleichwerbung?

Berichterstattung in der Zeitung, im Rundfunk oder im Internet wird zur *Schleichwerbung*, wenn in einem Beitrag gezielt Waren, Dienstleistungen, Namen, Marken oder Unternehmen erwähnt oder dargestellt und die Leser, Zuschauer oder Hörer über den damit verfolgten Werbezweck getäuscht werden. Das gilt erst recht, wenn sich ein Journalist dafür bezahlen lässt. *Schleichwerbung* und entsprechende Praktiken sind in Deutschland rechtlich unzulässig, weil sie die journalistische Berichterstattung durch sachfremde Einflüsse der Rezipienten irreführen und weil sie wettbewerbsverzerrend in den Markt eingreifen.[440]

In der Wirtschaftsberichterstattung zum Beispiel im Zusammenhang mit **Verbraucherfragen** kommt der Journalist in der Praxis nicht an der Nennung von Produkten oder Herstellern vorbei. Dabei ist ein gewisser werblicher Effekt manchmal unvermeidlich. Die Grenze zur *Schleichwerbung* ist erst überschritten, wenn ohne besonderen journalistischen Anlass oder in unsachlicher Weise, also überschwänglich lobend oder reklamemäßig anpreisend über Produkte, Dienstleistungen oder Unternehmen informiert wird.

Fall

Der Umbau

Ein Anzeigenblatt berichtet in seinem redaktionellen Teil über die Erweiterung eines Damenbekleidungsgeschäfts. Im Artikel wird erwähnt, dass das über die Region hinaus bekannte Unternehmen längst zum Geheimtipp wurde und durch seine topaktuellen Bekleidungsstücke für jede modebewusste Frau ein absolutes „Muss" ist. Darüber hinaus weist der Artikel auf die unschlagbar günstigen Preise hin, die jeden Einkauf besonders attraktiv werden ließen. Ist der Bericht *„Schleichwerbung"*?

Der Beitrag ist rechtlich unzulässig, wenn er gegen das Verbot der *Schleichwerbung* verstößt. Grundsätzlich ist es zulässig, wenn über Produkte, Dienstleistungen oder über Unternehmen berichtet wird und sich dabei in unvermeidbarer Weise gewisse Werbeeffekte einstellen. Die Grenze zur *Schleichwerbung* ist allerdings überschritten, wenn es keinen journalistischen Anlass für eine Berichterstattung gibt oder wenn der Journalist unsachlich, also in überschwänglich lobender, reklameartiger Weise informiert, indem er z.B. Superlative verwendet. Im Unterschied zu einer Unternehmensgründung, die z.B. neue Arbeitsplätze schafft, bietet allein die Vergrößerung eines Bekleidungsgeschäfts noch keinen ausreichenden Anlass für eine umfassende Berichterstattung. Aber selbst wenn es hierfür einen journalistischen Grund gäbe, ist die Berichterstattung in oben erwähnter Form unzulässig, weil sie unsachlich ist und inhaltlich weit über die Information der Erweiterung des Geschäfts hinausgeht. Die Bezeichnung des Geschäfts als „Geheimtipp", der Hinweis auf „unschlagbar günstige Preise" und das „Muss" für jede modebewusste Frau sind reklamemäßige Anpreisungen, die in einem redaktionellen Beitrag nichts zu suchen haben. Der Artikel verstößt deshalb gegen das Verbot der *Schleichwerbung* und ist wettbewerbswidrig.

Ein journalistischer Anlass für eine Berichterstattung über ein Produkt oder Unternehmen ist meistens gegeben, wenn die Information darüber im *öffentlichen Interesse* liegt. So darf der Journalist sowohl auf kulturelle Events in seinen **Veranstaltungstipps** hinweisen, als auch über **Neuerscheinungen** oder Besonderheiten wie z.B. in den Bereichen Mode, Technik und Musik. An der aktuellen Kollektion eines bekannten Modeschöpfers besteht ein *öffentliches Informationsinteresse.* Entsprechendes gilt für die Berichterstattung über ein Unternehmen, das sich von seinen Konkurrenten durch ein Alleinstellungsmerkmal, wie z.B. ein einzigartiges Produktionsverfahren, unterscheidet. Wichtig ist immer, dass die Produkte oder Unternehmen nicht unkritisch oder überschwänglich lobend, also reklamemäßig dargestellt werden.

Unbedenklich ist es hingegen, wenn der Journalist positiv über einen gemeinnützigen, also nicht auf Gewinn gerichteten **Verein**, wie z.B. „Kinder in Not e.V." informiert. Das ist deshalb rechtlich zulässig, weil solche Vereine nicht in wirtschaftlicher Konkurrenz zu den am Markt agierenden Firmen stehen.

Viele Journalisten verzichten in ihrer Berichterstattung auf eine identische Übernahme zugeleiteter **PR-Artikel, PR-Videos und PR-Audios** von Wirtschaftsunternehmen oder von staatlichen Stellen. Sie befürchten, dass das druck- oder sendefähige Material getarnte Werbung enthält und eine Veröffentlichung damit unzulässig macht. Wenn das eingegangene Material sachlich, also werbefrei gehalten ist, darf es verwendet werden, wenn es dafür einen journalistischen Grund gibt. Dabei sollte stets die Herkunft des Materials bekanntgegeben werden, damit nicht Leser, Zuschauer oder Zuhörer irrig davon ausgehen, es handele sich um redaktionell recherchiertes, unabhängiges Material.

Schleichwerbung ist es, wenn der Journalist willkürlich, also ohne journalistischen Anlass, auf einzelne **Bezugsquellen** und den Preis z.B. auch durch Hyperlinks hinweist. Anders ist es hingegen, wenn der Journalist über ein Produkt oder ein Unternehmen sachlich berichtet und in diesem Zusammenhang die Bezugsquellen für den potentiell Interessierten nennt.

Gewinnspiele, also die Auslobung von Preisen im redaktionellen Teil von Zeitungen und Zeitschriften, sind grundsätzlich zulässig. Solche Aktionen dienen vorrangig der Information und Unterhaltung und sollen die Leser an ihr Medium binden. Dabei ist es rechtlich zulässig, wenn der Journalist den Stifter des Preises nennt und den Gewinn beschreibt. Schließlich muss der Leser wissen, ob sich für ihn die Teilnahme am Gewinnspiel lohnt. Die Grenze zur *Schleichwerbung* ist überschritten, wenn der mögliche Gewinn reklameartig mit typischen Werbefloskeln unter Verwendung des vom Stifter benutzten Werbeslogans angepriesen wird. Entsprechendes gilt für Gewinnspiele im Fernsehen, im Hörfunk und im Internet.

Werden Produkte getestet, dürfen diese auch genannt oder gezeigt werden. **Warentests** sind grundsätzlich unter der Voraussetzung zulässig, dass die Untersuchung neutral, objektiv und sachkundig erfolgt.

Fall

Der Christstollen

Ein Fernsehsender lädt in der Vorweihnachtszeit wahllos drei Zuschauer, eine Hausfrau, einen Handwerker und ein Kind ins Studio ein. Den Gästen werden vor laufender Kamera die Augen verbunden. Danach werden ihnen jeweils drei Teller mit Weihnachtsstollen unterschiedlicher Hersteller vorgesetzt. Die Kandidaten sollen das Gebäck kosten und bewerten. Nachdem die Studiogäste die einzelnen Christstollen unabhängig voneinander bewertet haben, verkündet der Moderator der Sendung den besten, den zweitbesten und den schlechtesten Weihnachtsstollen unter Angabe des jeweiligen Herstellers. Ist dieser „Warentest" zulässig?

Warentests sind zulässig, wenn die zugrundeliegende Untersuchung objektiv, neutral und sachkundig ist. Die Verkostung des Weihnachtsgebäcks durch die Studiogäste ist rein subjektiv und nicht an objektiven Kriterien orientiert. Der eine mag dies, der andere das. Hinzu kommt, dass die ausgewählten Studiogäste nicht sachkundig und deshalb gar nicht in der Lage sind, die Stollen objektiv und wertneutral auf deren Qualität zu bewerten. Infolgedessen ist dieser Warentest wettbewerbswidrig und damit unzulässig.

Besonderheit Fernsehen: Wenn der Fernsehjournalist in seinen Beitrag gezielt Markenprodukte wie Autos oder Firmenlogos von Unternehmen platziert und dafür Geld oder andere Vorteile entgegennimmt, handelt er gesetzwidrig. Dies gilt selbst dann, wenn der Begünstigte keinen redaktionellen, also inhaltlichen Einfluss auf den Beitrag des Journalisten nimmt. Diese Art von *Schleichwerbung* ist unzulässig.

Besonderheit Online und Social Web: Das Verbot der *Schleichwerbung* und das Trennungsgebot zwischen redaktionellem Inhalt und Werbung gilt auch im Internet.[441] Hinzu kommen Regelungen in den Nutzungsbedingungen der sozialen Plattforminhaber, die zusätzlich von allen Medienschaffenden zu beachten sind.

In der Praxis ist es dem Journalisten oft nicht möglich, in seinem Beitrag **real existierende Werbung** auszusparen. So ist es fast unvermeidbar, dass bei einer Berichterstattung über ein Volksfest in einer totalen Einstellung irgendwo untergeordnet im Bild das Firmenlogo eines Getränkeherstellers z.B. auf Sonnenschirmen zu sehen ist. Die Grenze des Zulässigen ist allerdings überschritten, wenn durch eine motivierte Kameraführung gezielt Produkte, Marken, Logos oder Dienstleistungen möglichst groß auf dem Bildschirm erscheinen.

Abb. 15: Zulässig sind Fotos und Videos auf denen „Werbung" zur realen Umwelt gehört (Foto: Jonas Wössner).

Wichtig

Grundsätzlich darf „Werbung" aus der realen Umwelt abgebildet werden. So ist es z.B. zulässig, wenn bei einer Bildreportage über eine Verbraucherausstellung verschiedene Produkte und Transparente zu sehen sind oder Bandenwerbung beim Fußball oder bei einem Konzert in unvermeidlicher

Weise mit abgebildet wird. Wenn der Journalist diese real existierende Werbung allerdings gezielt z.B. durch entsprechende Motivwahl in seine Bildberichterstattung einbaut, betreibt er Schleichwerbung.[442]

Sechste Phase: Reaktion auf die Berichterstattung

Mit der Veröffentlichung in den online- oder offline Medien ist für den Journalisten nicht alles erledigt. Vielmehr muss nun mit Reaktionen Betroffener, möglicherweise aber auch mit strafrechtlichen Sanktionen gerechnet werden.

Von Medienberichten Betroffenen steht ein ganzes Instrumentarium an Gegenansprüchen gegen die Medien zur Verfügung, mit denen sie im Falle einer Verletzung ihrer *Persönlichkeitsrechte* reagieren können. Der Journalist muss diese möglichen Reaktionen auf seine Beiträge kennen, um Fehler möglichst schon im Vorfeld zu vermeiden, aber auch um im Ernstfall richtig reagieren zu können. Ein von Journalisten häufig gefürchteter Gegenanspruch ist der der *Gegendarstellung*, der allerdings die Interessen der Medien kaum negativ berührt. Ist die Wiedergabe einer *Gegendarstellung* daher letztlich kein Unglück, so kann sie doch in vielen Fällen vermieden werden. Hüten sollte sich der Journalist demgegenüber davor, sich strafbar zu machen. Einige Straftatbestände, die bei Medienschaffenden immer wieder Unsicherheit hervorrufen, werden kurz erläutert. Schließlich wird der Frage nachgegangen, wer innerhalb der Redaktion verantwortlich ist, wenn ein Betroffener Gegenansprüche geltend macht oder wenn die Staatsanwaltschaft behauptet, durch eine Veröffentlichung seien Straftatbestände verwirklicht worden.

In dieser Phase sind die rechtlichen Aspekte besonders intensiv, wenn auch in der Praxis des einzelnen Journalisten – hoffentlich – selten.

33. Was tun, wenn der Anwalt schreibt?

Wenn sich ein Anwalt schriftlich an eine Zeitung, an einen Sender oder einen *Telemedienanbieter* mit journalistisch gestalteten Inhalten wendet, verlangt er meistens eine *Gegendarstellung* (1), eine *Unterlassung* (2), eine *Berichtigung* (3) oder die Zahlung von Geld (4), wenn sein Mandant durch die Berichterstattung in seinen Rechten verletzt ist. Diese Ansprüche kann er einzeln oder zusammen geltend machen. Flattert das Schreiben eines Anwalts in die Redaktion, liegt es aus Gründen der „Waffengleichheit" nahe, dass sich das Medium ebenfalls von einem Juristen beraten oder vertreten lässt. Das ist grundsätzlich zu empfehlen, insbesondere wenn ein Hausjurist jederzeit greifbar ist. Die Auseinandersetzung um rechtliche Ansprüche ist dann nicht mehr Sache der Redaktion, sondern der Rechtsabteilung im Haus oder des beauftragten externen Juristen. Gleichwohl gibt es kleinere Medienunternehmen, die aus Kostengründen juristischen Beistand nur in „Notfällen" in Anspruch nehmen. Sie versuchen sich auf eigene Faust mit der Gegenseite zu einigen. Ein Verzicht auf die Hilfe eines Anwalts liegt nahe, wenn die Forderungen aus Sicht der Redaktion vollständig begründet sind. In solchen Fällen ist es in der Tat grundsätzlich die kostengünstigste Lösung, wenn die Redaktion nachgibt und die Forderung des Betroffenen erfüllt, soweit er kein Geld fordert. Ob die Ansprüche begründet sind, ist für den juristischen Laien allerdings nicht immer einfach zu beantworten.

Zu 1. Gegendarstellung

Eine *Gegendarstellung* gibt dem von einer Berichterstattung Betroffenen die Möglichkeit, seine Sicht zu den über ihn behaupteten *Tatsachenbehauptungen* der Medienöffentlichkeit mitzuteilen. Nicht selten besteht die irrige Annahme, dass ein Betroffener eine *Gegendarstellung*[443] nur dann verlangen darf, wenn in der vorangegangenen Berichterstattung eine falsche *Tatsachenbehauptung* aufgestellt worden ist. Auf den Wahrheitsgehalt der Erstmitteilung des Autors kommt es aber genauso wenig an wie auf den Wahrheitsgehalt der vom Betroffenen formulierten *Gegendarstellung*.[444] Dennoch ist die Redaktion gut beraten, wenn sie bei einem Gegendarstellungsverlangen ihr weiteres Vorgehen davon abhängig macht, ob der vorangegangene Beitrag fehlerfrei war. Bestehen daran ernsthafte Zweifel, weil z.B. die Erstmitteilung nicht durch seriöse Quellen gedeckt ist, sollte die Redaktion versuchen, sich mit dem Betroffenen gütlich zu einigen. Anstelle einer förmlichen *Gegendarstellung* kann die Redaktion dem Betroffenen beispielsweise auch den Abdruck eines Leserbriefs oder die Ausstrahlung eines Interviews anbieten. Keinesfalls ist die Redaktion verpflichtet, die *Gegendarstellung* selbst zu formulieren.

Ist eine Einigung mit dem Betroffenen nicht möglich oder besteht dieser auf der Veröffentlichung der von ihm formulierten *Gegendarstellung*, ist es empfehlenswert, wenn die Redaktion juristischen Rat einholt. Der beauftragte Jurist prüft dann umgehend, ob die *Gegendarstellung* den gesetzlichen Vorschriften entspricht. Falls ja, wird er der Redaktion empfehlen, den Text unverzüglich zu veröffentlichen, damit auf das Medienunternehmen keine gegnerischen Anwaltskosten und gerichtliche Verfahrenskosten zukommen.[445]

Zu 2. Unterlassung

Der von einer Berichterstattung unmittelbar und individuell Betroffene verlangt mit seinem *Unterlassungsanspruch*, dass ein Medium künftig nicht noch einmal so wie im vorangegangenen Beitrag berichtet. Ihm kommt es darauf an, dass z.B. nicht nochmals Unwahrheiten oder beleidigende Werturteile über ihn verbreitet werden. Er verlangt deshalb vom Medienunternehmen, dass es seine beigefügte sogenannte „**strafbewehrte Unterlassungserklärung**" unterschreibt.[446] In einem solchen Schreiben verpflichtet sich das Medium gegenüber dem Betroffenen, dass es z.B. eine bestimmte *Tatsachenbehauptung* oder eine beleidigende Äußerung künftig unterlässt und bei einem Verstoß gegen diese Verpflichtungserklärung die vereinbarte Geldsumme zahlt. Entsprechendes gilt auch für Fotos und Videosequenzen, die künftig nicht mehr veröffentlicht werden sollen.

Muster

einer Unterlassungserklärung:
Hiermit verpflichtet sich *(Name des Medienunternehmens wie Verlag, Sender, Online-Anbieter)* gegenüber *(Name des Betroffenen)*, es künftig bei Vermeidung einer Vertragsstrafe von *(z.B. 15.000 Euro)* bei jeder Zuwiderhandlung zu unterlassen, wörtlich oder sinngemäß zu behaupten, *(Name des Betroffenen)* sei an einem Banküberfall am ... in ... beteiligt gewesen, so wie dies im *(Medium: also entweder Zeitung oder Zeitschrift oder Sendung oder Online-Angebot)* am *(Datum)* geschehen ist.

_____   _____
(Ort), den (Datum)   *(Unterschrift des Vertretungsberechtigten*
                            im Medienunternehmen)

Rechtliche Voraussetzung für eine solche „strafbewehrte Unterlassungserklärung" durch das Medium ist, dass der Betroffene in seinem *Persönlichkeitsrecht* in rechtswidriger, also unzulässiger Weise verletzt wurde. Das ist der Fall, wenn der Journalist in seinem Beitrag Unwahrheiten über ihn verbreitet, Details aus dessen Privatleben offenbart, ungenehmigte Fotos veröffentlicht oder wenn er ihn beleidigt.[447]

Im Unterschied zur *Gegendarstellung* kommt es aber darauf an, ob die dem Unterlassungsbegehren zugrundeliegende *Tatsachenbehauptung* unwahr ist. Kommt es zum Prozess, weil z.B. das Medienunternehmen die „strafbewehrte Unterlassungserklärung" nicht unterschreiben will, muss der Betroffene grundsätzlich glaubhaft machen, dass die vom Journalisten aufgestellten Behauptungen unwahr sind.[448] Einen *Unterlassungsanspruch* macht der Verletzte immer dann geltend, wenn die Gefahr besteht, dass die fehlerhafte Berichterstattung wiederholt wird. Das ist fast immer so.

Davon zu unterscheiden ist die Forderung des Betroffenen, einen Bericht vor seiner Erstveröffentlichung zu untersagen. Juristen bezeichnen dieses Begehren als *„vorbeugenden Unterlassungsanspruch"*.

Fall

Der zitternde Chirurg

Redakteur R eines Wochenmagazins plant einen Beitrag über eine Operation am Hüftgelenk einer Patientin, die zu ihrem Tod geführt hat. R vermutet, dass die Erkrankte deshalb sterben musste, weil Chirurg C an Morbus Parkinson leidet und ihm deshalb in der OP die Knochenfräse abgerutscht ist. R bittet C um eine Stellungnahme. C will eine Berichterstattung um jeden Preis verhindern und reagiert mit einer *„vorbeugenden Unterlassungsklage"*. Wird er damit durchdringen?

Grundsätzlich kann sich ein Betroffener gegen die Erstveröffentlichung eines Beitrags wehren, wenn er durch die Veröffentlichung in seinen Rechten verletzt würde. Voraussetzung hierfür ist aber, dass die Veröffentlichung unmittelbar bevorsteht, also ein druck- oder sendefähiger Text vorliegt. Das gilt auch für eine unmittelbar bevorstehende Veröffentlichung im Internet. Im vorliegenden Fall recherchiert R die näheren Umstände der Operation durch C. Zu diesem Zeitpunkt ist noch völlig offen, ob der Beitrag überhaupt veröffentlicht wird und falls ja, ob C identifizierend dargestellt wird. Infolgedessen dringt C mit einer *„vorbeugenden Unterlassungserklärung"* noch nicht durch.[449]

Kommt die Redaktion zum Ergebnis, dass die vom Betroffenen verlangte *Unterlassung* begründet ist, sollte sie die Unterlassungserklärung unterschreiben, wenn sie Gerichtskosten vermeiden will.[450] Die gegnerischen Anwaltskosten für das Unterlassungsschreiben muss das betroffene Medienunternehmen allerdings tragen, soweit sich diese im Rahmen des Rechtsanwaltsvergütungsgesetzes halten. Ist sich die Redaktion nicht sicher, ob der Unterlassungsanspruch des Betroffenen rechtlich begründet ist, empfiehlt sich wiederum juristischer Sachverstand.

Besonderheit Online und Social Web: Grundsätzlich muss ein Medienunternehmen wie ein Diensteanbieter haften, wenn es zulässt, dass Nutzer auf ihrer sozialen Plattform wie auf Facebook oder im Blog ungeprüft Kommentare hinterlassen können. So finden sich in Foren, Blogs und auf den Pinnwänden der Seitenbetreiber manchmal Einträge anderer Personen, die sich anonym zu ehrenrührigen Äußerungen über Dritte verleiten lassen. Da der von der ehrenrührigen Aussage Betroffene oft den anonymen Rechtsverletzer nicht ausfindig machen kann, wendet er sich an den Seitenbetreiber, wenn er sich in seinen Rechten verletzt fühlt.[451] Zwar muss die Redaktion nicht ständig alle ihre Social-Media-Aktivitäten auf mögliche Rechtsverletzungen durch Einträge Dritter durchsuchen. Wenn die Redaktion aber auf eine Rechtsverletzung aufmerksam gemacht wird und den rechtsverletzenden Inhalt nicht unverzüglich entfernt, kann der Verletzte einen *Unterlassungsspruch* gegen den Seitenbetreiber, also den Verlag oder den Rundfunkanbieter oder den Telemedienanbieter geltend machen.[452] Davon zu unterscheiden sind ehrverletzende Äußerungen von anderen, die sich der Journalist durch Auswahl oder Kommentierung zu eigen macht. Hier haften Medienanbieter und Redakteure für fremde Äußerungen genauso wie die zitierten Personen selbst.[453]

Fall

Das Foto eines anderen

Leser L einer Tageszeitung postet ohne Einwilligung des Fotografen F dessen urheberrechtlich geschütztes Bild auf der Facebook-Fanseite einer Tageszeitung. F möchte wissen, was er dagegen unternehmen kann.

Grundsätzlich haftet der Verlag der Tageszeitung für alles, was auf seiner Facebook-Seite geschieht, also auch für den durch einen Nutzer, wie dem Leser L, eingestellten Inhalt, dem sogenannten User-generated Content. Der Verlag haftet aber erst ab dem Moment, in dem er vom rechtswidrigen Inhalt auf seiner Facebook-Fanseite erfährt und nicht darauf reagiert.[454] Erst wenn F den Verlag oder dessen Bevollmächtigten so konkret informiert, dass dieser unschwer die Rechtsverletzung bejahen kann und trotzdem nicht innerhalb der gesetzten angemessen Frist tätig wird, kann F Unterlassungs- und Schadensersatzansprüche geltend machen.[455]

Zu 3. Berichtigung

Der von einer Berichterstattung Betroffene verlangt eine *Berichtigung*, wenn er möchte, dass das Medium die vorangegangene Berichterstattung korrigiert.[456] Das kann durch einen **Widerruf** geschehen, wenn die angegriffene Behauptung vollständig unwahr ist und von der Redaktion komplett zurückgezogen wird.

In der Praxis wird aber überwiegend eine **Richtigstellung** verlangt, die sich im Unterschied zum Widerruf lediglich auf den falschen Teil einer Behauptung bezieht. Schließlich kann auch eine Ergänzung des Berichts gefordert werden, wenn dieser zwar richtig, aber unvollständig gewesen war.

Muster

einer Berichtigung in Form einer Richtigstellung:

In der *(Name des Mediums wie Zeitung, Sendung oder Online-Anbieter)* vom *(Datum)* haben wir *(im Nachrichtenblock, in der Rubrik, auf der Seite ...)* berichtet, dass die Firma *(Name der Firma)* kurz vor der Insolvenz

> steht. Dies trifft nicht zu. Richtig ist, dass die Firma derzeit finanzielle Probleme hat, die sie durch einen Großauftrag aus Amerika überwinden will.

Eine Richtigstellung kann der Betroffene auch verlangen, wenn durch eine missverständliche Berichterstattung ein falscher Eindruck von ihm entstanden ist. Darüber hinaus kann sich der Berichtigungsanspruch auf eine Ergänzung von Tatsachen beziehen. So muss ein Medium, das über die Einleitung eines strafrechtlichen Ermittlungsverfahrens berichtet, ergänzend über die Einstellung des Verfahrens berichten, damit der Betroffene keinen dauerhaften Ansehensverlust erleidet.

Einen Berichtigungsanspruch kann der Betroffene nur geltend machen, wenn er sich gegen *Tatsachenbehauptungen* im Beitrag wendet und wenn die *Berichtigung* notwendig und geeignet ist, seinen Ansehensverlust auszugleichen. Ist die vom Journalisten aufgestellte *Tatsachenbehauptung* im Kern richtig, ist es nicht notwendig, eine Ungenauigkeit zu berichtigen. Wenn also z.B. über einen Prominenten berichtet wird, der statt 55 km/h in Wirklichkeit nur 53 km/h zu schnell gefahren ist, darf das Medium ausnahmsweise eine *Berichtigung* ablehnen. Dasselbe gilt, wenn der Berichtigungsanspruch vom Betroffenen zu spät geltend gemacht wird und der zugrundeliegende Sachverhalt deshalb der Öffentlichkeit nicht mehr präsent ist. In einem solchen Fall ist eine *Berichtigung* zur Rettung des Ansehensverlusts des Betroffenen nicht mehr geeignet. Davon kann allerdings erst nach einigen Wochen oder Monaten ausgegangen werden, je nachdem welche Beachtung die Erstmitteilung gefunden hat.

Besonderheit Online und Social Media: Die Höhe einer Geldentschädigung wegen eines schwerwiegenden Eingriffs in das *allgemeine Persönlichkeitsrecht* durch eine Internetveröffentlichung ist nicht generell anders zu bemessen als eine Entschädigung für Verletzungen durch Presseveröffentlichungen.[457] Deshalb wird der umsichtige Journalist den *journalistischen Sorgfaltsregeln* in den Offline-Medien dasselbe Gewicht beimessen wie in den Online-Medien.[458]

Wichtig

Kommt die Redaktion zum Ergebnis, dass der vom Betroffenen geltend gemachte Berichtigungsanspruch in Form eines Widerrufs, einer Richtigstellung oder Ergänzung berechtigt ist, empfiehlt es sich, den Fehler freiwillig zu korrigieren. Grundsätzlich darf der Betroffene eine *Berichtigung* durch die Redaktion nicht ein weiteres Mal verlangen. Wichtig ist, dass der freiwilligen Korrektur in ihrer Aufmachung und Platzierung beim Leser, Zuschauer oder Zuhörer dieselbe Aufmerksamkeit zukommt wie der fehlerhaften Meldung. Das bedeutet, dass eine Falschmeldung auf der Titelseite nur auf der Titelseite berichtigt werden kann. Eine freiwillige *Berichtigung* erspart unnötige Anwalts- und Gerichtskosten.[459] Lässt der Verletzte trotz freiwilliger *Berichtigung* nicht locker, ist es wiederum von Vorteil, wenn sich das Medium durch einen Anwalt vertreten lässt.

Abb. 16: Beispiel für eine freiwillige Berichtigung in der Bild am Sonntag vom 26.04.2009

Zu 4. Geldzahlungsansprüche wie Schadensersatz und Geldentschädigung

Schadensersatzansprüche werden in der Praxis vor allem von Unternehmen geltend gemacht. Sie behaupten, dass ihnen durch die vorangegangene unzulässige Berichterstattung ein Geschäftsschaden entstanden sei. Kommt es zum Streit vor Gericht, muss das betroffene Unternehmen seinen Schaden dem Grunde und der Höhe nach beweisen. Verbreitet eine Redaktion fälschlicherweise z.b. die Information, dass ein Unternehmen insolvent ist, wird die betroffene Firma den dadurch entstandenen Schaden, also den entgangenen Gewinn, geltend machen. Zahlen muss das Medienunternehmen allerdings nur, wenn dem Journalisten bei seiner Berichterstattung schuldhaftes Handeln vorgeworfen werden kann. Der Journalist handelt nur schuldhaft, wenn er gegen die *journalistische Sorgfaltspflicht* verstoßen hat, ansonsten sind er und sein Medienunternehmen vor Schadensersatzforderungen geschützt.[460] Wenn der Journalist also z.b. eine behördliche Information über die vermeintliche Insolvenz eines Unternehmens veröffentlicht, handelt er nicht schuldhaft. Auf behördliche Mitteilungen darf er sich nämlich fast immer verlassen.[461]

Schuldhaftes Handeln des Journalisten ist auch Voraussetzung für den *Geldentschädigungsanspruch*, der im Sprachgebrauch der Journalisten gewohnheitsmäßig als „Schmerzensgeld" bezeichnet wird. Dieser Anspruch kann nur durch eine natürliche Person, also nicht durch eine Institution geltend gemacht werden. Geld gibt es nur, wenn der Betroffene durch die Berichterstattung in schwerer Weise in seiner Persönlichkeit oder in seiner Ehre verletzt wurde und es keine andere Möglichkeit als eine finanzielle Entschädigung gibt, um dem Betroffenen Genugtuung zu verschaffen. Wird der Betroffene vom Journalisten auf das Gröbste beleidigt, indem er ihn z.b. in seinem Beitrag als „Krüppel" bezeichnet oder veröffentlicht der Journalist ein intimes Foto ohne Einwilligung wie z.B. ein Nacktfoto, ist eine Genugtuung des Betroffenen meistens nur mit einer Geldzahlung möglich.

Anders ist es hingegen, wenn der Journalist eine falsche Tatsache über einen Betroffenen verbreitet hat. In einem solchen Fall kann er durch freiwillige Berichtigung dem Verletzten eine gewisse Genugtuung verschaffen, wenn nicht bereits der ursprüngliche Beitrag von Dritten im Internet verlinkt oder kopiert wurde. Das muss sich nämlich der Medienschaffende grundsätzlich zurechnen lassen. Mit anderen Worten hat das Ausmaß der Verbreitung im Internet Auswirkungen auf die Höhe der Geldentschädigung.[462]

Wichtig

Das „Waffenarsenal" gegen die Medienberichterstattung:

Gegendarstellung
gibt dem Betroffenen die Möglichkeit, sich zu den *Tatsachenbehauptungen*, also zu den Vorwürfen an gleicher Stelle und in gleicher Aufmachung

wie die Erstveröffentlichung zu äußern. Auf den Wahrheitsgehalt der *Gegendarstellung* kommt es nicht an.

Unterlassung
verpflichtet das Medium, seine fehlerhafte Berichterstattung nicht oder nicht nochmals zu verbreiten, damit der Betroffene nicht ein weiteres Mal in seinen Rechten verletzt wird. Im Unterschied zur *Gegendarstellung* kann man mit einer Unterlassung auch beleidigende Äußerungen, also Meinungsäußerungen verbieten.

Berichtigung
verpflichtet das Medium dazu, unwahre *Tatsachenbehauptungen* durch Widerruf, Richtigstellung oder Ergänzung zu korrigieren. Die Unwahrheit der angegriffenen Behauptung muss anders als bei der *Gegendarstellung* feststehen.

Schadensersatz / Geldentschädigung
gleicht den durch Berichterstattung eingetretenen Schaden wie z.B. den entgangenen Gewinn aus oder verschafft dem Betroffenen in Form von Geldentschädigung Genugtuung.

34. Wie kann eine Gegendarstellung vermieden werden?

Auf Grund seines *Persönlichkeitsrechts* darf grundsätzlich jeder selbst entscheiden, welche Informationen er über sich preisgeben will.[463] Deswegen darf der Einzelne den Medien nicht hilflos ausgesetzt sein. Er hat die Möglichkeit, eine unzulässige Berichterstattung über sich durch ein Unterlassungsbegehren zu verhindern. Soweit ihm dies nicht möglich ist, muss er in der Lage sein, einer Berichterstattung über seine Person in der Presse, im Rundfunk, im Internet und gegenüber Nachrichtenagenturen nach der Veröffentlichung wirksam entgegen zu treten. Dies sichert in allen Pressegesetzen und Rundfunkgesetzen der Länder das Recht auf *Gegendarstellung*.[464] Das Recht auf *Gegendarstellung* setzt aber eine *Tatsachenbehauptung* in einer vorangegangenen Berichterstattung voraus, also eine Aussage, die beweisbar ist.

Davon zu unterscheiden sind Meinungen, also reine Werturteile der Journalisten, von denen niemand sagen kann, ob sie richtig oder falsch sind. Solche Werturteile sind nicht gegendarstellungspflichtig.[465] Wenn also z.B. ein Journalist in seinem Bericht behauptet, dass die Moderatorin einer Hörfunksendung als 26-jährige ziemlich alt wirke, könnte die Betroffene in einer *Gegendarstellung* ihr Alter nach oben oder unten korrigieren. Gegen das Werturteil „alt" könnte sie aber im Wege der *Gegendarstel-*

lung nicht vorgehen. In einer *Gegendarstellung* hat also der von einer Berichterstattung Betroffene einen Anspruch darauf, dass er selbst zu Wort kommt und die Sache aus seiner Sicht darstellen darf, soweit er sich dabei auf eine **Tatsachenbehauptung** im Beitrag des Journalisten bezieht. Ob die Behauptung des Betroffenen der Wahrheit entspricht, ist dabei unerheblich, ebenso wie der Gegendarstellungsanspruch unabhängig vom Wahrheitsgehalt der Erstmitteilung besteht.

Muster

einer abdruckfähigen Gegendarstellung:

Gegendarstellung:
In der Landeszeitung L vom 20.8.2009, Seite 5, wurde unter der Überschrift „Tanzkapelle schlägt sich mit Fans" über mich behauptet, ich sei an der Schlägerei mit Fans beteiligt gewesen.
  Diese Behauptung ist unrichtig. Ich war an der Schlägerei mit Fans nicht beteiligt.

Schnorzingen, den: Unterschrift:

Es gibt also in der Redaktion keinen Grund zur Beunruhigung, wenn der Betroffene den *Tatsachenbehauptungen* im Beitrag eigene Tatsachenbehauptungen entgegenstellen will. Die zu einer *Gegendarstellung* verpflichtete Redaktion darf in einem sogenannten **„Redaktionsschwanz"** auf ihrer Darstellung beharren, indem sie z.B. folgende Aussage an die *Gegendarstellung* anhängt:

„Wir sind rechtlich zum Abdruck dieser Gegendarstellung verpflichtet. Auf den Wahrheitsgehalt der Gegendarstellung kommt es dabei nicht an."

Letztlich dient das Recht auf *Gegendarstellung* nur dazu, die Waffengleichheit zwischen dem Betroffenen und den Medien herzustellen. Diese kann im Schnellverfahren vor Gericht erzwungen werden, wenn die Redaktion die *Gegendarstellung* nicht veröffentlichen will.[466]

Der Journalist kann eine *Gegendarstellung* verhindern, indem er bereits in seiner Berichterstattung die Sichtweise des Betroffenen wiedergibt. Abwehren kann die Redaktion eine förmliche *Gegendarstellung* auch, wenn sie eine falsche *Tatsachenbehauptung* freiwillig berichtigt. Etwa so:

„Die von uns aufgestellte Behauptung, Firma F sei insolvent, ist nicht richtig. Vielmehr hat das Unternehmen seine Produktion nur vorübergehend, bis zu einem neuen Auftrag, stillgelegt."

Fall

Der Drogencampus

Ein Onlinedienst mit journalistisch-redaktionellen Angeboten veröffentlicht auf seiner Internetseite ein Bild, auf dem der Campus einer Universität zu sehen ist. In der Bildunterschrift ist vom „Drogenumschlagplatz Universität" die Rede. Student S, der auf dem Bild zu erkennen ist, ruft wütend unter Bezugnahme des im Internet veröffentlichten Fotos die Online-Redaktion an und fordert mündlich eine *„Gegendarstellung"*, weil er mit Drogen nichts am Hut hat. Darf die Online-Redaktion den Abdruck der *Gegendarstellung* verweigern?

Eine *Gegendarstellung* setzt eine veröffentlichte *Tatsachenbehauptung* voraus. Durch die Abbildung des S auf dem Campus der Universität und der Bildunterschrift „Drogenumschlagplatz Universität" entsteht beim Nutzer des Internetangebots der Eindruck, S gehöre der Drogenszene an. Dies ist eine beweisbare Tatsache, die unabhängig davon ob sie wahr ist oder nicht, grundsätzlich gegendarstellungsfähig ist.

Die Online-Redaktion muss die *Gegendarstellung* allerdings nur veröffentlichen, wenn sie vom Betroffenen schriftlich eingereicht wird und unterschrieben ist. Die fernmündliche Aufforderung des S, die Redaktion möge eine *Gegendarstellung* veröffentlichen, genügt also nicht. Außerdem trifft die Redaktion keine Rechtspflicht, eine *Gegendarstellung* für einen anderen zu formulieren. Mit anderen Worten, die Redaktion muss dem Begehren von S nicht entsprechen. Doch wahrscheinlich wird S die Sache damit nicht auf sich beruhen lassen. Schließlich ist er in seinem *Persönlichkeitsrecht* verletzt. Das kann zu rechtlichen und kostenpflichtigen Auseinandersetzungen führen. Deshalb ist die Online-Redaktion hier ausnahmsweise gut beraten, wenn sie von sich aus dem S eine Korrektur anbietet. Das kann z.B. dadurch geschehen, dass sie das Bild mit S entfernt oder ihn darauf „pixelt", also unkenntlich macht. Gleichzeitig kann sie sich an dieser Stelle im Netz dafür entschuldigen, dass durch die Veröffentlichung des Bildes der falsche Eindruck entstanden ist, dass die abgebildete Person dem Drogenmilieu zuzurechnen sei.

Neben der Schriftform und der Unterschrift muss eine *Gegendarstellung* noch weitere gesetzliche Voraussetzungen erfüllen. So darf sich z.B. der Text nur auf tatsächliche Angaben beschränken, darf grundsätzlich nicht mehr Raum einnehmen als die Erstmitteilung und darf keine strafbaren Inhalte haben. Hinzu kommt, dass der Betroffene unverzüglich, spätestens drei Monate nach der Veröffentlichung des Beitrags, seine *Gegendarstellung* geltend machen muss.[467] Sie muss zudem bei Printerzeugnissen in der nächsten noch nicht zum Druck abgeschlossenen Ausgabe in gleicher

Schriftgröße und an gleicher Stelle wie der erste Beitrag wiedergegeben werden, so dass sie die gleiche Aufmerksamkeit wie der Beitrag selbst erregt. Liegen alle Voraussetzungen vor, muss das Medium die *Gegendarstellung* kostenlos abdrucken bzw. online veröffentlichen. Wurde die Erstveröffentlichung über Social-Media-Kanäle verbreitet, muss in diesen sozialen Plattformen ebenfalls eine *Gegendarstellung* in gleicher Form erfolgen.

Gegendarstellung

zu Beitrag ‚Wegen Diskriminierung! Europol fahndet nach Helene Fischer' vom 7. September 2014.

Sie haben unter www.focus.de am 7. September 2014 in der Überschrift geschrieben:

„Europol fahndet nach Helene Fischer"

Und weiter im Fließtext:

„Der auf Krücken laufende Heimo E. behauptet: Helene hat mich ausgelacht! Und offenbar glauben ihm die Ermittler von Europol. Sie haben die Schlagerblondine jetzt wegen Diskriminierung offenbar zur Fahndung ausgeschrieben."

Hierzu stelle ich fest:
Europol fahndet nicht nach mir. Ich wurde nicht wegen Diskriminierung zur Fahndung ausgeschrieben.

Hamburg, den 10. September 2014
Helene Fischer

Helene Fischer hat Recht. *Die Redaktion.*

Abb. 17: Eine Gegendarstellung im Onlineauftritt von Focus-online. In diesem Fall räumt die Redaktion im „Redaktionsschwanz" einen Fehler ein, wodurch ein Berichtigungsanspruch des Betroffenen vermieden werden kann.

Selbst wenn eine Redaktion zu einer *Gegendarstellung* nicht verpflichtet ist, weil sie von ihrer Form oder ihrem Inhalt her nicht den gesetzlichen Vorgaben entspricht, also z.B. nicht vom Betroffenen verfasst und unterschrieben ist oder nicht fristgemäß eingegangen ist, erscheint es manchmal sinnvoll, sie dennoch zu veröffentlichen, wenn die vorangegangene Berichterstattung fehlerhaft war, also z.B. nicht belegbare Tatsachen verbreitete. Die Redaktion kann sich aber auch mit dem Betroffenen auf jede andere Art von Korrektur einigen, indem sie z.B. den Betroffenen in einem anderen Beitrag zu Wort kommen lässt oder ihre fehlerhafte *Tatsachenbehauptung* von selbst berichtigt. Solche freiwilligen Maßnahmen der Redaktion können oft aufwendige und teure Rechtsverfahren verhindern.

Besonderheit Hörfunk und Fernsehen: Bei einer Ausstrahlung im Fernsehen oder im Hörfunk stört eine von einem Sprecher verlesene *Gegendarstellung* den Programmablauf erheblich. Da ist es verständlich, dass Fernseh- und Hörfunkjournalisten nach Alternativen zur *Gegendarstellung* im laufenden Programm suchen. Sie bieten dem Betroffenen deshalb an, dass er in programmverträglicher Form z.B. in einer redaktionellen Ergänzung, in einem neuen Beitrag oder in einem Interview seinen Standpunkt darlegen darf.

35. Mit welchen Beiträgen macht sich der Journalist strafbar?

Die Veröffentlichung eines Beitrags ist strafbar, wenn sie gegen Recht und Gesetz verstößt.[468] Das ist z.B. immer der Fall, wenn der Journalist durch seine Veröffentlichung einen anderen beleidigt oder bewusst unwahre *Tatsachenbehauptungen* über ihn verbreitet, die er nicht belegen kann.[469] Entsprechendes gilt, wenn eine Redaktion vorsätzlich Bilder veröffentlicht oder Filmsequenzen ausstrahlt, die gegen das Recht am eigenen Bild des Betroffenen verstoßen.[470]

Staatliche Belange setzen den Journalisten ebenfalls Grenzen. So ist es grundsätzlich strafbar, wenn **Propagandamittel verbotener Organisationen** und Vereinigungen wie der Nationalsozialistischen Deutschen Arbeiterpartei (NSDAP) oder der sozialistischen Reichspartei (SRP) verbreitet werden.[471] Zu den Propagandamitteln gehören Schriften, sowie Bild- und Tonmaterial mit aggressiven, kämpferischen Tendenzen, die gegen die freiheitlich-demokratische Grundordnung, also gegen die vom Grundgesetz aufgestellten Prinzipien, wie der Ausschluss jeder Gewalt- und Willkürherrschaft, der Gewaltenteilung und der freien Wahlen gerichtet sind.[472]

Strafbar ist es auch, wenn der Journalist in seinem Beitrag **Kennzeichen verbotener Organisationen** wie Fahnen oder Uniformen mit Hakenkreuz oder den Hitlergruß verbreitet. Das gilt auch für die Verbreitung von Liedern bzw. Liedtexten dieser Vereinigungen. In der Praxis wird dies vor allem bei der Berichterstattung über Neonazi-Demonstrationen relevant.

Fall

Naziembleme auf dem Nachtflohmarkt

Fernsehjournalist J erhält den Hinweis, dass die Polizei in der Samstagnacht auf einem Flohmarkt eine Razzia durchführen wird, weil auf dem Trödelmarkt verschiedene Embleme der NSDAP zum Kauf angeboten werden sollen. Deswegen begibt sich J mit einem Kamerateam auf den Markt.

Der Kameramann filmt, wie die Polizei bei einigen Händlern Gegenstände mit Hakenkreuzen beschlagnahmt. J möchte wissen, ob er diese Bilder für seinen Beitrag verwenden darf.

J darf die Bilder verwenden. Zwar ist es grundsätzlich verboten, wenn der Journalist durch seine Berichterstattung Propagandamittel und Kennzeichen verbotener Organisationen wie Hakenkreuze verbreitet. Wenn solche Bilder aber im Rahmen einer geschichtlichen Berichterstattung verbreitet werden oder um über Vorgänge des aktuellen Zeitgeschehens zu informieren, ist dies ausnahmsweise zulässig. Im vorliegenden Fall dient die Berichterstattung der Kontrolle des Staates, also der Polizei bei ihrer Nachforschung im Zusammenhang mit dem Verkauf von Kennzeichen einer verbotenen Organisation, der NSDAP und der Warnung anderer Händler, mithin der Aufklärung der Bevölkerung. An dieser Berichterstattung besteht ein *öffentliches Interesse*. Deswegen ist es nicht strafbar, wenn bei der Ausstrahlung des Beitrags Hakenkreuze zu sehen sind. J muss allerdings die *Persönlichkeitsrechte* aller individuell erkennbaren Personen beachten. Jeder darf grundsätzlich selbst entscheiden, was von ihm veröffentlicht wird. Das gilt auch für die Polizeibeamten im Dienst, es sei denn, ihr Verhalten rechtfertigt ausnahmsweise eine identifizierende Berichterstattung, weil es z.B. nicht gesetzeskonform ist. Dafür sind aber in diesem Fall keine Anhaltspunkte vorhanden.

Stimmen die Polizeibeamten und die betroffenen Händler der Verbreitung ihres Bildnisses im Beitrag nicht zu, muss sie J unkenntlich machen, indem er z.B. ihre Gesichter „pixelt", um nicht ihre *Persönlichkeitsrechte* zu verletzen.

Strafbar ist es auch, wenn der veröffentlichte Beitrag durch Schriften, Abbildungen oder andere Darstellungen den Staat (Bundesrepublik Deutschland und die Länder) oder dessen Organe (Bundes- und Landesorgane) wie z.B. den Bundespräsidenten, die Regierung oder das Bundesverfassungsgericht verunglimpft, also grob beschimpft. Geschützt sind auch **staatliche Symbole** wie Flaggen, Wappen oder Hymnen.[473]

Der Journalist kann sich seiner strafrechtlichen Verantwortung nicht entziehen, wenn er in seinem Beitrag anderen die Gelegenheit gibt, den Staat zu denunzieren. Billigt er solche fremden Äußerungen und macht er sich diese in seinem Beitrag erkennbar zu Eigen, ist er selbst strafbar.[474]

Verboten ist es auch, wenn der Journalist in seinem Beitrag **Staatsgeheimnisse** offenbart, also Informationen veröffentlicht, die geheim bleiben müssen, um eine Gefahr für die äußere Sicherheit der Bundesrepublik Deutschland abzuwenden.[475] So dürfen z.B. die Medien keine militärischen Konzepte für den Verteidigungsfall veröffentlichen. Entsprechendes gilt, wenn sie über Geheimdienste und deren Methoden berichten.[476] In den Medien verboten sind darüber hinaus „volksverhetzende Äußerungen"[477], Anleitungen zu Straftaten[478] und Gewaltdarstellungen.[479]

Unter Strafe gestellt ist die teilweise oder vollständige wortwörtliche Veröffentlichung von **amtlichen Schriftstücken** aus Prozessakten von Strafverfahren, Bußgeldverfahren oder Disziplinarverfahren, solange diese nicht zuvor in einer Gerichtsverhandlung erörtert worden sind oder das Verfahren abgeschlossen ist.[480]

Besonderheit Online und Social Media: Das **Verlinken** auf strafbare Inhalte, also z.B. auf Propagandamittel verfassungswidriger Organisationen oder auf Software zur Umgehung des Kopierschutzes ist strafbar.[481] Entsprechendes gilt für das **Teilen** von Links. Dadurch hinterlässt man meist ein Vorschaubild der Seite. Die Verwendung eines Vorschaubildes ohne Zustimmung des Rechteinhabers ist ein Verstoß gegen das *Urheberrecht*. Geschieht dieser vorsätzlich, kann das sogar strafbar sein.[482] Wer sich eine ehrverletzende Äußerung eines Dritten durch Anklicken eines Like-Buttons zu eigen macht, kann sich dadurch ebenfalls strafbar machen.[483] Sogenannte **Disclaimer**, also Haftungsausschlussklauseln, bieten entgegen einer weit verbreiteten Meinung keinen Schutz gegen eine Strafbarkeit.

36. Wer haftet in der Redaktion?

1. Strafbarkeit

Grundsätzlich kann jeder feste oder freie Mitarbeiter eines Medienunternehmens bestraft werden, wenn er an einem Beitrag mitgewirkt hat, der gegen ein Strafgesetz verstößt. Strafbar macht sich ein redaktioneller Mitarbeiter allerdings nur dann, wenn ihm schuldhaftes Verhalten vorgeworfen werden kann. Dies ist bei einer unrichtigen *Tatsachenbehauptung* über einen anderen nicht zwangsläufig so. Hat nämlich der Journalist die *journalistische Sorgfaltspflicht* beachtet, handelt er nicht schuldhaft, selbst wenn sich später herausstellt, dass er einer unrichtigen Information aufgesessen war.[484] In einem solchen Fall kann der Journalist mangels Schuld trotz falscher Berichterstattung nicht bestraft werden. Ist allerdings die journalistische Sorgfaltspflicht verletzt, macht sich ein Mitarbeiter schon strafbar, wenn er am angegriffenen Beitrag mitgewirkt hat. Wenn also z.B. der Chefredakteur den Text des Autors redigiert, macht er sich neben diesem strafbar, wenn der Beitrag auch danach noch gegen ein Strafgesetz verstößt.

Für den Betroffenen ist kaum feststellbar, welche Mitarbeiter einer Zeitung, einer Sendung, eines Online-Dienstes oder auf Facebook am rechtsverletzenden Beitrag mitgewirkt haben, insbesondere wenn der Autor eines Beitrags namentlich nicht genannt ist. Das ist der Grund, warum Presse, Rundfunk und Internetanbieter gesetzlich dazu gezwungen sind, *verantwortliche Redakteure* zu bestimmen und deren Namen z.B. im Impressum oder am Ende einer Sendung aufzuführen.[485] Der **verantwortliche Redakteur** muss dafür sorgen, dass die von ihm verantworteten Beiträge nicht gegen Strafgesetze verstoßen. Kommt er dieser Verpflichtung nicht nach, macht er sich seinerseits strafbar. Deswegen muss er die Veröffentlichung von Beiträgen ablehnen, wenn er deren Inhalt für strafbar hält.

Verantwortliche Personen in Medienbetrieben wie der Chefredakteur, der Verleger oder Herausgeber, der Intendant oder der Chef eines Internetangebots können strafrechtlich grundsätzlich haftbar gemacht werden, wenn sie persönlich an der unzulässigen Berichterstattung mitgewirkt haben. Je größer der Medienbetrieb ist, umso seltener kommt dies allerdings vor.

2. Schadensersatz

Neben strafrechtlichen Folgen kann eine Falschmeldung über einen anderen auch dazu führen, dass dieser geschäftliche oder berufliche Nachteile wie entgangenen Gewinn oder Verdienstausfall erleidet. Sind in einem Beitrag geschäftsschädigende Äußerungen enthalten, kann der Schaden für ein Unternehmen in die Millionen gehen. Ein zivilrechtlicher Schadensersatzanspruch setzt allerdings wie bei der strafrechtlichen Haftung ein schuldhaftes Verhalten, also die Verletzung von *journalistischen Sorgfaltspflichten* voraus. Entsprechendes gilt, wenn der Verletzte *Geldentschädigung* für eine Berichterstattung verlangt, die ihn tief in seiner Persönlichkeit verletzt hat.[486] Der Geschädigte kann seine Geldansprüche gegenüber allen Mitarbeitern eines Medienunternehmens geltend machen, die für die Veröffentlichung des unzulässigen Beitrags mitverantwortlich sind. Praktisch bedeutet dies, dass für Geldansprüche sowohl der Verlag, der Sender oder der *Telemedienanbieter*, als auch der Abnahmeredakteur, der Ressortleiter, der Autor oder grundsätzlich der Informant für den Schaden aufkommen müssen. Auf eine individuelle Mitwirkung an einem Beitrag kommt es also im Unterschied zur strafrechtlichen Haftung nicht an. Jeder, der dem Verletzten zu Geldersatz verpflichtet ist, muss den vollen Schaden bezahlen.[487] Allerdings darf der Geschädigte seinen Schaden nur einmal verlangen.[488] Der Betroffene kann also wählen, gegen wen er vorgeht. In der Praxis werden die meisten Schadensersatzansprüche allerdings nicht gegenüber dem Journalisten, sondern gegenüber den Medienunternehmen geltend gemacht. Doch damit ist der Journalist nicht aus der Sache raus.

Fall

Frankfurt ist nicht Frankfurt

Der freie Mitarbeiter M einer überregionalen, deutschlandweit vertriebenen und im Verlag V erscheinenden Zeitung berichtet über Salmonellenerkrankungen von Gästen eines bestimmten Hotels in Frankfurt am Main. Erst nachdem der Beitrag veröffentlicht war, stellt sich heraus, dass die Salmonellen in einem gleichnamigen Hotel in Frankfurt an der Oder aufgetreten sind. Der Hotelbetreiber im hessischen Frankfurt verlangt deshalb von V den nachgewiesenen Vermögensschaden in Höhe von 20.000 Euro. Dieser ist ihm dadurch entstanden, dass aufgrund der falschen Berichterstattung zahlreiche Übernachtungen und eine große Konferenz in seinem Hotel abgesagt worden sind. V zahlt das verlangte Geld und will es von M anteilig nach dessen Verschulden zurück. Ist die Regressforderung des V rechtlich zulässig?

Ja, die Regressforderung gegenüber M ist zulässig. Grundsätzlich ist es rechtlich nicht zu beanstanden, wenn ein Verlag, ein Sender oder ein Telemedienanbieter nach geleistetem *Schadensersatz* diejenigen Mitarbeiter in Regress nimmt, die die Veröffentlichung des unzulässigen Beitrags mit verschuldet haben. Festangestellte Mitarbeiter sind dabei im Unterschied zu freien Mitarbeitern arbeitsrechtlich privilegiert. Sie müssen für Folgen aus menschlichen Unzulänglichkeiten, d.h. also für Fehler wie sie im journalistischen Alltag in unvermeidbarer Weise vorkommen, nicht bezahlen, und es darf ihnen auch nicht aus einem solchen Grund gekündigt werden. Etwas Anderes gilt nur dann, wenn der festangestellte Mitarbeiter bewusst gegen die *journalistische Sorgfaltspflicht* verstößt und die damit verbundenen Rechtsfolgen wie Schadensersatzforderungen billigend in Kauf nimmt. Außerdem ist der Arbeitgeber verpflichtet, seinem festangestellten Mitarbeiter Rechtsschutz zu gewähren, wenn es wegen dessen journalistischer Tätigkeit zu einem Prozess mit Dritten kommt. Alle diese Vorteile gelten außerhalb eines Arbeitsverhältnisses jedoch nicht. Deswegen kann M als freier Mitarbeiter von V in Regress genommen werden.

Wichtig

Ist der Journalist freiberuflich als Redakteur, Autor oder Lektor tätig, kann es schon durch eine kleine Unachtsamkeit wie bei einer Namens- oder Bildverwechslung zu *Persönlichkeitsrechtsverletzungen* kommen, die hohe finanzielle Haftungsansprüche auslösen können. Dafür muss der frei tätige

Mitarbeiter meist selbst aufkommen. Das kann zu einem finanziellen und beruflichen Desaster führen. Zu ihrer Existenzsicherung schließen deshalb vor allem freie Mitarbeiter, die enthüllenden Journalismus betreiben, eine Berufshaftpflichtversicherung ab.

3. Standesrechtliche Haftung

Unabhängig von strafrechtlichen oder zivilrechtlichen Folgen, kann der *Deutsche Presserat* einen unzulässigen Beitrag durch eine Rüge, eine Missbilligung oder einen Hinweis sanktionieren. Jede Person, jeder Verein oder jeder Verband kann sich kostenlos beim *Deutschen Presserat* über Zeitungen, über Zeitschriften und auch über journalistisch-redaktionelle Beiträge aus dem Internet beschweren. Der *Deutsche Presserat* ist hingegen nicht zuständig für Werbungen und Anzeigen, für Rundfunk, Blogs, private Internetseiten und Gegendarstellungen. Die Sanktionsmöglichkeiten des Presserats hängen nicht von einer zivilrechtlichen oder strafrechtlichen Haftung ab.[489]

Wichtig

Das haftungsrechtliche Risiko des Journalisten ist umso geringer, je strikter er sich an die *journalistische* Sorgfaltspflicht hält, also z.B. seine Quellen absichert, Informationen auf Zulässigkeit prüft, vollständig und ausgewogen berichtet und dem Betroffenen Gelegenheit zur Stellungnahme einräumt. Der gesamte Katalog der Sorgfaltspflichten und die Details sind ausführlich in der Antwort auf Frage 19 beschrieben. Diese Pflichten stehen im Mittelpunkt der täglichen Arbeit eines Journalisten und müssen von ihm verinnerlicht werden. Hält sich der Journalist konsequent daran, verringert er nicht nur sein haftungsrechtliches Risiko, sondern er liefert darüber hinaus einen qualitativ hochwertigen und seriösen Beitrag ab.

Siebte Phase: Wiederaufgreifen des Themas

Von Zeit zu Zeit erscheint es wünschenswert, über zurückliegende Ereignisse zu berichten, beispielsweise im Vergleich mit aktuellen Geschehnissen. Insoweit erleichtert das Archiv die Arbeit des Journalisten. Allerdings sind auch bei der Verwendung von Materialien aus dem Archiv rechtliche Schranken zu beachten, insbesondere die *Persönlichkeitsrechte* des Betroffenen, denen im Regelfall besonderes Gewicht zukommt, da es sich häufig nicht mehr um ein *Ereignis von zeitgeschichtlicher Bedeutung* handeln wird. Bei einem Bericht über vergangene Straftaten ist zudem das Interesse des Täters an seiner *Resozialisierung* zu berücksichtigen.

37. Wie kann Archivmaterial genutzt werden?

Das Archiv dient Journalisten in vielfältiger Weise. Hier können Themen und Fakten zu bestimmten Personen recherchiert werden. Darüber hinaus kann man auf Texte, Fotos und Videosequenzen für einen aktuellen Beitrag zurückgreifen. Letzteres ist oft mit rechtlichen Risiken verbunden. So kann die Veröffentlichung eines Bildnisses gegen *Persönlichkeitsrechte* oder gegen das *Urheberrecht* verstoßen.

Fall

Messe ist nicht gleich Messe

Der bei einem Anzeigenblatt festangestellte Journalist J hat den Auftrag, eine Bildreportage über die Eröffnung einer Tourismusbörse zu realisieren. Bei seinem Rundgang über die Messe stößt er auf ein junges, händchenhaltendes Paar A und B, das gern dazu bereit ist, am Stand eines Ausstellers vor der Kamera zu posieren. J bedankt sich und veröffentlicht dieses Foto in seinem Bericht. Zwei Jahre später erhält J von seinem Chef den Auftrag, einen Bericht über die Eröffnung einer Erotikmesse zu schreiben. Da der Veranstalter der Messe keine Fotos erlaubt, verwendet J zur Illustration seines Beitrags das alte Bild von A und B. Er wählt dabei die folgende Bildunterschrift: „Die Erotikmesse hat für alle etwas im Sortiment, die ihr Liebesleben aufpeppen wollen". B, inzwischen von A getrennt, wird von seinen Arbeitskollegen auf die Bildveröffentlichung im Anzeigenblatt aufmerksam gemacht und verspottet. B will von seinem Rechtsanwalt wissen, ob die Veröffentlichung des Bildes zulässig war.

Die Veröffentlichung des Bildes war unzulässig, weil B dadurch in seinen Rechten verletzt wurde. Grundsätzlich braucht der Journalist die Einwilligung des Abgebildeten, wenn er dessen Foto veröffentlichen will.[490] B hatte zusammen mit A auf der Tourismusbörse vor der Kamera posiert und damit schlüssig, d. h. stillschweigend, in die Veröffentlichung seines Bildnisses eingewilligt. Eine solche Zustimmung zur Veröffentlichung erstreckt sich allerdings nur auf das aktuelle Ereignis, in dessen Zusammenhang das Foto entstanden ist, also auf den jeweiligen aktuellen Verwendungszweck. Das war im vorliegenden Fall die Tourismusmesse. Hingegen lag keine Zustimmung für eine Verwendung des Fotos für die Berichterstattung über die Erotikmesse vor. Deshalb verstieß diese Veröffentlichung gegen das *Recht am eigenen Bild* des B und war damit unzulässig.

Die Veröffentlichung des Fotos samt Bildunterschrift war darüber hinaus unzulässig, weil sie eine falsche Tatsache über B verbreitet. Durch die Bildberichterstattung wird beim Leser der Eindruck erweckt, dass B zusammen mit A eine Erotikmesse besucht hat, um Artikel für ein besseres Liebesleben zu erstehen. Die Verbreitung dieser falschen Tatsache verstößt gegen das *Persönlichkeitsrecht* des B. Darüber hinaus ist diese Verbreitung ehrenrührig und damit strafbar.[491]

Die **Verwendung eines Personenbildnisses** aus dem Archiv ist für Journalisten mit einem hohen rechtlichen Risiko verbunden, es sei denn, die abgebildete Person hat ausdrücklich einer uneingeschränkten Verwendung ihres Fotos zu jedem beliebigen Zweck zugestimmt. Kommt es zum Streit über die Veröffentlichung eines Fotos, muss der Journalist vor Gericht beweisen, dass die abgebildete Person mit einer Veröffentlichung ihres Bildnisses einverstanden war. In der Praxis lassen sich die Journalisten deshalb von den Betroffenen schriftlich zusichern, dass diese mit einer sachlich, zeitlich und örtlich uneingeschränkten Nutzung ihres Fotos einverstanden sind, wenn sie das Bild mehrfach verwenden wollen. Ist eine solche Erklärung dem Archivbild nicht beigefügt, empfiehlt es sich deshalb, auf eine weitere Veröffentlichung zu verzichten, es sei denn, der Journalist „pixelt" den Betroffenen und macht ihn so unkenntlich. Entsprechendes gilt, wenn der Journalist Filmsequenzen aus dem Archiv verwenden will. Wenn der Fernsehjournalist z.B. eine alte Gerichtsszene über ein Betrugsverfahren für einen Trailer zu einer Sendung zum Thema „Gewalt gegen Kinder" nutzt, verletzt er in schwerwiegender Weise die *Persönlichkeitsrechte* der Prozessbeteiligten, soweit diese im Trailer erkennbar sind.

Ausnahmsweise braucht der Journalist die Personenbilder nicht unkenntlich zu machen, wenn das Foto oder die Filmsequenz eine große Anzahl von Menschen, z.B. bei einer Demonstration zeigt oder die Personen auf der Abbildung oder im Film nebensächlich erscheinen.[492] Dasselbe gilt für Archivmaterial, das für eine historische Dokumentation verwendet wird. In jedem Fall muss der Journalist in seinem Beitrag deutlich machen, dass es sich um Archivbilder handelt. Wenn der Journalist über ein *zeitgeschichtliches Ereignis* berichtet, darf er ein neutrales Porträtfoto oder ein anderes kontextneutrales Personenbildnis aus dem Archiv nutzen.[493] So ist es z.b. zulässig, einen Bericht über die Beförderung eines hohen Beamten mit dessen Porträtfoto aus dem Archiv zu bebildern, wenn keine aktuellen Fotos beschafft werden können.

Fall

Der Umweltskandal

Fernsehjournalist F will über ein Unternehmen berichten, das in den Verdacht geraten ist, illegal Chemikalien im nahegelegenen Fluss zu entsorgen. Auf Anfrage von F teilt der Chef des Unternehmens mit, dass er keine Filmaufnahmen auf dem Firmengelände und in den Produktionshallen duldet und gegen jede Veröffentlichung juristisch vorgehen wird. Daraufhin begibt sich F ins Fernseharchiv. Dort sind Filmsequenzen gespeichert, die von der Feier zum zehnjährigen Bestehen im vergangenen Jahr stammen und die Produktionsanlagen zeigen. F fragt, ob er dieses Material für seine aktuelle Berichterstattung zum Umweltskandal verwenden darf.

F darf das alte Filmmaterial für seine aktuelle Berichterstattung nutzen. Das kann ihm der Firmenchef nicht verbieten. Allerdings ist der Unternehmer auf Grund seines Hausrechts berechtigt, aktuelle Dreharbeiten auf seinem Firmengelände zu untersagen. Indessen kann er nicht verhindern, dass die Bildjournalisten seine Firma vom öffentlichen Weg aus fotografieren oder filmen.[494] Wenn also F von öffentlicher Straße aus das Unternehmen dreht und zusätzlich für seine aktuelle Berichterstattung Archivmaterial von den Produktionshallen nutzt, ist dies rechtlich zulässig, wenn er im Beitrag auf das verwendete Archivmaterial hinweist. Bei der Auswahl des Archivmaterials muss F auf Filmsequenzen mit individuell erkennbaren Personen verzichten oder diese unkenntlich machen. Geraten nämlich individuell erkennbare Personen durch die Berichterstattung in den unzutreffenden Verdacht, am Umweltskandal beteiligt zu sein, würden ihre *Persönlichkeitsrechte* verletzt.

Der Griff ins Archiv kann auch gegen das *Urheberrecht* verstoßen und deshalb unzulässig sein, soweit das Material nicht von festangestellten Mitarbeitern oder beim Fernsehen aus einer Eigenproduktion stammt. Texte, Fotos und Filmsequenzen sind fast immer urheberrechtlich geschützt und dürfen nur dann genutzt werden, wenn die Nutzungsrechte hierfür eingeholt worden sind. Entsprechendes gilt für Musik.[495] Anders als

z.B. bei einem Auto, nach dessen Erwerb der Käufer damit machen kann
was er will, kann der Urheber bestimmen, für welche Nutzung er seine
Genehmigung erteilt. Stimmt z.B. der Fotograf der Verwendung seines
Fotos in der Printausgabe einer Zeitung zu, heißt das noch lange nicht,
dass er mit der Veröffentlichung seines Bildes im Internet einverstanden
ist. Dem Rundfunkunternehmen kann z.b. ein Senderecht an einem Film
oder einer Filmsequenz übertragen werden, das nur eine einzige Ausstrahlung und gegebenenfalls eine Wiederholung innerhalb von 24 Stunden
erlaubt. Das Senderecht kann aber auch territorial z.b. auf eine Ausstrahlung in Europa beschränkt sein.

In sogenannten **Lizenzverträgen** werden detaillierte Vereinbarungen
über den Nutzungsumfang des bereitgestellten, urheberrechtlich geschützten Materials getroffen. Aufgrund der gesetzlichen Vorgaben sind diese
Verträge sehr umfangreich und für juristische Laien kaum durchschaubar.
Im Zweifel ist es deshalb notwendig und sinnvoll, sich professionell z.b. bei
den Kollegen im Archiv oder der Lizenzabteilung beraten zu lassen, insbesondere wenn noch Rechte, also *Lizenzen* zur Verwendung des urheberrechtlich geschützten Materials eingeholt werden müssen.

Wichtig

Archivmaterial sollte immer mit Hinweisen auf eventuelle juristische Auflagen versehen sein. Das gilt insbesondere für Unterlassungserklärungen des
Verlags bezüglich Textpassagen. Jede Veröffentlichung, die gegen eine solche rechtliche Auflage verstößt, löst hohe Geldansprüche aus.[496] Das gilt
für alle Offline- und Onlinemedien.

38. Darf über vergangene Straftaten berichtet werden?

Über frühere Straftaten darf der Journalist jederzeit berichten. Zu berücksichtigen hat der Journalist dabei allerdings den Umstand, dass jeder verurteilte Straftäter ein Recht auf *Resozialisierung*, also einen Anspruch darauf
hat, wieder in die Gesellschaft eingegliedert zu werden. Dies gelingt ihm
nur, wenn sein Name irgendwann nicht mehr in Verbindung mit der begangenen Straftat gebracht wird. Deswegen muss der Journalist bei seiner
Berichterstattung über eine vergangene Straftat den Täter grundsätzlich
unkenntlich machen. Das gilt auch für Straftäter, die wegen ihrer Aufsehen
erregenden schweren Straftat von der Gesellschaft missachtet werden. So
darf z.B. ohne aktuellen Anlass weder namentlich noch bildlich über einen
Mörder berichtet werden, der vor vielen Jahren vier Frauen umgebracht
und deren Leichen zerstückelt hat. Einen Anspruch auf Anonymisierung

hat der Straftäter selbst dann, wenn er einsitzt und seine Entlassung noch in weiter Ferne liegt.

> **Wichtig**
>
> Hat der Journalist namentlich oder bildlich über einen Beschuldigen im Strafverfahren berichtet, muss er auch über dessen Freispruch berichten, ebenso über die Einstellung des Ermittlungsverfahrens durch die Staatsanwaltschaft. Indessen hat der verurteilte Straftäter, der im Strafverfahren eine identifizierende Berichterstattung akzeptieren musste, nach Ablauf eines Strafverfahrens zunehmend den Anspruch gegenüber den Medien, unerkannt zu bleiben.[497]

In der journalistischen Praxis stellt sich die Frage, ab welchem Zeitpunkt eine identifizierende Berichterstattung über einen Straftäter verboten ist. Fest steht, dass namentlich und bildlich über den Straftäter auch noch nach dem Ende des Strafprozesses, z.B. während des Strafvollzugs berichtet werden darf.[498] Auf eine generelle fest umrissene Frist nach Monaten oder Jahren hat sich die Rechtsprechung bislang nicht festgelegt. Die Gerichte wägen zwischen dem *Informationsinteresse der Allgemeinheit* an der Person des Täters einerseits und dessen Recht auf *Resozialisierung* andererseits ab. Hierbei spielt auch eine Rolle, wie gravierend die Straftat z.B. aufgrund ihrer Brutalität war und wie neutral der Journalist darüber berichtet. Generell gilt: Je näher das Ende der Inhaftierung kommt und je länger die Straftat zurück liegt, desto gewichtiger ist der *Resozialisierungsschutz* des Straftäters. So darf der Journalist z.B. sieben Monate nach einer Verurteilung wegen Vergewaltigung über die Leiden des Opfers berichten, dabei aber den Namen des Peinigers mangels Aktualität nicht mehr nennen.[499]

Etwas Anderes gilt indessen bei der Aufarbeitung von geschichtlichem Unrecht, z.B. im Hinblick auf einen Stasi-Mitarbeiter oder auch, wenn die Medienberichterstattung der Frage nachgeht, ob ein Prominenter im Strafvollzug bevorzugt wird.[500]

Selbst eine **Haftentlassung** rechtfertigt keine identifizierende Berichterstattung über den Täter, es sei denn, er stimmt ihr zu.

In seltenen Fällen darf der Journalist über den verurteilten Straftäter namentlich und bildlich berichten, wenn es dafür einen aktuellen Anlass gibt, der so gewichtig ist, dass der Schutz des Betroffenen ausnahmsweise verdrängt wird. So darf z.B. in identifizierender Weise über einen verurteilten Straftäter und dessen frühere Straftat berichtet werden, wenn dieser **rückfällig** oder anderweitig **straffällig** geworden ist. Das gilt ebenso, wenn sich der Täter freiwillig an die Medien wendet, um sich öffentlich mit seiner Tat auseinanderzusetzen. Wird der Täter rückfällig, indem er eine

vergleichbare Tat begeht, darf der Journalist auch über die frühere, verbüß-
te Straftat informieren, wenn keine besonderen Gründe wie z.B. die Til-
gung im Strafregister, also dem Bundeszentralregister, dagegen sprechen.
Das gilt jedoch nicht, wenn der Täter in anderer Weise straffällig geworden
ist. Wird also z.b. der wegen Raub mit Todesfolge verurteilte Straftäter
später wegen Sachbeschädigung verurteilt, darf der Journalist nicht namentlich darüber berichten. Der *Resozialisierungsschutz* des Täters ist
höher zu bewerten als das öffentliche Interesse an der Berichterstattung
über eine Sachbeschädigung. Letztere darf nicht lediglich vordergründig
zum Anlass genommen werden, um die frühere Straftat noch einmal darstellen zu können.

Fall

Der aufstrebende Beamte[501]

Der Beamte B, der vor über zehn Jahren in seiner Freizeit bei einem Dieb-
stahl einer geringwertigen Sache ertappt und verurteilt worden ist, bewirbt
sich um die Stelle des stellvertretenden Kripo-Chefs in einer großen Stadt.
Die Vorstrafe ist im Bundeszentralregister gelöscht. Journalist G möchte B
in der regionalen Tageszeitung porträtieren. Bei seinen Recherchen findet
G heraus, dass B auf Grund des damaligen Strafverfahrens wegen Diebstahls in eine andere Dienststelle versetzt worden ist und dass dessen
aktuelle Bewerbung deshalb bei seinen Kollegen für großen Diskussions-
stoff sorgt. G berichtet ausführlich, namentlich und bildlich über B, über
dessen frühere Bestrafung wegen Diebstahls und über die Unruhe unter
den Kollegen. B verlangt Unterlassung und Geldentschädigung wegen
dieser Berichterstattung. Zu Recht?

B kann nur dann Unterlassung verlangen, wenn die Berichterstattung
fehlerhaft, also unzulässig war. G hat die Leser der Zeitung über die vergangene Straftat des B informiert. Dies ist unzulässig, wenn dadurch B in
seinem *Persönlichkeitsrecht* verletzt wurde. Grundsätzlich darf jeder selber
entscheiden, was über ihn veröffentlicht wird. Das gilt insbesondere für die
Berichterstattung über eine frühere Straftat. B ist nicht gefragt worden, ob
er mit der Veröffentlichung einer Berichterstattung über seine frühere
Straftat einverstanden ist. Darauf kommt es allerdings nicht an, wenn das
Interesse des Lesers an der früher begangenen Straftat höher wiegt als der
Schutz des B. Dafür spricht im vorliegenden Fall, dass sich B auf eine her-
ausgehobene Spitzenposition im öffentlichen Dienst bewirbt. Dagegen
spricht allerdings, dass die frühere Straftat relativ leicht war und viele Jahre
zurückliegt. Hinzu kommt, dass sie im Bundeszentralregister gelöscht ist.
Die Löschung einer Vorstrafe im Bundeszentralregister dient vor allem
dazu, dem Betroffenen seine Zukunftschancen nicht zu verbauen. Deswe-

gen ist das *Persönlichkeitsrecht* des B höher zu bewerten als das *Informationsinteresse der Allgemeinheit* an der früheren Straftat.

Weil der Journalist fehlerhaft berichtet hat, ist das Unterlassungsbegehren des B begründet. Daneben kann B auch *Geldentschädigung* verlangen, weil die Berichterstattung dem Ansehen seiner Person schwer geschadet hat.

Besonderheit Online und Social Media: Ist der Täter verurteilt, darf dessen Name auch bei einer journalistisch-redaktionellen Berichterstattung im Internet grundsätzlich genannt werden. Auch wenn sich das Interesse der Öffentlichkeit an der Tat und dem Täter nach und nach abschwächt, muss der Journalist den Beitrag nicht aus dem Online-Archiv entfernen.[502] Begründet wird dies damit, dass der Abruf eines nicht mehr aktuellen Berichts aus einem Online-Archiv eine deutlich geringere Breitenwirkung hat. Außerdem ist der Artikel ohne Suchmaschine nicht zugänglich. Hinzu kommt, dass aufgrund des Datums der Veröffentlichung eindeutig zu erkennen ist, dass es sich nicht mehr um einen aktuellen Bericht handelt.[503]

Wichtig

Recht auf Vergessen – Online-Archiv[504]
Weiteres Vorhalten der Meldungen zulässig:
– Meldung ist wahrheitsgemäß und sachlich ausgewogen,
– als Altmeldung erkennbar und nur durch Suchmaschine auffindbar,
– Meldung beinhaltet bedeutendes *zeitgeschichtliches Ereignis,*
– Rechercheinteresse an den unveränderten Originalberichten.

Achte Phase: Verwertung des Beitrags

Diese Phase bezieht sich auf die Möglichkeiten des Journalisten, seinen Beitrag zu verwerten. Wie der Journalist *Urheberrechte* Dritter zu wahren hat, so haben auch andere Medienschaffende seine *Urheberrechte* zu beachten. Doch gibt es darüber hinaus finanziell interessante Möglichkeiten der Rechtewahrnehmung durch Verwertungsgesellschaften.

39. Sind Beiträge der Journalisten geschützt?

Nicht nur längere Reportagen oder Essays, sondern auch einfach gestrickte Texte sind urheberrechtlich geschützt, soweit es sich nicht um kurze Schlagzeilen handelt.[505] An allen selbstverfassten Texten hat also der Journalist ein *Urheberrecht*. Ähnliches gilt auch für Bilder eines Fotojournalisten[506] und für Film- und Videosequenzen von Kameraleuten oder von Videojournalisten.[507] Als Urheber seiner Texte, Bilder und Videosequenzen hat der Journalist zwei wichtige Rechte, das sogenannte *Urheberpersönlichkeitsrecht* und das *Verwertungsrecht*.

Das **Urheberpersönlichkeitsrecht** schützt die persönliche Beziehung des Urhebers zu seinem Werk. So muss der Journalist als Urheber grundsätzlich gefragt werden, wenn jemand seinen Text oder sein Foto verändern oder entstellen will. Hinzu kommt, dass der Journalist selbst bestimmen darf, wann und von wem sein Werk veröffentlicht wird. Außerdem schützt das *Urheberpersönlichkeitsrecht* das Namensrecht des Journalisten. So kann er grundsätzlich verlangen, dass er als Autor oder Fotograf im Zusammenhang mit der Veröffentlichung seines Werks genannt wird, soweit nichts anderes vereinbart ist. In der Praxis wird sich der freie Journalist mit dem Medienunternehmen über alle diese Rechte verständigen.

Das zweite wichtige Recht des Urhebers ist dessen **Verwertungsrecht**, d. h. sein Recht auf „angemessene" Vergütung für die wirtschaftliche Verwertung z.B. seines Beitrags in einer Zeitschrift. Die Vergütung ist nach dem Gesetz angemessen, wenn sie zum Zeitpunkt des Vertragsabschlusses dem entspricht, was im Geschäftsverkehr üblich ist.[508] Diese Regelung verhindert, dass ein Medienunternehmen Texte oder Fotos zu Dumpingpreisen abkauft. Der Journalist kann einen Anspruch auf Korrektur geltend machen, wenn die Vergütung nicht „angemessen" war. Tariflich ausgehandelte Vergütungen gelten nach dem Gesetz als „angemessen".

Der Journalist als Urheber

Urheberpersönlichkeitsrecht

– Veröffentlichungsrecht[509]
– Namensrecht[510]
– Schutz vor Entstellung und
  Veränderung[511]
– Zugangsrecht[512]

Verwertungsrecht

– angemessene Vergütung[513] für
  Veröffentlichung des Beitrags

Im Unterschied zum frei tätigen Journalisten muss der festangestellte **Journalist als Arbeitnehmer** gewisse Einschränkungen bei seinem *Urheberpersönlichkeitsrecht* akzeptieren. Dafür ist er allerdings weitgehend sozial geschützt und bekommt ein regelmäßiges Gehalt. So muss der festangestellte Journalist seine im Dienst geschaffenen Arbeitsergebnisse, also seine Beiträge, Fotos oder Videosequenzen seinem Arbeitgeber unentgeltlich zur Nutzung überlassen.[514] Diese unmittelbare Übertragung der Nutzungsrechte an das Medienunternehmen ist in einigen Branchen tariflich z.B. in § 18 des Manteltarifvertrags für Redakteurinnen und Redakteure an Tageszeitungen, in § 12 des Manteltarifvertrags für Redakteurinnen und Redakteure an Zeitschriften und in den jeweiligen betrieblichen Tarifverträgen der ARD-Anstalten geregelt.[515] In diesen Tarifverträgen lassen sich die Verlage und Rundfunkanstalten z.B. auch das Recht einräumen, die Beiträge ihrer festangestellten Journalisten zu bearbeiten und umzugestalten. Die Grenze des Zulässigen wäre aufgrund des *Urheberpersönlichkeitsrechts* allerdings überschritten, wenn der Beitrag so bearbeitet wird, dass z.B. die inhaltlichen Aussagen des Autors stark verändert sind. In solchen Fällen darf das Medienunternehmen zwar Teile des Beitrags nutzen, aber nicht mehr den Namen des Autors nennen, um nicht dessen *Persönlichkeitsrechte* zu verletzen. Außerdem zählen die tariflichen Regelungen auf, welche Nutzungsarten der Journalist seinem Arbeitgeber einräumen muss und wie er sie zurückrufen kann, wenn die Redaktion ihr Nutzungsrecht nicht ausübt. Hinzu kommen Regelungen zum Namensrecht des Journalisten im Zusammenhang mit der Veröffentlichung seiner Arbeit.

Gibt es dagegen keine derartigen Tarifverträge mit Urheberklauseln für Mitarbeiter, die nicht tarifgebunden sind, wird jeweils anhand des Arbeitsvertrags ermittelt werden, welche Nutzungsarten der journalistisch tätige Arbeitnehmer seinem Arbeitgeber einräumen muss. Enthält auch der Arbeitsvertrag keine Regelung, kommt es auf den **Betriebszweck** des Medienunternehmens an. So ergibt sich z.B. aus dem Betriebszweck eines Zeitschriftenverlags, dass der festangestellte Redakteur sämtliche Texte und Fotos zur Gestaltung einer Zeitschrift an seinen Auftraggeber übertragen muss. Will der Verlag mit den Texten seines Angestellten allerdings z.B. einen Hörfunkbeitrag produzieren, ist dies vom Betriebszweck nicht mehr gedeckt. Dann benötigt der Chef die Zustimmung seines Mitarbeiters, die dieser unter Umständen gegen eine zusätzliche Entlohnung erteilen wird.

Fall

Das Extrahonorar

Journalist J ist bei einer Tageszeitung im Verlag V fest angestellt und tariflich gebunden. Für den überregionalen Teil der Tageszeitung schreibt J fast täglich mehrspaltige Artikel. J möchte wissen, ob er über seine monatliche Gehaltszahlung hinaus ein Extrahonorar für seine zahlreichen Artikel in der Tageszeitung verlangen kann.

Gegenüber V hat J keinen Anspruch auf ein Extrahonorar. Durch die monatliche Vergütung ist auch die Einräumung der Nutzungsrechte zur Veröffentlichung und Verbreitung seiner selbst verfassten Texte in der Zeitung mit abgegolten. Nach § 18 Nr. 1 des Manteltarifvertrags für Redakteurinnen und Redakteure an Tageszeitungen bleiben ihm jedoch die Zweitverwertungsrechte wie z.B. die Nutzung seiner Artikel in Pressespiegeln oder als Presse-Repros bei den Verwertungsgesellschaften vorbehalten. Das Problem ist allerdings, dass J nicht überprüfen kann, wann, wo und wie oft seine Texte vervielfältigt, verbreitet oder öffentlich z.B. im Internet wiedergegeben werden. Deswegen muss sich J an die Verwertungsgesellschaft Wort (VG Wort) wenden und sich bei ihr anmelden. Die VG Wort nimmt z.B. Gebühren bei Unternehmen ein, die für ihre Mitarbeiter einen Pressespiegel erstellen. Diese Gebühren werden neben anderen Einnahmen z.B. aus Presse-Repros an die Autoren nach einem bestimmten Verteilungsschlüssel ausgeschüttet. Ein jährliches Zubrot kann sich J also nur dann dazu verdienen, wenn er mit der VG Wort einen Wahrnehmungsvertrag schließt und jährlich alle seine Texte meldet. Der Wahrnehmungsvertrag kann online durch eine Registrierung über das Meldeportal T.O.M. (www.tom.vgwort.de) oder in Papierform abgeschlossen werden.

Entsprechendes gilt auch für Fotojournalisten, aber auch für Filmschaffende wie Regisseure, Cutter und Kameraleute. Für diesen Personenkreis ist allerdings die Verwertungsgesellschaft Bild-Kunst (VG Bild-Kunst) zuständig. Sie zieht wie die VG Wort u. a. Tantiemen, also Gewinnanteile aus Kopierabgaben und sogenannten Leermedien- und Geräteabgaben ein. Danach müssen Händler für CD- und DVD-Rohlinge, aber auch für Multifunktionsgeräte, Drucker, Scanner und Faxgeräte Gebühren an die zuständige Verwertungsgesellschaft zahlen, die diese an ihre Mitglieder ausschüttet. Details hierzu findet der Journalist auf der Seite der VG Bild-Kunst im Internet unter www. bildkunst.de.

Wichtig

Ob freier oder fester Journalist in Print, Online, Hörfunk oder Fernsehen: Zusätzliches Geld für die eigene Arbeit gibt es für die Autoren bei der Verwertungsgesellschaft Wort (www.vgwort.de) und für die Bildjournalisten bei der Verwertungsgesellschaft Bild-Kunst (www.bildkunst.de). Voraussetzung für einen jährlichen Scheck ist, dass der Journalist mit der für ihn zuständigen Verwertungsgesellschaft einen Wahrnehmungsvertrag abschließt. Kosten entstehen dadurch nicht.[516]

Neunte Phase: Professionelle Beratung

Wenn alle „Friedensangebote" der Redaktion nicht fruchten und sich der Verletzte hartnäckig zeigt, ist die Hilfe eines Juristen unentbehrlich. Das trifft vor allem dann zu, wenn der Betroffene durch einen Rechtsanwalt einen *Unterlassungs-*, Widerrufs- oder *Schadensersatzanspruch* geltend macht. Schon aus Gründen der „Waffengleichheit" sollte sich dann die Redaktion ebenfalls von einem versierten Juristen beraten bzw. vertreten lassen.

40. Wann ist der Rat des Juristen hilfreich?

Die Hinweise auf den vorausgehenden Seiten sollen Ihnen die richtige Einordnung der täglich im journalistischen Berufsalltag auftretenden Rechtsfragen ermöglichen. Die häufigsten und wichtigsten Fragen sind so ohne Weiteres zu beantworten. Der schönste Erfolg für die Autoren wäre, wenn es dadurch erst gar nicht zu Rechtsproblemen oder gar gerichtlichen Auseinandersetzungen kommt.

Keine Berichterstattung gleicht der anderen. Die **Tücken** liegen oft im Detail. Hier unterscheidet sich das Medienrecht nicht von anderen Rechtsdisziplinen. Sollte es in der Praxis Sachverhaltskonstellationen geben, die sich nicht eindeutig auf Grundlage der kompakten Antworten in diesem Buch beantworten lassen, ist es sinnvoll, einen Juristen zu Rate zu ziehen. Dies kann der Hausjurist oder ein freier Rechtsanwalt sein. In jedem Fall ist es für ein Gespräch mit einem Juristen hilfreich, wenn es gelingt, die Probleme gezielt anzusprechen. Daher wurde in diesem praktischen Leitfaden die juristische Begrifflichkeit ganz bewusst verwendet und leicht verständlich erklärt. Sind Rechtsfragen bei Anwälten auch in kompetenten Händen, so sollten Sie sich doch vor Augen halten, dass auch ein freier Rechtsanwalt bis zu einem gewissen Grade von wirtschaftlichen Überlegungen geleitet sein muss und dass auch ein Anwalt nicht in allen Bereichen des Rechts gleichermaßen gut bewandert sein kann. Daher ist es in jedem Fall sinnvoll, mit dem Anwalt die eigenen Vorstellungen von dem zu erwartenden Ergebnis und gegebenenfalls eigene Rechercheergebnisse zu besprechen. Mit diesem Buch sind Sie gut für das Gespräch mit dem Anwalt gerüstet.

Die aufgeführten **Mustertexte** sollen Ihnen helfen, wichtige Details schriftlich festzuhalten und, falls es zum Streit kommt, beweisbar zu machen. Es ist möglich, dass es für Ihren konkreten Bedarf speziellere Formulierungen gibt oder dass ein für Sie passender Text erstellt werden muss, wofür häufig professioneller Rat z.B. durch den Hausjuristen erforderlich ist.

Es wäre schön, wenn dieser Leitfaden Sie neugierig gemacht hätte und Sie anregen würde, sich weiter mit dem **Journalistenrecht** zu befassen. Hierfür steht Ihnen das ständig aktualisierte Lehrbuch „Medienrecht" von Frank Fechner zur Verfügung. Wer es lieber akustisch mag, kann sich auch dessen Hörbuch „Medienrecht" besorgen. Eine von Fechner/Mayer herausgegebene Vorschriftensammlung zum Medienrecht enthält die für das Studium und Praxis wichtigsten Gesetze.

Motivierend für die Beschäftigung mit dem Medienrecht kann sein, wenn Sie sich klar machen, dass das Recht Ihnen vielfachen Schutz bei Ihrer journalistischen Tätigkeit bietet. So können Sie sich z.B. auf das Grundrecht der **Meinungs-, Presse- oder Rundfunkfreiheit** berufen. Dieser Schutz erstreckt sich auf alle hier vorgestellten Phasen, von der Recherche bis zur Veröffentlichung. Sie haben Auskunftsansprüche gegen Behörden. Außerdem sind Sie gegen staatliche Zensur geschützt. Als Verfasser von Artikeln, als Fotograf, als Hersteller eines Rundfunkbeitrags, als Filmproduzent sind Sie selbst *Urheber*. Daher sind Ihre Werke gegen das „Abkupfern" durch Dritte geschützt. Hinzu kommt, dass Sie als Journalist einen verantwortungsvollen und anspruchsvollen Beruf ausüben, dem in einer freiheitlich-demokratischen Gesellschaft wichtige Funktionen zukommt. Zu den Hauptaufgaben der Presse zählen die Kontrolle des Staates und seiner Organe sowie die Aufdeckung gesellschaftlicher Missstände.

Wichtig

Das Recht ist ein scharfes Schwert. Sorgen Sie durch Ihre Rechtskenntnisse dafür, dass Sie nicht zu einem Opfer der rechtlichen Instrumentarien werden und missbrauchen Sie das Recht nicht gegenüber Wehrlosen. Wäre das Recht auch vollkommen – was es nie war und auch nie sein wird – so wäre es doch nichts wert ohne das Gewissen derer, die mit ihm umgehen.

Anmerkungen

1. Darf jedes Thema aufgegriffen werden?

1 Vgl. § 59 Abs. 1 Urheberrechtsgesetz (UrhG) im Anhang.

2. Sind Themenvorschläge vor dem Zugriff anderer sicher?

2 Details hierzu in Antwort auf Frage 39.
3 Zur Seriosität von fremden Quellen, vgl. Antwort auf Frage 18.
4 Vgl. hierzu OLG Frankfurt, Zeitschrift für Urheber- und Medienrecht (ZUM) 2005, Seite 477 ff.

3. Darf der Chefredakteur Inhalte vorschreiben und Themen ablehnen?

5 Begründet wird dies mit der Tendenzautonomie und der sog. funktionssichernden Letztentscheidungskompetenz des Medienunternehmens. Zu Details, vgl. Maunz/Dürig, Kommentar zum Grundgesetz, Art. 5 Abs. 1 Rdnr. 174.
6 Vgl. Art. 5 Abs. 1 Satz 3 Grundgesetz (GG) im Anhang.

4. Kann die Veröffentlichung verboten werden?

7 Vgl. Fallbeispiel in Frage 33: Der zitternde Chirurg.

5. Wie verbindlich sind „Sperrfristen" und „Exklusivverträge"?

8 Zum Umfang des „ Zitatrechts" siehe Antwort auf Frage 31.
9 Pressekodex des Deutschen Presserats in der Fassung vom 13.3.2013; Richtlinie 1.1 – Exklusivverträge.
10 Unter „Verbrechermemoiren" versteht man Schilderungen eines Täters über sein Verbrechen.
11 § 5 Rundfunkstaatsvertrag (RStV).
12 Vgl. § 5 Abs. 7 Rundfunkstaatsvertrag (RStV): der Veranstalter kann „ein dem Charakter der Kurzberichterstattung entsprechendes billiges Entgelt verlangen".
13 Urheber- und Persönlichkeitsrechte werden allerdings durch das Recht auf Kurzberichterstattung nicht außer Kraft gesetzt.
14 Das Recht auf Kurzberichterstattung kann in Form einer sogenannten einstweiligen Verfügung durchgesetzt werden.
15 Zur Übertragung von Großereignissen siehe § 4 Rundfunkstaatsvertrag (RStV).

6. Wann ist ein Thema „reif"?

16 Vgl. § 186 Strafgesetzbuch (StGB).
17 Wegen „Bestechlichkeit" vgl. § 332 Strafgesetzbuch (StGB).

7. Darf ein Journalist überall recherchieren?

18 Vgl. § 123 Abs. 1 Strafgesetzbuch (StGB): Hausfriedensbruch.

19 Vgl. § 123 Abs. 2 Strafgesetzbuch (StGB).

20 Problematisch ist zudem das „Ausspähen" eines Grundstücks mittels Leitern, Teleobjektiven etc.

21 Entsprechendes gilt bei verpachteten Grundstücken: Hausrechtsinhaber ist hier der Pächter.

22 Vgl. § 59 Abs. 1 Urheberrechtsgesetz (UrhG) im Anhang.

23 Allerdings sind die Persönlichkeitsrechte der Abgebildeten zu beachten, siehe Frage 20. Zudem sind generelle Fotografierverbote des Eigentümers zu beachten, z.B. im Hinblick auf die Gemälde in einem Museum.

24 § 169 Satz 2 Gerichtsverfassungsgesetz (GVG). Ein solches Verbot ist aber nach § 23 des Einführungsgesetzes zum Gerichtsverfassungsgesetz (EGGVG) gerichtlich angreifbar. In der Gerichtsverhandlung selbst sind Foto- und Filmaufnahmen unzulässig, weshalb sich die Praxis manchmal mit Zeichnungen von den Prozessbeteiligten behilft. Zu den Details, vgl. Antwort auf Frage 10.

25 Vgl. Artikel 3 Abs. 1 Grundgesetz (GG).

26 Vgl. § 6 Abs. 2 Versammlungsgesetz (VersG).

8. Darf verdeckt recherchiert werden?

27 Vgl. Entscheidung des Bundesverfassungsgerichts, abgedruckt in den amtlichen Entscheidungen BVerfGE 66, Seite 116 ff.

28 Details zu den Persönlichkeitsrechten wie das „Recht am eigenen Bild", siehe Antwort auf Frage 28.

29 Zu den Ausnahmen z.B. beim Einsatz der versteckten Kamera zur Aufklärung von Missständen vgl. Antwort auf Frage 11.

30 Vgl. § 201 Strafgesetzbuch (StGB) und § 201 a Strafgesetzbuch (StGB) im Anhang und Details in Antwort auf Frage 11.

9. Dürfen illegal erlangte Informationen verwendet werden?

31 Zur Strafbarkeit wegen heimlicher Tonaufnahmen siehe Antwort auf Frage 11.

32 Vgl. § 201 Abs. 2 Nr. 2 Strafgesetzbuch (StGB) im Anhang. Eine Publikation von abgehörten Telefonaten ist nur dann erlaubt, wenn ein überragendes Informationsinteresse besteht.

33 Vgl. Bundesgerichtshof (BGH) v. 29.9.2014 – VI ZR 490/12 – Abhanden gekommener Laptop.

10. Darf alles fotografiert / gefilmt werden?

34 Vgl. Bundesgerichtshof (BGH) in der Neuen Juristischen Wochenschrift (NJW) 1996, Seite 1128.

35 Wer Bildaufnahmen, die dem Ansehen einer Person erheblich schaden, verbreitet, macht sich strafbar, § 201a Abs. 1 Nr. 2 i.v.m. Abs. 4 Strafgesetzbuch (StGB), falls dies nicht in Wahrnehmung berechtigter Interessen erfolgt.

36 Zur Zulässigkeit der versteckten Kamera vgl. Antwort auf Frage 11.

37 Zum „Recht am eigenen Bild" vgl. Antwort auf Frage 28.

38 Allerdings ist das „Recht am eigenen Bild" zu beachten. Individuell erkennbare Personen auf der Yacht müssen unkenntlich gemacht werden, bevor man das Foto ins Netz stellt.

39 Details zur Verwertungsgesellschaft Bild-Kunst vgl. www.bildkunst.de.

40 Vgl. § 64 Urheberrechtsgesetz (UrhG).

41 Verstöße gegen das Urheberrecht können Unterlassungs- und Schadensersatzansprüche zur Folge haben und strafbar sein, vgl. §§ 97 und 106 f. Urheberrechtsgesetz (UrhG).

42 Mustertext kann in ähnlicher Weise durch spezifische Anpassung auch für eine Fotoerlaubnis genutzt werden.

43 Vgl. § 59 Urheberrechtsgesetz (UrhG) im Anhang.

44 Details zur Abbildung von Gebäuden siehe Antwort auf Frage 30.

45 Vgl. § 57 Urheberrechtsgesetz (UrhG) im Anhang.

46 Vgl. § 50 Urheberrechtsgesetz (UrhG) im Anhang.

47 Vgl. § 51 Satz 2 Nr. 2 Urheberrechtsgesetz (UrhG) im Anhang, der von der Rechtsprechung auch auf Filmwerke entsprechend angewandt wird.

48 Das Urheberrecht an künstlerischen Fotos erlischt erst 70 Jahre nach dem Tod des Fotografen, während einfache Fotos wie Schnappschüsse bereits schon 50 Jahre nach der Herstellung erlöschen, vgl. § 72 Urheberrechtsgesetz (UrhG).

49 Zum Bildzitat aus anderen Medien, vgl. Antwort auf Frage 31.

50 Die Sportveranstalter sind durch das Hausrecht und durch wettbewerbsrechtliche Vorschriften begünstigt. Zum Recht der Kurzberichterstattung des Fernsehens vgl. Antwort auf Frage 5.

51 Hinweise zu Lizenzverträgen finden sich in Antwort auf Frage 37.

52 Zur Nutzung von technischen und wissenschaftlichen Darstellungen aus dem Internet vgl. Antwort auf Frage 14.

53 Zur Veröffentlichung von Personenfotos siehe Antwort auf Frage 28.

54 Die Rechte von Künstlern und Fotografen nimmt die Verwertungsgesellschaft Bild-Kunst wahr. Details sind unter www.bildkunst.de zu erfahren.

55 § 123 Strafgesetzbuch (StGB).

56 Vgl. Bundesgerichtshof (BGH) in Neue Juristische Wochenschrift (NJW) 2004, Seite 762.

57 Amtsgericht Charlottenburg, Archiv für Presserecht (AfP) 2009, Seite 91 – Lukas Podolski.

58 Eingriffe in die Privatsphäre verletzen das Persönlichkeitsrecht eines Menschen.

59 Vgl. § 5 Absatz 2 Schutzbereichsgesetz.

60 Zu den Einzelheiten vgl. § 109g Strafgesetzbuch (StGB) „Sicherheitsgefährdendes Abbilden".

61 Das leitet sich aus dem Hausrecht der Verkehrsanlagenbetreiber ab.

62 Rechtsgrundlage für die Genehmigung von Drohnenflügen sind die "Gemeinsamen Grundsätze des Bundes und der Länder für die Erteilung der Erlaubnis zum Aufstieg von unbemannten Luftfahrtsystemen" in der Luftverkehrsordnung.

63 Zur Zulässigkeit von Personenfotos vgl. Antwort auf Frage 28.

64 Vgl. Wortlaut des § 169 Satz 2 Gerichtsverfassungsgesetz (GVG).

65 Zu den Details der „Poollösung" vgl. Antwort auf Frage 22.

66 Vgl. Bundesverfassungsgerichtsentscheidung (BVerfG) 1 BvR 1858/14.

67 Allerdings nur unter Berücksichtigung von Persönlichkeitsrechten, vgl. Antworten auf Frage 20 und 22.

68 Vgl. Beschluss des Bundesverfassungsgerichts vom 03.12.2008 – 1 BvQ 47/08.

69 Nur selten kommt es vor, dass das öffentliche Informationsinteresse an den persönlichen Daten so hoch ist, dass dem Betroffenen eine Veröffentlichung zugemutet werden kann.

70 Zu den Details der Schleichwerbung vgl. Antwort auf Frage 32.

71 Zur Verbreitung von Screenshots vgl. Antwort auf Frage 14.

11. Darf mit versteckter Kamera gearbeitet werden?

72 Zu den Grenzen bei der Herstellung von Personenbildnissen vgl. Antwort auf Frage 10.

73 Zu den Details des Zeugnisverweigerungsrechts: vgl. Antwort auf Frage 13.

74 Zum „Recht am eigenen Bild" vgl. Antwort auf Frage 28.

75 Vgl. § 33 Kunsturheberrechtsgesetz (KUG) im Anhang.

76 Zum Muster einer Drehgenehmigung siehe Antwort auf Frage 7.

77 Vgl. Ernst Fricke, Recht für Journalisten, 2. Auflage, Konstanz 2010.

78 Nach § 201 Strafgesetzbuch (StGB) im Anhang.

79 Vgl. Landgericht Hamburg, Zeitschrift für Urheber- und Medienrecht (ZUM) 2008, Seite 614 ff.

80 Vgl. § 201a Abs. 1 Nr. 1 Strafgesetzbuch (StGB) im Anhang.

81 Vgl. Oberlandesgericht (OLG) Karlsruhe vom 07.04.2006 – 14 U 135/05.

82 Zur Verwendung illegaler beschaffter Informationen, siehe Antwort auf Frage 9.

83 Vgl. § 201a Abs. 1 Nr. 1 Strafgesetzbuch (StGB) im Anhang.

84 Vgl. § 201a Abs. 1 Nr. 3 Strafgesetzbuch (StGB) im Anhang.

85 Vgl. § 201a Abs. 1 Nr. 2 i.v.m. § 201a Abs. 4 Strafgesetzbuch (StGB) – Wahrnehmung überwiegender berechtigter Interessen.

86 Vgl. § 201 Abs. 1 Nr. 2 Strafgesetzbuch (StGB) im Anhang.

87 Zu den seltenen Ausnahmen bei überragendem öffentlichen Informationsinteresse vgl. § 201 Abs. 2 Satz 2 Strafgesetzbuch (StGB) im Anhang.

88 Es sei denn, die Bildaufnahmen dienen dem überwiegenden öffentlichen Informationsinteresse, vgl. §§ 201a Abs. 1 Nr. 2 i.v.m. § 201a Abs. 4 Strafgesetzbuch (StGB).

12. Kann sich der Journalist beim Recherchieren strafbar machen?

89 §§ 123, 242, 243 Strafgesetzbuch (StGB).

90 § 323c Strafgesetzbuch (StGB) „unterlassene Hilfeleistung".

91 Zum gesamten Katalog der schweren Straftaten vgl. § 138 Strafgesetzbuch (StGB).

92 Das Notwehrrecht umfasst auch eine erzwungene Herausgabe der Kamera, weil die Anfertigung der Aufnahmen die Persönlichkeitsrechte des Rechtsanwaltes verletzte.

93 Vgl. §§ 201, 205 Strafgesetzbuch (StGB) im Anhang.

94 Vgl. § 201 Strafgesetzbuch (StGB) im Anhang.

95 Vgl. Entscheidung des Bundesverfassungsgerichts, abgedruckt in den amtlichen Entscheidungen BVerfGE 106, Seite 28 ff.
96 Vgl. § 238 Strafgesetzbuch (StGB) – Nachstellung im Anhang.
97 Ist auch strafbar nach § 123 Strafgesetzbuch (StGB) – Hausfriedensbruch.
98 Vgl. §§ 303, 304 Strafgesetzbuch (StGB).
99 Vgl. § 123 Strafgesetzbuch (StGB).
100 Im Einzelnen: §§ 203, 206, 353b und 355 Strafgesetzbuch (StGB).
101 Vgl. §§ 333, 334 Strafgesetzbuch (StGB).
102 Vgl. §§ 201, 205 Strafgesetzbuch (StGB) im Anhang.
103 Vgl. § 201 Strafgesetzbuch (StGB) im Anhang.

13. Können Informant und Unterlagen geheim gehalten werden?

104 Beamtenrechtliche Pflicht zur Amtsverschwiegenheit.
105 Pressekodex Ziffer 5.
106 § 53 Abs. 1 Ziffer 5 Strafprozessordnung (StPO) im Anhang.
107 Dieses Recht erstreckt sich auch auf Unternehmen der Film- und Internetbranche, die in ähnlicher Weise wie Presse und Rundfunk eigene journalistische Leistungen erbringen. Zum Begriff „Vertreter der Presse" vgl. auch Antwort auf Frage 16.
108 Zu den Wahrheitspflichten der Journalisten vgl. Antwort auf Frage 19.
109 Das gilt auch für Mitarbeiter bei nichtperiodischen Druckerzeugnissen wie z.B. bei Büchern, Informations- und Kommunikationsdiensten und bei Filmberichten.
110 Ein Verbrechen ist nach dem Strafgesetzbuch eine rechtswidrige Tat, die mindestens mit einer Freiheitsstrafe von einem Jahr bedroht ist, wie z.b. Mord und Totschlag, vgl. §§ 12, 212, 211 Strafgesetzbuch (StGB).
111 Vgl. Katalog in § 52 Abs. 2 Strafprozessordnung (StPO).
112 Vgl. § 138 Strafgesetzbuch (StGB).
113 Vgl. § 97 Abs. 5 Strafprozessordnung (StPO).
114 Deswegen können z.B. Bildjournalisten nicht dazu gezwungen werden, ihr Foto- und Filmmaterial von Gewalttätigkeiten einer Demonstration herauszugeben.
115 Vgl. §§ 353b, 27 Strafgesetzbuch (StGB).
116 Bundesverfassungsgerichtsurteil vom 27.02.2007, NJW (Neue Juristische Wochenschrift) 2007, Seite 1117 ff. „Cicero".
117 Vgl. § 98 Strafprozessordnung (StPO).

14. Ist das Internet verwertbar?

118 Zum Katalog aller urheberrechtlich geschützten Werke, vgl. § 2 Urheberrechtsgesetz (UrhG).
119 Zur Frage, ob der Journalist wahrheitsgemäß berichten muss, vgl. Antwort auf Frage 19.
120 Zum Umfang der journalistischen Sorgfaltspflicht vgl. Antwort auf Frage 19.
121 Nicht zu einer persönlich geistigen Schöpfung zählen kurze Nachrichtentexte (Kurzmeldungen). Diese sind mangels „Schöpfungshöhe" urheberrechtlich nicht geschützt, siehe § 49 Abs. 2 Urheberrechtsgesetz (UrhG).

122 Die wortwörtliche Übernahme von urheberrechtlich geschützten Werken ist zulässig, wenn sie unter Bezugnahme auf die Quelle zitiert werden, vgl. hierzu Antwort auf Frage 31.

123 Vgl. zum „Zitatrecht" Antwort auf Frage 31.

124 Vgl. § 64 Urheberrechtsgesetz (UrhG).

125 Zur Frage, ob Bilder von Personen veröffentlicht werden dürfen, vgl. Antwort auf Frage 28.

126 Einige Diensteanbieter lassen sich allerdings in ihren Nutzungsbedingungen das Recht der Weitergabe der Fotos zur Veröffentlichung von Dritten einräumen.

127 Vgl. Oberlandesgericht (OLG) München, Urteil vom 26.06.2007, 18 U 2067/07.

128 Vgl. Antwort auf Frage 20.

129 Christian Scherz / Dominik Höch, Privat war gestern, Berlin 2011.

130 Vgl. § 22 Satz 3 und 4 Kunsturhebergesetz (KUG) im Anhang.

131 Vgl. § 23 Urheberrechtsgesetz (Bearbeitungen und Umgestaltungen).

132 Vgl. § 24 Urheberrechtsgesetz (Freie Benutzung).

133 Zur Frage, ob Bilder von Personen veröffentlicht werden dürfen, vgl. Antwort auf Frage 28.

134 Vgl. § 51 Urheberrechtsgesetz (UrhG) im Anhang.

135 Vgl. § 53 Abs. 1 Urheberrechtsgesetz (UrhG).

136 Zu den Details siehe hierzu Frage 28: „Dürfen Personenfotos ohne weiteres veröffentlicht werden"?

137 CC-Lizenzen sind Standardlizenzen, die sich insbesondere zur kostenlosen Lizenzierung von Texten, Bildern und Musik eignen. Der Urheber kann sein Werk unter einer CC-Lizenz veröffentlichen und dabei aus verschiedenen Symbolen die für ihn passende Lizenz zusammenstellen. Nähere Details zur Verwendbarkeit der einzelnen Lizenzen finden sich unter www.de.creativecommons.org und im Anhang.

138 Alle Symbole der CC-Lizenzen sind in Antwort auf Frage 31 und im Anhang dargestellt.

139 Zur Frage wann ausnahmsweise auf eine Einwilligung der abgebildeten Personen verzichtet werden kann, vgl. Antwort auf Frage 28.

140 Zur Gefahr beim Teilen von Videos und Fotos an denen man nicht selbst alle Rechte hat, vgl. Antwort auf Frage 31.

141 Vgl. § 5 Urheberrechtsgesetz (UrhG) „Amtliche Werke" im Anhang.

142 Vgl. hierzu Frage 32: „Wann wird ein Bericht Schleichwerbung"?

143 Vgl. § 57 Urheberrechtsgesetz (UrhG) „Unwesentliches Beiwerk" im Anhang.

144 Vgl. Landgericht (LG) München I, Archiv für Presserecht (AfP) 2008, Seite 218f.

15. Müssen Behörden von sich aus informieren?

145 In der Fachsprache nennt man das den „*Grundsatz der Gleichbehandlung*", vgl. Artikel 3 Abs. 1 Grundgesetz (GG).

146 Vgl. § 6 Versammlungsgesetz (VersG).

16. Kann der Journalist Behördenauskünfte erzwingen?

147 Zu den auskunftspflichtigen Behörden gehören auch Anstalten und Stiftungen des öffentlichen Rechts, also beispielsweise Universitäten, Industrie- und Handelskammern, Handwerkskammern und Sozialversicherungsträger. Da weder die Kirche noch der öffentlich-rechtliche Rundfunk hoheitliche Aufgaben wahrnehmen, sind sie nur in Bezug auf kirchensteuerrechtliche Fragen bzw. GEZ-Gebühren auskunftspflichtig.

148 Gesetzlich in allen Landespressegesetzen, z.B. in § 4 des Thüringer Pressegesetzes und in §§ 9a, 55 Abs. 3 Rundfunkstaatsvertrag (RStV) geregelt (siehe Anhang). Gegenüber Bundesbehörden ergibt sich ein Auskunftsanspruch aus kompetenzrechtlichen Gründen direkt aus Artikel 5 Abs. 1 Grundgesetz (vgl. Bundesverwaltungsgerichtsentscheidung vom 20.02.2013 in Neue Zeitschrift für Verwaltungsrecht 2013, Seite 1006).

149 Entsprechendes gilt für sogenannte beliehene Unternehmen in Bezug auf deren vom Staat übertragenen hoheitlichen Aufgaben, also z.B. der TÜV oder die DEKRA.

150 Vgl. Ernst Fricke, Recht für Journalisten, 2. Auflage, Konstanz 2010.

151 Auskunftsanspruch haben Redakteure bei Hörfunk, Fernsehen und Print, einschließlich Mitarbeiter von Anzeigenblättern, freie Journalisten, Verleger und Herausgeber. Kein Auskunftsanspruch hat dagegen das rein technische und kaufmännische Personal eines Verlags oder einer Rundfunkanstalt.

152 Vgl. Entscheidung des Bundesverfassungsgerichts, abgedruckt in der Neuen Juristischen Wochenschrift (NJW) 2001, Seite 503.

153 Muster für ein Legitimationsschreiben der Redaktion, siehe oben. Oft genügt die Vorlage des Presseausweises.

154 Zu den seriösen Quellen vgl. Antwort auf Frage 18.

155 Im Unterschied zum Anspruch aus dem Informationsfreiheitsgesetz.

156 Vgl. Archiv für Presserecht (AfP) 2007, Seite 69 ff.

157 Eine zeitlich begrenzte Nachrichtensperre ist aber nur zum Schutz eines höherrangigen Rechtsgutes zulässig, wenn also z.B. dadurch das Leben von Geiseln gerettet werden kann.

158 Vgl. § 93 Strafgesetzbuch (StGB).

159 Vgl. § 30 Abgabenordnung (AO).

160 Vgl. § 30 Verwaltungsverfahrensgesetz. (VwVfG).

161 Vgl. § 5 Melderechtsrahmengesetz (MRRG).

162 Vgl. § 5 Bundesdatenschutzgesetz (BDSG).

163 Auf Verschwiegenheitspflichten des *einzelnen* Beamten nach dem Beamtengesetz, dem Strafgesetzbuch wie z.B. §§ 203, 353b kommt es hingegen nicht an, weil diese Vorschriften nur im Verhältnis des Beamten zum Staat zu berücksichtigen sind und daher keine Außenwirkung haben.

164 Der Fall ist weitgehend der Entscheidung des Verwaltungsgerichtshofs München, abgedruckt in der Neuen Juristischen Wochenschrift (NJW) 2004, Seite 3358 ff., nachgebildet.

165 Zur Frage, wann Persönlichkeitsrechte verletzt sind, vgl. Frage 20.

166 Diese Schranke des Informationsanspruchs der Presse ist weitgehend übereinstimmend in fast allen Landespressegesetzen aufgeführt.

167 Die Mitteilung des Inhalts der Mülltonnen unter Namensnennung verstieße außerdem gegen Persönlichkeitsrechte oder Geschäftsgeheimnisse.

168 Dies ist mit wenigen Abweichungen auch so in den jeweiligen Landespressegesetzen geregelt, vgl. z.B. § 4 Abs. 2 Nr. 2 und Nr. 3 Thüringer Pressegesetz.

169 Zu den Voraussetzungen einer Verdachtsberichterstattung siehe Antwort auf Frage 18.

170 Als Orientierungshilfe zur Beantwortung der Frage, wann ein Eingriff in Persönlichkeitsrechte ausnahmsweise zulässig ist, vgl. Frage 20.

171 Im Wege einer sogenannten Dienst- oder Rechtsaufsichtsbeschwerde bei der übergeordneten Behörde.

172 Zu den Voraussetzungen eines Akteneinsichtsrechts vgl. Antwort auf Frage 17.

173 Vgl. Antwort auf Frage 22.

174 Vgl. die Richtlinien über das Strafverfahren und das Bußgeldverfahren (RiStBV) Ziffer 23.

175 Vgl. dazu auch die Antwort auf Frage 17.

17. Welche Akteneinsichtsrechte hat der Journalist?

176 Vgl. Antwort auf Frage 16.

177 § 1 Abs. 2 Satz 2 Informationsfreiheitsgesetz des Bundes und entsprechende landesrechtliche Regelungen.

178 Entsprechendes gilt für Kirchen, Hochschulen, Universitäten und Anstalten, Stiftungen und Körperschaften des öffentlichen Rechts, vg. § 1 Abs. 1 Informationsfreiheitsgesetz des Bundes.

179 Gegenüber Bundesbehörden ist das Bundesinformationsfreiheitsgesetz anzuführen. In den Ländern beruft man sich auf das Informationsfreiheitsgesetz des jeweiligen Landes, das eine entsprechende Landesregelung erlassen hat.

180 Zum presserechtlichen Auskunftsanspruch gegenüber staatlichen Stellen vgl. Antwort auf Frage 16.

181 Auch Kopier- und Versandkosten kann die Behörde geltend machen.

182 § 7 Abs. 5 Informationsfreiheitsgesetz des Bundes (IFG).

183 Siehe dazu Antwort auf Frage 16 (2): Wann die Behörde ausnahmsweise nicht auskunftspflichtig ist.

184 Vgl. § 4 Informationsfreiheitsgesetz des Bundes (IFG).

185 Vgl. § 3 Informationsfreiheitsgesetz des Bundes (IFG).

186 Bundesgerichtshof (BGH) Az: V ZB 47/11.

187 Vgl. § 6 Informationsfreiheitsgesetz des Bundes (IFG) mit § 8 des Informationsfreiheitsgesetzes NRW.

188 Mit Ausnahme von Hamburg.

189 § 4 Abs. 1 Satz 1 Umweltinformationsgesetz.

190 Z.B. § 3 Abs. 1 i. V. m. § 2 Abs. 1 Thüringer Umweltinformationsgesetz.

191 Vgl. Gesetz zur Verbesserung der gesundheitsbezogenen Verbraucherinformation (VIG).

192 Vgl. § 21 Abs. 1, 2 und 5 Melderechtsrahmengesetz und entsprechende Landesmeldegesetze.

193 Bundesverfassungsgericht in Archiv für Presserecht (Zeitschrift für Medien- und Kommunikationsrecht) 2000, Seite 566 ff.

194 Vgl. § 1558 Bürgerliches Gesetzbuch (BGB).

195 Eine allgemeine, informatorische Auskunft, wer in der vergangenen letzten Jahren den „Offenbarungseid" geleistet hat, erhält der Journalist nicht. Entsprechendes gilt für eine Auskunft aus dem Strafregister.

196 Vgl. § 9 Handelsgesetzbuch (HGB).

197 Vgl. §§ 12, 13 Grundbuchordnung (GBO).

198 Vgl. Bundesgerichtshof (BGH), Beschluss vom 17.08.2011 – V ZB 47/11 zum Verdacht, ein Prominenter sei beim Grundstückserwerb begünstigt worden.

199 Zu den detaillierten Voraussetzungen zu einer Einsicht in Stasi-Unterlagen mit personenbezogenen Informationen, vgl. § 32 Abs. 1 Stasi-Unterlagengesetz.

18. Welche Informationen darf der Journalist veröffentlichen?

200 Zu den Details der journalistischen Sorgfaltspflichten vgl. Antwort auf Frage 19.

201 § 190 Satz 2 Strafgesetzbuch (StGB).

202 Ansonsten könnten die Medien die für den demokratischen Staat konstitutive Kontroll- und Wächterfunktion nicht ausüben.

203 Zur Frage der Zulässigkeit einer identifizierenden Berichterstattung durch Namensnennung vgl. Antwort auf Frage 20.

204 Zum Katalog der Sorgfaltspflichten vgl. Antwort auf Frage 19.

205 Bundesgerichtshof (BGH) Urteil vom 18.4.2014 VI ZR 76/14.

19. Muss der Journalist wahrheitsgemäß berichten?

206 Katalog der seriösen Quellen, siehe Antwort auf Frage 18.

207 Als Beispiel für viele gleichlautende Vorschriften: § 5 Thüringer Pressegesetz, § 8 Abs. 3 MDR-Staatsvertrag.

208 Vgl. § 54 Abs. 2 Rundfunkstaatsvertrag (RStV).

209 Der Journalist kann sich vor Gericht auf die „Wahrnehmung berechtigter Interessen" gemäß § 193 Strafgesetzbuch (StGB) berufen und zwar auch in zivilrechtlichen Schadensersatz- und Geldentschädigungsprozessen.

210 Details hierzu in Antwort auf Frage 34.

211 Zum Katalog der seriösen Quellen, siehe Antwort auf Frage 18.

212 Zur Verdachtsberichterstattung vgl. Antwort auf Frage 18.

213 Juristen sprechen in der Fachsprache vom sogenannten „gleitenden Sorgfaltsmaßstab".

214 Zu den privilegierten Quellen, siehe Antwort auf Frage 18.

215 Zum Katalog der seriösen und zuverlässigen Quellen die ungeprüft übernommen werden können, vgl. Antwort auf Frage 18.

216 Die Zusicherung soll Tatsachenbehauptungen absichern. Auf Meinungen oder Ansichten ist deshalb zu verzichten.

217 Das Persönlichkeitsrecht des Bauwesenchefs ist dadurch verletzt.

218 Ziffer 2 Pressekodex: „Unbestätigte Meldungen, Gerüchte und Vermutungen sind als solche erkennbar zu machen".

219 Sogenannte Kontroll- und Wächterfunktion der Presse.

220 Zu den konkreten rechtlichen Voraussetzungen einer „Verdachtsberichterstattung" vgl. Antwort auf Frage 18.

221 Vgl. dazu ausführlich den lesenswerten Artikel von Hannah Beitzer im Medienmagazin „journalist", September 2014, Seite 56 ff: 7 Regeln, damit ein Liveblog gelingt.

20. Darf der Journalist in identifizierender Weise berichten?

222 Vgl. § 54 Abs. 1 Satz 3 Rundfunkstaatsvertrag (RStV).
223 Zum sogenannten Recht am eigenen Bild, vgl. Antwort auf Frage 28.
224 Zur Strafbarkeit bei heimlich aufgezeichneten nicht öffentlich geführten Gesprächen, vgl. Antwort auf Frage 12.
225 Zu den Ausnahmen bei der Berichterstattung über Prominente vgl. Antwort auf Frage 21.
226 Möglich ist aber auch eine Beschränkung der Zustimmung auf eine bestimmte Frist, eine bestimmte Ausgabe der Zeitung oder eine bestimmte Sendung. Soll der Bericht auch ins Internet gestellt werden, empfiehlt sich noch ein zusätzlicher Hinweis, dass sich die Zustimmung auch auf eine öffentlich zugängliche Seite im Internet erstreckt.
227 § 1004 Bürgerliches Gesetzbuch (BGB) analog.
228 § 253 Abs. 1 Bürgerliches Gesetzbuch (BGB) – Geldentschädigung.
229 Vgl. Bundesgerichtshof (BGH) Urteil vom 29.9.2014 – VI ZR 490/12 – Abhanden gekommener Laptop.
230 Als Figur in einer Menschenmenge ist er auch nicht in seinem Recht am eigenen Bild verletzt, vgl. § 23 Abs. 1 Nummer 3 Kunsturheberrechtsgesetz (KUG) im Anhang.
231 Vgl. Muster oben in dieser Frage.
232 Vgl. §§ 123, 124 Bürgerliches Gesetzbuch (BGB); Wer zur Abgabe einer Willenserklärung, wie z.B. einer Einwilligung durch arglistige Täuschung bestimmt worden ist, kann seine Erklärung binnen Jahresfrist nach Entdeckung der Täuschung anfechten. Dann gilt die Einwilligung als nicht abgegeben. Unter „arglistiger Täuschung" versteht man die vorsätzliche Erregung eines Irrtums durch Angabe oder Unterdrückung falscher Tatsachen.
233 In der Fachsprache spricht man von einer sogenannten Güterabwägung.
234 Vorlage für den Fall ist die Entscheidung des Oberlandesgerichts Karlsruhe, abgedruckt in der Zeitschrift „Archiv für Presserecht" (AfP) 2002, Seite 42 ff.
235 Das ergibt sich auch aus der Wächter- oder Kontrollfunktion der Medien.
236 Zur Wahrheitspflicht des Journalisten vgl. Antwort auf Frage 19.
237 Details vgl. Antwort auf Frage 33: „Was tun, wenn der Anwalt schreibt"?
238 In der Fachsprache spricht man vom sogenannten postmortalen Persönlichkeitsschutz, vgl. Antwort auf Frage 21.

21. Darf über Prominente alles berichtet werden?

239 Auch Ereignisse von nur lokalem Interesse können Teil der Zeitgeschichte sein, wenn daran ein allgemeines Interesse besteht.
240 Zur Strafbarkeit des Journalisten, wenn er sich also beharrlich seinem Opfer aufdrängt, vgl. Antwort auf Frage 12, Stalking.
241 Vgl. Urteil des Bundesgerichtshofs (BGH) vom 17.2.2009, Az.:VI ZR 75/08.

242 Vgl. Bundesgerichtshof (BGH) in der Neuen Juristischen Wochenschrift (NJW) 2007, Seite 1977 ff.

243 Vgl. Bundesgerichtshofentscheidung (BGH) VI ZR 160/08 vom 19.05.2009.

244 Vgl. Bundesgerichtshofentscheidung (BGH), abgedruckt in der Neuen Juristischen Wochenschrift (NJW) 2008, Seite 3134 ff.

245 Vgl. Antwort auf Frage 1.

246 Vgl. Bundesverfassungsgerichtsentscheidung (BVerfG) in Neue Juristische Wochenschrift (NJW) 2001, Seite 1921ff.

247 Details zur sogenannten Begleiterrechtsprechung vgl. Bundesgerichtshof (BGH) in Neue Juristische Wochenschrift (NJW) 2007, Seite 3440 ff.

248 Zum Recht am eigenen Bild vgl. Antwort auf Fragen 28 und 29.

249 Zur Unterscheidung zwischen Bild- und Wortberichterstattung im Hinblick auf das Persönlichkeitsrecht vgl. Bundesgerichtshof (BGH) in Neue Juristische Wochenschrift (NJW) 2011, Seite 744 ff.

250 Details zum Kunsturheberrechtsgesetz (KUG) im Anhang und in Antwort auf Frage 28.

251 Vgl. dazu auch Antwort auf Frage 14.

252 Vgl. dazu den Fall: „Die minderjährige Eisprinzessin" in Antwort auf Frage 29.

253 § 22 Satz 3 Kunsturhebergesetz (KUG) im Anhang.

22. Wann dürfen Verdächtige mit Straftaten in Verbindung gebracht werden?

254 Vgl. § 186 Strafgesetzbuch (StGB).

255 Vgl. § 157 Strafprozessordnung (StPO).

256 Vgl. § 152 Abs. 1 Strafprozessordnung (StPO).

257 Verbrechen sind rechtswidrige Taten, die ein Mindestmaß mit Freiheitsstrafe von einem Jahr oder darüber bedroht sind, vgl. § 12 Strafgesetzbuch (StGB).

258 Vgl. § 171 Strafprozessordnung (StPO).

259 Zum gesamten Katalog der Auflagen und Weisungen vgl. § 153a Strafprozessordnung (StPO).

260 Vgl. § 199 Strafprozessordnung (StPO).

261 Eine Berufung findet gegen amtsgerichtliche Urteile des Strafrichters und des Schöffengerichts statt, vgl. § 312 Strafprozessordnung (StPO).

262 Eine Revision findet vor allem gegen die Urteile der Strafkammern und der Schwurgerichte statt, vgl. § 333 Strafprozessordnung (StPO).

263 Vgl. § 12 Strafgesetzbuch (StGB).

264 Vgl. § 223 Abs. 1 Strafgesetzbuch (StGB).

265 Vgl. § 212 Abs. 1 Strafgesetzbuch (StGB).

266 Vgl. Beschluss des Bundesverfassungsgerichts mit Datum vom 27.11.2008 – 1 BvQ 46/08 („Holzklotz-Fall").

267 Vgl. §§ 112 und 170 Absatz 1 Strafprozessordnung (StPO).

268 Die Untersuchungshaft wird entweder auf eine im Urteil festgelegte Haftstrafe angerechnet oder im Falle eines Freispruchs entschädigt.

269 Zum gesamten Katalog der Sorgfaltspflichten und deren Bedeutung bei einer Berichterstattung auf Verdacht vgl. Antwort auf Frage 18.

270 Die Unschuldsvermutung gemäß Art 6 Abs. 2 der Europäischen Menschenrechtskonvention muss beachtet werden.

271 Vgl. § 186 Strafgesetzbuch (StGB).

272 Vgl. § 258 Strafgesetzbuch (StGB).

273 Zu Geldzahlungsansprüchen vgl. Antwort auf Frage 33.

274 Vgl. § 353d Nr. 3 Strafgesetzbuch (StGB).

275 Zu weiteren verbotenen Mitteilungen über Gerichtsverhandlungen wegen Gefährdung der Staatssicherheit und aus Gründen des Geheimnisschutzes vgl. § 353d Nr. 1 und Nr. 2 Strafgesetzbuch (StGB).

276 Zu den Ausnahmen vgl. Antwort auf Frage 38.

277 Dies wird als „Resozialisierungsschutz" des straffällig Gewordenen bezeichnet.

278 Um nicht die Persönlichkeitsrechte der Prozessbeteiligten zu verletzen, müssen diese ebenfalls gepixelt, also unkenntlich gemacht werden, weil sie nach Ablauf des Prozesses nicht mehr als Personen der Zeitgeschichte anzusehen sind.

279 Vgl. Art 5 Abs. 1 Grundgesetz (GG) im Anhang.

280 Vgl. §169 Satz 2 Gerichtsverfassungsgesetz (GVG).

281 Ausnahmsweise darf bei Verfahren vor dem Bundesverfassungsgericht in der mündlichen Verhandlung bis zur Anwesenheitsfeststellung und bei öffentlichen Verkündungen gedreht werden, vgl. § 17a Bundesverfassungsgerichtsgesetz (BVerfGG).

282 Vgl. § 176 Gerichtsverfassungsgesetz (GVG).

283 Vgl. Artikel 5 Abs. 1 Satz 2 Grundgesetz (GG) im Anhang.

284 Gegen eine sitzungspolizeiliche Verfügung gibt es kein Rechtsmittel, d. h. der Rechtsweg ist erschöpft mit der Konsequenz, dass dagegen sofort das Bundesverfassungsgericht angerufen werden kann.

285 Vgl. Bundesverfassungsgerichtsentscheidung (BVerfGE) 87, 334 ff.

286 Vgl. § 175 Abs. 1 Gerichtsverfassungsgesetz (GVG).

287 Zur Zulässigkeit von Notebooks und Laptops in der Gerichtsverhandlung vgl. Antwort auf Frage 10.

288 Vgl. § 169 Satz 2 Gerichtsverfassungsgesetz (GVG).

23. Darf der Journalist zugespieltes Material von Dritten nutzen?

289 Vgl. § 72 Urheberrechtsgesetz (UrhG).

290 Vgl. § 2 Abs. 1 Nr. 5 Urheberrechtsgesetz (UrhG).

291 Vgl. § 15 Abs. 1 Urheberrechtsgesetz (UrhG).

292 Vgl. § 97 Urheberrechtsgesetz (UrhG).

293 Vgl. §§ 97, 15 Urheberrechtsgesetz (UrhG).

294 Vgl. §§ 106, 107, 108 Urheberrechtsgesetz (UrhG).

295 Vgl. § 201 Strafgesetzbuch (StGB) im Anhang.

296 Details hierzu Antwort auf Frage 12.

297 Die vorsätzliche Verletzung des Rechts am eigenen Bild ist zudem auf Antrag des Abgebildeten strafbar, vgl. § 33 Kunsturheberrechtsgesetz (KUG) im Anhang.

298 Zur Entbehrlichkeit einer Einwilligung bei Verbreitung einer Abbildung mit einer oder mehreren erkennbaren Personen, siehe Antwort auf Frage 28 und § 23 Kunsturheberrechtsgesetz (KUG) im Anhang.

299 Zur Zulässigkeit der Verbreitung von Prominenten-Fotos, vgl. im Detail Antwort auf Frage 29.

300 Geldentschädigung (Schmerzensgeld) gibt es nur bei schweren Persönlichkeitsverletzungen. Dieses Ergebnis gilt nicht ohne weiteres für die übrigen eingesandten Bilder.

301 Nach allgemeiner Meinung kann er kann er sich dabei auf einen Verstoß gegen das Wettbewerbsrecht berufen.

302 Dies gilt selbst dann, wenn das aufgeführte Werk nicht urheberrechtlich geschützt ist, vgl. § 81 Urheberrechtsgesetz (UrhG).

303 Zu den Details vgl. Antwort auf Frage 14.

304 Vgl. § 353d Ziffer 3 Strafgesetzbuch (StGB).

305 Vgl. Bundesgerichtshof (BGH) Urteil vom 29.9.2014 – VI ZR 490/12.

306 Das gilt nicht, wenn sich hinter dem Link ein offensichtlich rechtswidriger Inhalt befindet, vgl. Antwort auf Frage 31.

24. Muss der Journalist Interviews vorlegen?

307 Zu den Ausnahmen, vgl. Antwort auf Frage 25.

308 Vgl. Artikel 5 Abs. 1 des Grundgesetzes (GG) im Anhang.

309 Der Betroffene kann widerrufen, wenn er seine Äußerung aufgrund einer Drohung oder arglistigen Täuschung des Journalisten abgegeben hat, vgl. § 123 Abs. 1 Bürgerliches Gesetzbuch (BGB).

25. Darf der Journalist Interviews und Zitate kürzen?

310 Er kann Schadensersatz, Geldentschädigung, Widerruf und Unterlassung verlangen, vgl. hierzu Antwort auf Frage 33.

26. Wie kritisch oder satirisch darf ein Beitrag sein?

311 Artikel 5 Abs. 1 Grundgesetz (Recht auf freie Meinungsäußerung) im Anhang.

312 Artikel 5 Abs. 3 Grundgesetz (GG) – Kunstfreiheit im Anhang.

313 Vgl. Artikel 5 Absatz 2 Grundgesetz (GG) im Anhang.

314 Zwar unterliegt die Kunstfreiheit i. U. zum Recht auf freie Meinungsäußerung keinem Schrankenvorbehalt wie dem des Artikel 5 Absatz 2 Grundgesetz (GG). Sie muss sich aber an anderen Grundrechten messen lassen, wie z.B. an der in Artikel 1 Abs. 1 des Grundgesetzes (GG) verankerten Menschenwürde.

315 Vgl. dazu Antwort auf Frage 1.

316 In Betracht kommt eine Anzeige wegen „Übler Nachrede" gemäß § 186 Strafgesetzbuch (StGB) und „Verleumdung" gemäß § 187 Strafgesetzbuch (StGB).

317 Zivilrechtliche Ansprüche bei bewusster Falschberichterstattung sind: Unterlassung, Berichtigung, Widerruf, Schadensersatz und gegebenenfalls Geldentschädigung, Details Antwort auf Frage 33.

318 Der Fall ist einer Entscheidung des Oberlandesgerichts Hamburg, abgedruckt im Rechtsprechungsreport der Neuen Juristischen Wochenschrift (NJW-RR) 1988, Seite 737 ff, nachgebildet.

319 Unter einem „Teaser" versteht man ein die Neugier erregendes Werbeelement.

320 Zu den Details einer zulässigen Verdachtsberichterstattung vgl. Antwort auf Frage 18.

321 Zur Frage wie man „Gegendarstellungen" verhindert, vgl. Antwort auf Frage 34.

322 Landgericht Köln, abgedruckt in der Zeitschrift Archiv für Presserecht (AfP) 1988, Seite 376 ff.

323 Zu den Voraussetzungen einer rechtlich zulässigen Verdachtsberichterstattung siehe Antwort auf Frage 18.

324 Vgl. Antwort auf Frage 18.

325 Vgl. Bundesgerichtshof-Entscheidung (BGH), abgedruckt in der Zeitschrift Archiv für Presserecht (AfP) 2004, Seite 124 ff.

326 Zu den Details vgl. Antwort auf Frage 19: „Muss der Journalist wahrheitsgemäß berichten?"

327 Zu den Details vgl. Antwort auf Frage 33: „Was tun, wenn der Anwalt schreibt?"

328 Vgl. Bundesverfassungsgericht (BVerfG), Beschluss v. 28.7.2014 – 1 BuR 428/13.

329 Vgl. Entscheidung des Bundesgerichtshofs in Zivilsachen (BGHZ), abgedruckt in Neue Juristische Wochenschrift (NJW) 1963, Seite 1403 ff.

330 Vgl. Landgericht Arnsberg, abgedruckt in der Neuen Juristischen Wochenschrift (NJW) 1987, Seite 1412 ff.

331 Vgl. Entscheidung des Oberlandesgericht Karlsruhe in der Zeitschrift Archiv für Presserecht (AfP) 2002, Seite 533 ff.

332 Z.B. Offene Handelsgesellschaften und Kommanditgesellschaften.

333 Das ergibt sich aus § 194 Abs. 3 Strafgesetzbuch (StGB).

334 Gemäß §§ 185, 194 Abs. 1 Strafgesetzbuch (StGB).

335 Zu den Voraussetzungen für eine zulässige Verdachtsberichterstattung vgl. Antwort auf Frage 18.

336 Vgl. §§ 185, 194 Abs. 1 Strafgesetzbuch (StGB).

337 Vgl. § 189 Strafgesetzbuch (StGB).

338 Zum Recht auf Achtung des Privat- und Familienlebens und seine Grenzen vgl. Antwort auf Frage 20.

339 Zu den Ausnahmen vgl. Antwort auf Frage 20.

340 Vgl. Antwort auf Frage 33: „Was tun , wenn der Anwalt schreibt?"

341 Ist sie nicht künstlerisch gestaltet, so wird sie jedenfalls durch die Meinungsfreiheit, wenn auch weniger stark geschützt, vgl. Artikel 5 Abs. 1 Grundgesetz (GG) im Anhang.

342 Die Kunstfreiheit in Artikel 5 Abs. 3 des Grundgesetzes (GG) ist nur scheinbar schrankenlos gewährt. Denn Grundrechte, die keinem ausdrücklichen Gesetzesvorbehalt unterliegen, konkurrieren mit anderen Verfassungsrechten, wie z.B. der Menschenwürde in Artikel 1 Abs. 1 des Grundgesetzes (GG).

343 Vgl. Landgericht Berlin, abgedruckt in der Zeitschrift Archiv für Presserecht (AfP) 1997, Seite 735 ff.

27. Darf der Chef den Beitrag ablehnen oder bearbeiten?

344 In Thüringen fehlt eine entsprechende Regelung im Landespressegesetz.

345 Vgl. §§ 185 ff. Strafgesetzbuch (StGB).

346 Zu den Details des Zeugnisverweigerungsrechts vgl. Antwort auf Frage 13.

347 Vgl. § 12 Bürgerliches Gesetzbuch (BGB).

28. Dürfen Personenfotos ohne weiteres veröffentlicht werden?

348 Zur Zulässigkeit der Anfertigung von Personenbildnissen vgl. Antwort auf Frage 10: „Darf alles fotografiert / gefilmt werden?"

349 Vgl. §§ 22, 23 Kunsturheberrechtsgesetz (KUG) im Anhang.

350 Vgl. Kammergericht (KG) Berlin in Archiv für Presserecht (AfP), 2011, Seite 383.

351 Vgl. Telefonsexfall in Antwort auf Frage 20.

352 Vgl. dazu ausführlich Antwort auf Frage 14: „Ist das Internet verwertbar?"

353 Die Entnahme von Bildern aus dem Internet ist davon abgesehen auch urheberrechtlich problematisch, vgl. Antwort auf Frage 14.

354 Vgl. § 22 Satz 2 Kunsturheberrechtsgesetz (KUG) im Anhang.

355 Vgl. § 105 Abs. 2 Bürgerliches Gesetzbuch (BGB).

356 Vgl. § 123 Abs. 1 Bürgerliches Gesetzbuch (BGB).

357 Vgl. §§ 142 Abs. 1, 123 Abs. 1 Bürgerliches Gesetzbuch (BGB).

358 Vgl. § 6 Jugendarbeitsschutzgesetz (JArbSchG).

359 Vgl. § 6 Jugendarbeitsschutzgesetz (JArbSchG).

360 Vgl. § 22 Satz 3 Kunsturheberrechtsgesetz (KUG) im Anhang.

361 Vgl. § 23 Abs. 1 Nr. 1 Kunsturheberrechtsgesetz (KUG) im Anhang.

362 Details zur identifizierenden Berichterstattung über einen Verdächtigen einer Straftat, vgl. Antwort auf Frage 20.

363 Vgl. dazu Antwort auf Frage 22.

364 Zum berechtigten Interesse des Berechtigten siehe in dieser Frage unten zu 6.

365 Vgl. dazu auch den Fall in Antwort auf Frage 29: „Die minderjährige Eisprinzessin".

366 Vgl. Bundesgerichtshof (BGH) – Urteil vom 8.4.2014 abgedruckt im Archiv für Presserecht (AfP) 2014, 324.

367 Vgl. Oberlandesgericht München (OLG München), abgedruckt in der Neuen Juristischen Wochenschrift (NJW) 1988, Seite 915.

368 Vgl. dazu Antwort auf Frage 20.

369 Vgl. § 23 Abs. 1 Nr. 3 Kunsturheberrechtsgesetz (KUG) im Anhang.

370 Vgl. § 23 Abs. 2 Kunsturheberrechtsgesetz (KunstUrhG) im Anhang.

371 Vgl. Antwort auf Frage 10: „Darf alles fotografiert / gefilmt werden?"

372 Vgl. dazu Landgericht Hamburg (LG HH) in Archiv für Presserecht (AfP) 2006, Seite 197 – Der Busenunfall.

373 Vgl. § 33 Kunsturheberrechtsgesetz (KUG) im Anhang.

374 Vgl. § 201a Abs. 2 Strafgesetzbuch (StGB) i.v.m. § 201a Abs. 4 Strafgesetzbuch (StGB).

375 Bei Verletzung des „Rechts am eigenen Bild" kann der Betroffene zivilrechtlich Bereicherungs- und Schadensersatzansprüche geltend machen. Außerdem kann der Abgebildete verlangen, dass die ungenehmigten Fotos und Filmsequenzen vernichtet werden oder ihm überlassen werden, vgl. §§ 37, 38 Kunsturheberrechtsgesetz (KUG).

29. Dürfen Promibilder verbreitet werden?

376 Vgl. Urteil des Europäischen Gerichtshofs für Menschenrechte (EGMR) in der Zeitschrift „Neue Juristische Wochenschrift" (NJW) 2004, Seite 2647 ff.

377 Vgl. Bundesgerichtshof (BGH) in „Neue Juristische Wochenschrift" (NJW) 2008, Seite 3138 ff.

378 Bundesgerichtshof (BGH) in Archiv für Presserecht (AfP) 2007, Seite 121 ff.

379 Vgl. dazu die Ron Sommer Entscheidung des Bundesverfassungsgerichts in Archiv für Presserecht (AfP) 2005, Seite 171 ff.

380 Zu den „berechtigten Interessen" des Abgebildeten vgl. Antwort auf Frage 28, zu 6.

381 Der Fall wurde der Entscheidung des Bundesgerichthofs (BGH) vom 28.10. 2008 – VI ZR 307/07 nachgebildet.

382 Vgl. Fechner, Frank, Medienrecht, 15. Auflage, Tübingen 2014, 4. Kapitel, Rdnr. 41 f.

383 Vgl. Bundesgerichtshofentscheidung (BGH) „Rosenball von Monaco" in der Zeitschrift „Gewerblicher Rechtsschutz und Urheberrecht" (GRUR) 2011, Seite 259 f.

384 Der Fall ist der Entscheidung des Bundesgerichtshofs (BGH) im Archiv für Presserecht (AfP) 05/2013, Seite 399 ff, nachgebildet.

385 Vgl. § 22 Satz 1 Kunsturhebergesetz (KUG) im Anhang.

386 Vgl. § 23 Abs. 1, Nr. 1 Kunsturhebergesetz (KUG) im Anhang.

387 Vgl. „Wichtig"-Prüfungsschema am Ende der Frage 28.

388 Vgl. § 23 Abs. 2 Kunsturhebergesetz (KUG) im Anhang.

389 Zu den berechtigten Interessen, vgl. Schema in Antwort auf Frage 28.

30. Dürfen Bilder von Gebäuden verbreitet werden?

390 Dieser Fall ist einer Entscheidung des Bundesgerichtshofs (BGH), abgedruckt in der Neuen Juristischen Wochenschrift (NJW) 2004, Seite 594 ff, nachgebildet.

391 Hinsichtlich dieser Panoramafreiheit gelten im Ausland teilweise andere Regelungen als in Deutschland. So dürfte z.B. ein Hunderwasserhaus in Frankreich nicht veröffentlicht werden, selbst wenn es von der Straße aus fotografiert worden ist. Ähnliches gilt auch in Italien. Um möglichem Ärger aus dem Weg zu gehen, empfiehlt sich vor Verbreitung ausländischer Motive Rechtsrat einzuholen.

392 Vgl. hierzu auch Antwort auf Frage 10: „Häuser / Grundstücke".

31. Welche Materialien aus anderen Medien dürfen veröffentlicht werden?

393 Oberlandesgericht Düsseldorf, in der Zeitschrift „Gewerblicher Rechtschutz und Urheberrecht" (GRUR) 83, Seite 758.

394 Vgl. § 2 Abs. 2 Urheberrechtsgesetz (UrhG).

395 Aus der „Süddeutschen Zeitung" vom 25.04.2009.

396 Zur Übernahme von Texten, Bildern und Videos aus dem Internet vgl. Antwort auf Frage 14.

397 Details zu den Verwertungsgesellschaften siehe Antwort auf Frage 39.

398 Vgl. § 5 Abs. 1 Urheberrechtsgesetz (UrhG).

399 Eine Persönlichkeitsrechtsverletzung kann der Journalist verhindern, indem er z.B. Textstellen schwärzt.

400 Vgl. § 353d Strafgesetzbuch (StGB).

401 Vgl. § 48 Abs. 1 Nr. 1 und Nr. 2 Urheberrechtsgesetz (UrhG).

402 Zu beachten ist allerdings das Verbot von Film- und Tonaufnahmen vor Gericht, vgl. § 169 Satz 2 Gerichtsverfassungsgesetz und Antwort auf Frage 10.

403 Vgl. § 49 Abs. 1 Urheberrechtsgesetz (UrhG) im Anhang.

404 Gemeint sind Tageszeitungen, Anzeigenblätter und Wochenzeitschriften wie „Der Spiegel", „Focus" und „Die Zeit", soweit sie zumindest teilweise über aktuelle Tagesereignisse berichten.

405 Der allgemeine Rechtevorbehalt im Impressum genügt nicht.

406 Vgl. § 49 Abs. 1, Satz 2 Urheberrechtsgesetz (UrhG) im Anhang. Der Vergütungsanspruch wird von der Verwertungsgesellschaft VG Wort geltend gemacht. Details hierzu in der Antwort auf Frage 39.

407 Vgl. § 63 Urheberrechtsgesetz (UrhG).

408 Vgl. § 50 Urheberrechtsgesetz (UrhG) im Anhang.

409 Vgl. § 63 Urheberrechtsgesetz (UrhG).

410 Davon zu unterscheiden ist eine Berichterstattung, in der ein urheberrechtlich geschütztes Werk nur nebensächlich erscheint, also wenn z.B. ein Fernsehjournalist über eine Kirmes berichtet und im Hintergrund nur atmosphärisch ein bekannter Schlager zu hören ist oder wenn das Foto einer prominenten Person vor einem Gemälde veröffentlicht wird. Weitere Details hierzu auch in Antwort auf Frage 10.

411 Vgl. Bundesgerichtshof (BGH), Urteil vom 05.10.2010 – I ZR 127/09.

412 Weitere Informationen unter www.bildkunst.de.

413 Vgl. § 50 Urheberrechtsgesetz (UrhG) im Anhang.

414 Vgl. Bundesgerichtshofentscheidung (BGH) in Archiv für Presserecht (AfP) 2002, Seite 504 ff. Danach kann ein Tagesereignis auch darin bestehen, dass eine Zeitung über die körperliche Gewalt zwischen zwei prominenten Eheleuten berichtet und dabei ein Foto als Beleg veröffentlicht.

415 Vgl. § 63 Urheberrechtsgesetz (UrhG) i.V.m. § 50 UrhG im Anhang.

416 Zum abgestuften Schutzbereich bei Personenfotos und zum „berechtigten Interesse des Betroffenen", vgl. Antwort auf Frage 29.

417 Vgl. § 51 Urheberrechtsgesetz (UrhG) im Anhang.

418 Vgl. § 63 Urheberrechtsgesetz (UrhG).

419 Der Fall ist angelehnt an die Entscheidung des Oberlandesgerichts Köln, abgedruckt in der Zeitschrift Gewerblicher Rechtsschutz und Urheberrecht (GRUR) 1994, Seite 47 ff.

420 Wer rechtlich unzulässig zitiert, muss mit Unterlassungs- und Schadensersatzansprüchen rechnen.

421 Vgl. Oberlandesgericht (OLG) Köln in der Neuen Juristischen Wochenschrift (NJW) 2010, Seite 782 f. Danach kann der Zusammenbruch eines Kandidaten während eines Castings der Senderreihe „Deutschland sucht den Superstar" auch zwei Tage nach der erstmaligen Ausstrahlung der Aufzeichnung ein Tagesereignis i.S.d. § 50 Urheberrechtsgesetz (UrhG) sein.

422 Vgl. § 51 Urheberrechtsgesetz (UrhG), im Anhang.

423 Die GEMA ist die Gesellschaft für musikalische Aufführungs- und mechanische Vervielfältigungsrechte in Berlin, die Herstellern und Musikveranstaltern die Nutzung von Musik genehmigt und dafür Tantiemen einzieht, die sie an Komponisten, Texter und Verleger verteilt.

424 Wenn der Screenshot Personen zeigt, ist deren „Recht am eigenen Bild" zu beachten. Zur Zulässigkeit der Verbreitung von Personenfotos, vgl. Antwort auf Frage 28.

425 Die Veröffentlichung eines Screenshots kann ausnahmsweise dem Zitatrecht unterliegen, vgl. § 51 Urheberrechtsgesetz (UrhG) im Anhang.

426 Details zu dieser Problematik, vgl. Antwort auf Frage 14.

427 Es sei denn, es liegen die Voraussetzungen vom Zitatrecht vor, vgl. § 51 Urheberrechtsgesetz (UrhG) im Anhang.

428 Zu den CC-Lizenzen vgl. auch Antwort auf Frage 14 und www.de.creative commons.org.

429 Vgl. Frage 32: Wann wird ein Bericht „Schleichwerbung".

430 Details dazu in Antwort auf Frage 33: "Was tun, wenn der Anwalt schreibt?"

431 Mit dieser rechtlichen Prüfung sollte man aber nicht werben, weil dies wiederum die Haftungsrisiken erhöhen kann.

432 Deswegen empfiehlt es sich, auf die Eingangsseite der fremden Webseite und nicht mittels sogenannter „Deep-Links", also auf Unterseiten der Webseite zu verlinken.

433 Ein Frame ist ein Teilbereich einer HTML-Seite in einem Webauftritt, in dem eine andere HTML-Seite eines anderen Webanbieters angezeigt werden kann.

434 Europäischer Gerichtshof (EuGH) Az.: C-348/13.

435 Vgl. §§ 185 ff. Strafgesetzbuch (StGB).

436 Vgl. § 10 Telemediengesetz (TMG).

437 Zu den Voraussetzungen eines Unterlassungsanspruchs vgl. Antwort auf Frage 34.

438 Bundesgerichtshof (BGH) in Neue Juristische Wochenschrift (NJW) 2007, Seite 2558 ff.

439 Bundesgerichtshof (BGH) vom 29.9.2014 – VI ZR 490/12.

32. Wann wird ein Bericht Schleichwerbung?

440 Vgl. für Print: § 4 Ziffer 3 Unlauteres Wettbewerbsgesetz (UWG); für Rundfunk: § 7 Abs. 6 Rundfunkstaatsvertrag (RStV); für Telemediendienste mit journalistisch-redaktionell gestalteten Angeboten: § 58 Rundfunkstaatsvertrag (RStV).

441 Vgl. § 6 Abs. 1 Telemediengesetz (TMG) und § 58 Rundfunkstaatsvertrag (RstV) sowie § 4 Nr. 3 Gesetz gegen den unlauteren Wettbewerb (UWG).

442 Entsprechendes gilt für real vorhandene Werbung, die durch virtuelle Werbung ersetzt wird, vgl. § 7 Abs. 6 Rundfunkstaatsvertrag (RStV).

33. Was tun, wenn der Anwalt schreibt?

443 Gesetzlich ist der Gegendarstellungsanspruch in allen Landespressegesetzen und Landesrundfunkgesetzen geregelt; für Telemedien mit journalistisch-redaktionell gestalteten Angeboten, die Druckerzeugnisse wiedergeben, vgl. § 56 Rundfunkstaatsvertrag (RStV).

444 Zu den Details der Voraussetzung einer wirksamen Gegendarstellung vgl. Antwort auf Frage 34.

445 Vgl. hierzu weitere Details in der Antwort auf Frage 34.

446 Gesetzlich ist der Unterlassungsanspruch in § 1004 Abs. 1 Bürgerliches Gesetzbuch (BGB) analog geregelt.

447 Ein Unterlassungsanspruch besteht auch dann, wenn der Journalist Urheberrechte verletzt, vgl. hierzu Antwort auf Frage 10 und Frage 31.

448 Vorausgesetzt der Journalist hat die journalistische Sorgfaltspflicht beachtet, vgl. dazu Antwort auf Frage 18.

449 Vgl. hierzu auch Antwort auf Frage 4.

450 Gerichtskosten entstehen, wenn der Betroffene seinen Unterlassungsanspruch gerichtlich im Wege einer einstweiligen Verfügung geltend macht.

451 Eine Pflicht zunächst gegen den unmittelbaren Rechtsverletzer vorzugehen, besteht allerdings selbst dann nicht, wenn dessen Identität bekannt ist.

452 Ggf. auch Schadensersatzanspruch bei „Verschulden".

453 Zur Verbreiterhaftung vgl. Antwort auf Frage 26.

454 Entsprechendes gilt, wenn eine Rechtsverletzung offensichtlich ist und ins Auge springt.

455 Vgl. Urteil des Bundesgerichtshofs (BGH) vom 25.10.2011, Az VI 93/10.; Blog Eintrag: „Ist der Provider mit der Beanstandung eines Betroffenen konfrontiert, die richtig oder falsch sein kann, ist eine Ermittlung und Bewertung des gesamten Sachverhalts unter Berücksichtigung einer etwaigen Stellungnahme des für den Blog Verantwortlichen erforderlich".

456 Anspruchsgrundlage für eine Berichtigung ist § 1004 Abs. 1 Bürgerliches Gesetzbuch (BGB) analog i.V.m. § 823 BGB. Dieser Anspruch kann nur im Klageweg und nicht im Wege einer einstweiligen Verfügung durchgesetzt werden.

457 Vgl. Urteil des Bundesgerichtshofs (BGH) vom 17.12.2013 – VI ZR 211/12.

458 Zu den journalistischen Sorgfaltsregeln, vgl. Antwort auf Frage 19.

459 Darüber hinaus entspricht dieses Vorgehen den Standesregeln der Journalisten, die sogar eine Richtigstellung ohne Verlangen des Betroffenen fordern, vgl. Ziffer 3 des Pressekodex.

460 Details zu den journalistischen Sorgfaltspflichten vgl. Antwort auf Frage 19.

461 Eine Liste mit weiteren seriösen Quellen findet sich in der Antwort auf Frage 18.

462 Bundesgerichtshof (BGH) Urteil vom 17.12.2013 – VI ZR 211/12.

34. Wie kann eine Gegendarstellung vermieden werden?

463 Vgl. hierzu detailliert Antwort auf Frage 20.

464 Gesetzlich nahezu wortgleich in allen Landespressegesetzen und Landesrundfunkgesetzen geregelt; für Telemedien mit journalistisch-redaktionell gestalteten Angeboten die Druckerzeugnisse wiedergeben vgl. § 56 Rundfunkstaatsvertrag (RStV).

465 Der Betroffene kann sich gegen ehrenrührige Werturteile des Journalisten im Wege eines Unterlassungsbegehrens wehren, vgl. Antwort auf Frage 33.

466 Durch einen Antrag auf Erlass einer einstweiligen Verfügung am Sitz des jeweiligen Mediums.

467 Zu den weiteren Voraussetzungen einer Gegendarstellung vgl. Frank Fechner, Medienrecht, 15. Auflage 2014, 4. Kapitel, Randziffer 110 bis 119 und Kapitel 12 Randziffer 93.

35. Mit welchen Beiträgen macht sich der Journalist strafbar?

468 Davon zu unterscheiden sind die strafrechtlichen Grenzen bei der Recherche, vgl. Antwort auf Frage 12.

469 Vgl. §§ 185, 186 Strafgesetzbuch (StGB).

470 Zum Recht am eigenen Bild, vgl. Antwort auf Frage 28 und § 33 Kunsturhebergesetz (KUG) im Anhang.

471 Vgl. § 86 Abs. 1 und Abs. 3 Strafgesetzbuch (StGB).

472 Vgl. § 86 Abs. 2 Strafgesetzbuch (StGB).

473 Vgl. §§ 90, 90a, 90b Strafgesetzbuch (StGB).

474 Zur Verbreiterhaftung der Medien vgl. Antwort auf Frage 26.

475 Vgl. §§ 93, 95 Strafgesetzbuch (StGB).

476 Vgl. § 94 Strafgesetzbuch (StGB).

477 Vgl. § 130 Abs. 2 und Abs. 4 Strafgesetzbuch (StGB).

478 Vgl. § 130a Strafgesetzbuch (StGB).

479 Vgl. § 131 Strafgesetzbuch (StGB).

480 Vgl. § 353d Nr. 3 Strafgesetzbuch (StGB).

481 Lediglich bei einem überwiegenden Informationsinteresse ist ausnahmsweise die Verlinkung auf eine Seite mit rechtswidrigem Inhalt zulässig, Bundesgerichtshof (BGH) Archiv für Presse (AfP) 2011, Seite 249 ff. „AnyDVD". Ausführliche Details zur Verringerung der Haftungsrisiken beim Setzen von Links, vgl. Antwort auf Frage 31.

482 Vgl. § 106 Urheberrechtsgesetz (UrhG).

483 Vgl. §§ 185 ff. Strafgesetzbuch (StGB).

36. Wer haftet in der Redaktion?

484 Details zu den journalistischen Sorgfaltspflichten vgl. Antwort auf Frage 19.

485 Anbieter von journalistisch-redaktionell gestalteten Angeboten haben die Informationspflichten des § 55 Rundfunkstaatsvertrag (RStV) zusätzlich zu den §§ 5, 6 Telemediengesetz (TMG) zu beachten.

486 Details zu den Voraussetzungen für Schadensersatz und Geldentschädigung vgl. Antwort auf Frage 33.

487 Vgl. § 840 Abs. 1 Bürgerliches Gesetzbuch (BGB).

488 Vgl. § 421 Bürgerliches Gesetzbuch (BGB).

489 Details siehe www.presserat.de.

37. Wie kann Archivmaterial genutzt werden?

490 Vgl. Details zum „Recht am eigenen Bild", Antwort auf Frage 28.

491 Vgl. § 187 Strafgesetzbuch (StGB) – Verleumdung.

492 Zu den Details vgl. Antwort auf Frage 28.

493 Vgl. Entscheidung des Bundesverfassungsgerichts (BVerfG) in Neue Juristische Wochenschrift (NJW) 2008, 1793 ff.

494 Details hierzu vgl. Antwort auf Frage 30.

495 Details zur Verwendung von Musik erhält man im Internet unter folgender Internetadresse: www.gema.de und in Antwort auf Frage 31.

496 Details zur Unterlassungserklärung, vgl. Antwort auf Frage 33.

38. Darf über vergangene Straftaten berichtet werden?

497 Zur Zulässigkeit der namentlichen und bildlichen Berichterstattung eines Verdächtigen vgl. Antwort auf Frage 22.

498 Vgl. Fall in Antwort auf Frage 29.

499 Vgl. Oberlandesgericht Köln in Neue Juristische Wochenschrift (NJW) 1987, Seite 1418 ff.

500 Bundesgerichtshof (BGH) in Zeitschrift für Medien- und Kommunikationsrecht (AFP) 2009, Seite 51 ff.

501 Vgl. Entscheidung des Bundesverfassungsgerichts im Archiv für Presserecht (AfP) 1993, Seite 478 ff.

502 Vgl. Bundesgerichtshof (BGH) in Neue Juristische Wochenschrift (NJW) 2010, Seite 757 ff.

503 Details zu dieser Argumentation vgl. OLG Frankfurt, Beschluss vom 20.09. 2006, Aktenzeichen 16 W 56/06.

504 Vgl. Bundesgerichtshof (BGH) Urteil vom 13.11.2012 – VI ZR 330/11.

39. Sind Beiträge der Journalisten geschützt?

505 Vgl. Antwort auf Frage 31.

506 Vgl. § 2 Abs. 1 Nr. 5 Urheberrechtsgesetz (UrhG) und § 72 Urheberrechtsgesetz (UrhG).

507 Vgl. § 2 Abs. 1 Nr. 6 Urheberrechtsgesetz (UrhG).

508 Vgl. § 32 Urheberrechtsgesetz (UrhG).

509 Vgl. § 12 Urheberrechtsgesetz (UrhG).

510 Vgl. § 13 Urheberrechtsgesetz (UrhG).

511 Vgl. § 14 Urheberrechtsgesetz (UrhG).

512 Vgl. § 25 Urheberrechtsgesetz (UrhG).

513 Vgl. § 32 Abs. 1 Urheberrechtsgesetz (UrhG).

514 Vgl. § 43 Urheberrechtsgesetz (UrhG).

515 Zu den Tarifverträgen für freie Mitarbeiter vgl. Tarifvertrag für arbeitnehmerähnliche freie Journalistinnen und Journalisten an Tageszeitungen und Haustarifverträge der öffentlich-rechtlichen Rundfunkanstalten mit detaillierten Bestimmungen zum Urheberrecht.

516 Noch immer verzichten viele Journalisten auf diese Nebeneinnahmen, weil ihnen die Meldung der eigenen Werke zu aufwendig erscheint. Die Mühe lohnt sich, denn im Jahr 2007 wurden laut Geschäftsbericht der VG Wort immerhin über 65 Millionen Euro an über 100.000 Berechtigte, ausgeschüttet (Quelle: „journalist" 1 /2009).

Glossar

Allgemeines Persönlichkeitsrecht. Das allgemeine Persönlichkeitsrecht ist ein elementares Recht eines jeden Menschen, das ihn vor Verletzungen seiner Person schützt, die nicht körperlicher Natur sind. Primär richtet sich das Recht, das vom Bundesverfassungsgericht aus Art. 2 Abs. 1 (Freie Entfaltung der Persönlichkeit) i.V.m. Art. 1 Abs. 1 GG (Menschenwürde!) abgeleitet wird, gegen Eingriffe des Staates. Durch die Rechtsprechung hat es mittlerweile sehr große Bedeutung für die Medien erlangt. Das allgemeine Persönlichkeitsrecht schützt den Menschen insbesondere gegen Berichte und Darstellungen aus seinem Privatbereich, gegen die Wiedergabe des vom ihm nicht in der Öffentlichkeit gesprochenen Worts, gegen den Abdruck von persönlichen Aufzeichnungen und Briefen. Es schützt ihn gegen das Unterschieben von Äußerungen und von nicht geführten Interviews und es schützt ihn gegen Beleidigungen. Eine Verletzung des Persönlichkeitsrechts liegt nicht vor, wenn der Betroffene in die Veröffentlichung eingewilligt hat. Ohne Einwilligung ist der Eingriff in das allgemeine Persönlichkeitsrecht nur gerechtfertigt, wenn das → öffentliche Informationsinteresse überwiegt. Um dies festzustellen ist eine Abwägung im Einzelfall erforderlich.

Beleidigung. Beleidigung bedeutet die Kundgabe der Nicht- oder Missachtung einer anderen Person sei es dieser selbst gegenüber oder gegenüber einem Dritten. Eine Beleidigung kann auch durch die Berichterstattung oder durch die Veröffentlichung eines Leserbriefs erfolgen. Die Beleidigung ist gemäß § 185 StGB ein Straftatbestand. Sobald eine Tatsache behauptet wird, die dazu geeignet ist, einen anderen verächtlich zu machen, ist die → Verleumdung oder → üble Nachrede einschlägig.

Berechtigtes Interesse. Bei der Abwägung zwischen den Befugnissen der Medien und dem Recht des Einzelnen auf Schutz seines → allgemeinen Persönlichkeitsrechts wird darauf abgestellt, ob es sich sowohl auf der einen als auch auf der anderen Seite um „berechtigte" Interessen handelt. Damit ist gemeint, dass nicht jeder von den Beteiligten angeführte Grund berücksichtigt werden kann. Auf Seiten des von einem Medienbericht Betroffenen sind nur solche Interessen von Belang, die in seinem → allgemeinen Persönlichkeitsrecht verankert sind. Das Interesse eines Politikers, das über eine fehlerhafte Amtshandlung nicht berichtet oder diese im Bild dokumentiert wird, wäre z.B. kein „berechtigtes" Interesse. Umgekehrt gilt dies auch für das Interesse der Medien und der Allgemeinheit an einer

Berichterstattung. Lediglich wenn es sich um einen ernsthaften, sachbezogenen Bericht handelt, liegt ein berechtigtes Interesse vor, nicht hingegen bei rein sensationslüsternen, effekthascherischen oder voyeuristischen Darstellungen. (s.a. → Informationsinteresse der Allgemeinheit)

Berichtigung. Wird jemand durch einen Medienbericht in seinem → allgemeinen Persönlichkeitsrecht betroffen, so kann er seine Sicht der Dinge im Wege der → Gegendarstellung im selben Medienorgan zur Wiedergabe bringen. Kann er darüber hinaus nachweisen, dass es sich um eine unrichtige Tatsachenbehauptung gehandelt hat, so steht ihm ein Anspruch auf Berichtigung zu. Der Anspruch kann sowohl die Tatsachenbehauptung insgesamt betreffen („X war zu keiner Zeit wie von uns behauptet, Mitglied der Bande"; sog. Widerruf), die Korrektur falscher Tatsachen („X war zwar Mitglied der „Haifisch-Gang", allerdings wurde gegen die Bandenmitglieder nicht, wie von uns behauptet, wegen Kaufhausdiebstählen ermittelt"; sog. Richtigstellung). Schließlich kann die Darstellung als solche auch zutreffend sein, muss allerdings durch weitere Tatsachen vervollständigt werden, damit es nicht bei der „halben Wahrheit" bleibt („X wurde zwar, wir berichteten, in erster Instanz wegen Diebstahls verurteilt, allerdings wurde er in zweiter Instanz freigesprochen"; sog. Ergänzung).

Deutscher Presserat. Der Deutsche Presserat ist ein freiwilliger Zusammenschluss von Journalisten zur Wahrung ihrer Interessen. Er hat den → Pressekodex formuliert, der für Journalisten empfehlenden Charakter hat.

Einstweiliger Rechtsschutz. Einstweiliger Rechtsschutz bedeutet, dass in einem vereinfachten Verfahren, das sehr rasch durchgeführt werden kann, eine vorläufige Entscheidung durch das Gericht gefällt wird. Im Verfahren auf einstweiligen Rechtsschutz sind nur präsente Beweismittel zulässig, d.h. z.B. Urkunden und Zeugen, die mitgebracht werden. Dem Verfahren auf einstweiligen Rechtsschutz schließt sich im Normalfall ein Hauptsacheverfahren an, da zunächst nur eine vorläufige Entscheidung gefällt wird. Im Medienrecht bleibt es regelmäßig bei der Entscheidung im einstweiligen Verfahren, da die Streitfrage meist durch Zeitablauf oder durch die Veröffentlichung uninteressant geworden ist.

Ereignis von zeitgeschichtlicher Bedeutung. Abbildungen von Personen dürfen grundsätzlich nur mit Einwilligung des Abgebildeten verbreitet werden (§ 22 Kunsturheberrechtsgesetz – KUG). Ausnahmsweise ist eine Einwilligung nicht erforderlich, wenn die Berichterstattung ein Ereignis von zeitgeschichtlicher Bedeutung betrifft. Dieser Begriff ist nach der Rechtsprechung des Bundesgerichtshofs nicht zu eng zu verstehen. Er umfasst nicht nur Vorgänge von historisch-politischer Bedeutung, sondern ganz allgemein das Zeitgeschehen, also alle Fragen von allgemeinem gesellschaftlichen Interesse, mithin auch unterhaltende Beiträge, sofern diese der Meinungsbildung dienen. Maßgeblich ist letztlich das → Informationsinteresse der Allgemeinheit.

Exklusivvertrag. Durch einen Exklusivvertrag sichert sich ein Medienunternehmen ein Monopol an den Informationen eines Informanten z.B. seinen Erlebnissen während einer Katastrophe oder seinem Lebensbericht. Durch den Vertrag wird der Informant gebunden, nur dem Vertragspartner Informationen zu liefern. Verstößt er dagegen, muss er Strafschaden bzw. Schadensersatz bezahlen. Der Vertrag bindet allerdings keine anderen Journalisten, die selbst über den Informanten oder die Katastrophe recherchieren und berichten können.

Gegendarstellung. Jeder, über den in den Medien berichtet wird, hat einen Anspruch darauf, dass das betreffende Medienorgan seine Sicht der Dinge ebenfalls veröffentlicht. Ein solcher Anspruch ergibt sich aus den Landespressegesetzen (meist § 10 LPresseG) und den verschiedenen Rundfunkgesetzen (z.B. § 56 Rundfunkstaatsvertrag, RStV). Der Gegendarstellungsanspruch ist unabhängig vom Wahrheitsgehalt der Erstmitteilung und unabhängig vom Wahrheitsgehalt der Gegendarstellung. Dies wird in der Praxis häufig übersehen und somit der Gegendarstellungsanspruch häufig einer → Berichtigung gleichgesetzt. Tatsächlich ist die Pflicht zum Abdruck einer Gegendarstellung inhaltlich vollkommen neutral, weshalb die Redaktion das Recht hat, in einem „Redaktionsschwanz" darauf hinzuweisen, dass die Gegendarstellung nur abgedruckt wird, weil sie dazu gesetzlich verpflichtet ist oder dazu verurteilt wurde. Sie kann aber auch anfügen, dass der Text der Gegendarstellung zutreffend ist. Eine Pflicht zum Abdruck einer Gegendarstellung besteht nur, wenn die formalen Voraussetzungen an eine Gegendarstellung eingehalten worden sind. Hierzu zählt insbesondere, dass sich die Gegendarstellung auf eine → Tatsachenbehauptung bezieht, selbst nur Tatsachen enthält und hinsichtlich des Umfangs angemessen ist, d.h. nicht den relevanten Teil der Erstmitteilung überschreitet und keine strafbaren Inhalte enthält. Sind die Voraussetzungen gegeben, so muss die Gegendarstellung an der gleichen Stelle abgedruckt bzw. gesendet werden wie die Erstmitteilung, d.h. befand sich die Erstmitteilung auf dem Titelblatt, so muss die Gegendarstellung ebenfalls auf dem Titelblatt abgedruckt werden. Zudem muss der Abdruck in der nachfolgenden Ausgabe erfolgen und in der selben Schriftart u.s.w. damit die Aufmerksamkeit der Leser nicht weniger geweckt wird als durch die Erstmitteilung.

Geldentschädigungsanspruch. Im Gegensatz zum → Schadensersatzanspruch, der bei in Geld messbaren Beeinträchtigungen greift, bezieht sich der Anspruch auf Geldentschädigung auf immaterielle Schäden (z. B. Verletzungen des → allgemeinen Persönlichkeitsrechts durch → Schmähkritik oder eine unzulässige Veröffentlichung eines Fotos aus dem Intimleben). Dieser Anspruch, der früher auch Schmerzensgeldanspruch genannt wurde, wird dem Verletzten von der Rechtsprechung nur bei schweren Persönlichkeitsrechtsverletzungen und bei einem schuldhaften Verhalten des Journalisten zugesprochen.

Gewissensschutz. Kein Journalist darf gezwungen werden, etwas unter seinem Namen zu veröffentlichen, was nicht seiner Überzeugung entspricht. Aus seiner Weigerung darf dem Journalisten kein Nachteil entstehen („Gesinnungsschutz"). Das heißt indessen nicht, dass der Journalist die → Tendenz seines Medienorgans missachten dürfte.

Gleichbehandlungsgrundsatz. Dem Gleichbehandlungsgrundsatz zufolge dürfen Medien durch staatliche Stellen nicht unterschiedlich behandelt werden. Gibt eine Behörde Informationen an ein Medienunternehmen, so muss sie die anderen Interessenten zum gleichen Zeitpunkt und im gleichen Umfang mit Informationen versorgen. Entsprechendes gilt für den Zugang zu Pressekonferenzen staatlicher Stellen, der insbesondere nicht wegen des politisch-kritischen Verhaltens eines Journalisten verhindert werden darf. Der Gleichbehandlungsgrundsatz der Medien ist eine besondere Ausprägung des allgemeinen Gleichheitsgrundsatzes in Artikel 3 Abs. 1 GG. Er gilt nicht für Private, insbesondere Firmen, die ihre Informationen nach Belieben streuen können.

Informantenschutz. Die Medien sind auf Informationen auch solcher Informanten angewiesen, die nicht namentlich in der Veröffentlichung genannt werden möchten, da sie sich vor der Rache anderer oder vor dem Verlust ihres Arbeitsplatzes fürchten oder sich möglicher Weise selbst strafbar gemacht haben. Viele Informanten würden es nicht wagen, sich an die Presse zu wenden, wenn sie mit einer Aufdeckung ihrer Identität rechnen müssten. Aus diesem Grund ist das Vertrauensverhältnis zwischen Informant und Redakteur in besonderer Weise geschützt. Der Journalist muss in einem Gerichtsverfahren den Namen seines Informanten nicht preisgeben (sog. → Zeugnisverweigerungsrecht aus beruflichen Gründen, § 52 StPO). Die Polizei darf aber auch nicht, um an den Namen seines Informanten zu gelangen, die Redaktionsräume durchsuchen.

Informationsinteresse der Allgemeinheit. Das Interesse der Bevölkerung an einem Sachverhalt, das sog. öffentliche Informationsinteresse, legitimiert in vielen Fällen das Handeln der Journalisten. Aufgabe der Medien ist es, die Allgemeinheit mit Informationen zu versorgen, wobei eine Berichterstattung über politische Geschehnisse, insbesondere ein Fehlverhalten politischer Entscheidungsträger („Wachhundfunktion der Medien") für die demokratische Willensbildung der Bevölkerung unabdingbar sind. Doch auch in vielen anderen Bereichen sind die Darstellungen der Medien eine der wichtigsten Informationsquellen der Bevölkerung. Da das Informationsinteresse der Allgemeinheit von grundlegender Bedeutung für den demokratischen Staat ist, rechtfertigt es unter bestimmten Voraussetzungen Eingriffe in das → allgemeine Persönlichkeitsrecht. Erforderlich ist, dass das Informationsinteresse der Allgemeinheit im konkreten Fall schwerer wiegt als das Interesse des Einzelnen, das über ihn nicht berichtet wird. Dem öffentlichen Informationsinteresse kommt nur dann Gewicht zu, wenn dem journalistischen Beitrag die Absicht zugrunde liegt, die Bevölkerung über Angelegenheiten zu informieren die für sie bedeutsam sind, nicht hingegen, wenn es sich lediglich um sensationslüsterne, effekthascherische oder voyeuristische Darstellungen handelt.

Journalistische Sorgfaltspflicht → Sorgfaltspflicht, journalistische

Journalistischer Gewissensschutz → Gewissensschutz

Lizenz. Vertragliche Vereinbarung, mit der insbesondere ein urheberrechtliches Nutzungsrecht vom Urheber auf einen Verwerter (z.B. Verlag) übertragen wird, wofür der Urheber ein Entgelt erhält. (Das Urheberrecht kann – außer durch Erbfolge – nicht als solches übertragen werden.)

Öffentliches Informationsinteresse → Informationsinteresse der Allgemeinheit

Person des öffentlichen Interesses. Über Personen des öffentlichen Interesses darf eher berichtet werden als über Personen, die bisher nicht ins Licht der Öffentlichkeit getreten sind. Allerdings können sich auch Prominente genauso wie alle anderen Personen auf ihr allgemeines Persönlichkeitsrecht berufen (so dass die früher von der Rechtsprechung vertretene Auffassung, „absolute Personen der Zeitgeschichte" müssten sich eine Veröffentlichung ihrer Fotos immer und ohne Einwilligung gefallen lassen, nicht mehr zutreffend ist). Eine Abbildung solcher Personen ohne Einwilligung ist nur zulässig, wenn sie ein Ereignis von zeitgeschichtlichem Interesse dokumentiert.

Persönlichkeitsrecht. Das Persönlichkeitsrecht enthält unterschiedliche Einzelbefugnisse. Der für die Medien wichtigste Aspekt ist das → allgemeine Persönlichkeitsrecht. Weitere von Journalisten zu beachtende Aspekte sind der Intim- und der Privatbereich, das → Recht am eigenen Bild und das Recht am gesprochenen Wort sowie die persönliche Ehre.

Pressefreiheit. Die Freiheit der Presse wird in besonderer Weise von der deutschen Verfassung geschützt. Art. 5 Abs. 1 GG schützt umfassend die journalistisch-publizistische Betätigung von der Materialrecherche über das Redaktionsgeheimnis bis hin zur Veröffentlichung und Verbreitung des fertigen Druckwerks. Das Grundrecht der Pressefreiheit schützt in erster Linie vor staatlicher Einflussnahme in die Pressearbeit und garantiert somit eine freie Meinungsbildung der Bevölkerung in der Demokratie. Einschränkungen der Pressefreiheit sind allerdings durch Gesetze möglich, wenn sie allgemeinen Rechtsgütern wie dem Jugendschutz dienen. Die Pressefreiheit ist kein Freibrief für die Verletzung von Rechtsgütern anderer Bürger, weshalb sie insbesondere mit den Persönlichkeitsrechten derjenigen abzuwägen ist, über die in den Medien berichtet wird. Einen entsprechenden Schutz wie für die Presse in der Pressefreiheit erfährt der Rundfunk in der Rundfunkfreiheit.

Pressekodex. Der Pressekodex ist eine Selbstverpflichtung der Presse, der vom → Deutschen Presserat formuliert worden ist. Ihm kommt keine rechtliche Verbindlichkeit zu, entfaltet indessen in der Praxis weithin Wirkung, da viele Journalisten eine Rüge durch den Deutschen Presserat vermeiden möchten.

Recht am eigenen Bild. Das Recht am eigenen Bild ist ein besonderes → Persönlichkeitsrecht. Es besagt, dass jeder selbst darüber entscheiden darf, ob und welche Bilder von ihm veröffentlicht werden. Für die Publikation eines Bildes, auf dem eine Person – und sei es nur von ihrem kleineren Bekanntenkreis – identifiziert werden kann, darf grundsätzlich nur mit Einwilligung der abgebildeten Person veröffentlicht werden. Eine Ausnahme von diesem Grundsatz, die für die Praxis von großer Relevanz ist, sind Abbildungen, die ein Ereignis von zeitgeschichtlicher Bedeutung belegen. Dasselbe gilt für Abbildungen, die eine Versammlung, also eine Menschenmenge zeigen und für Abbildungen, auf denen Personen nur eine untergeordnete Rolle spielen, also Beiwerk sind. Die Einzelheiten sind in den §§ 22 ff. Kunsturhebergesetz (KUG) geregelt.

Redaktionsgeheimnis. Um vor staatlicher Einflussnahme freie Medieninhalte zu gewährleisten, dürfen staatliche Stellen keinen Einfluss auf die

Entstehung von Medienprodukten ausüben. Hierzu gehört, dass der Staat sich keinen Einblick in die Redaktionsarbeit verschaffen darf. Eine besondere Ausprägung hierfür ist der → Informantenschutz. Um das Redaktionsgeheimnis abzusichern, gibt es eine Reihe von Sonderrechten für Journalisten, insbesondere Zeugnisverweigerungsrechte und einen Schutz vor polizeilichen Durchsuchungen von Redaktionsräumen ohne richterliche Anordnung (sog. Polizeifestigkeit des Medienrechts).

Resozialisierung. Resozialisierung umschreibt das Interesse eines Straftäters, auch wenn er die Rechtsordnung gebrochen hat, nach Verbüßung seiner Strafe die Chance auf Integration in die Gesellschaft zu haben. Diesem Interesse trägt die Rechtsprechung Rechnung, indem Medienberichte nach Ablauf einer gewissen Zeit nicht mehr identifizierend über die Straftat berichten dürfen.

Rundfunkfreiheit. Die Rundfunkfreiheit ist wie die Pressefreiheit in Art. 5 Abs. 1 GG grundrechtlich geschützt. Demzufolge darf der Staat auch hier keinen Einfluss auf die Inhalte nehmen. Die Pluralität der Meinungen wird beim öffentlich-rechtlichen Rundfunk durch die Rundfunkräte gewährleistet. Der private Rundfunk kann sich auf die Tendenzautonomie berufen.

Schadensersatz. Führt ein journalistischer Bericht zu einem in Geld messbaren Schaden, so kann der Journalist unter bestimmten Voraussetzungen zur Zahlung von Schadensersatz verpflichtet sein. Eine solche Fallkonstellation liegt etwa vor, wenn aufgrund eines negativen Medienberichts eine Firma insolvent wird. Ein solcher Anspruch (aus § 823 Abs. 1 BGB) entsteht allerdings nur, wenn die Mediendarstellung rechtswidrig war. Dies ist nicht der Fall, wenn der Journalist in Wahrnehmung berechtigter Interessen (§ 193 StGB) gehandelt hat, wenn mithin das → Informationsinteresse der Allgemeinheit das → allgemeine Persönlichkeitsrecht überwiegt. Zudem muss dem Journalisten Vorsatz oder Fahrlässigkeit nachgewiesen werden, was regelmäßig dann anzunehmen ist, wenn er gegen die publizistische → Sorgfaltspflicht verstoßen hat. Bei immateriellen Schäden, d.h. solchen, die nicht in Geld messbar sind, kann ein Anspruch auf → Geldentschädigung gegeben sein.

Schleichwerbung. Schleichwerbung ist eine anpreisende Darstellung einer Firma oder einer Marke in einem journalistischen Bericht, die auf unsachlichen Gründen beruht, insbesondere auf einer Geldzahlung oder sonstigen Vorteilsgewährung an den Journalisten. Hierin liegt eine Irreführung der Rezipienten, die auf eine seriöse journalistische Berichterstattung vertrauen. Zudem ist ein solcher Beitrag wettbewerbswidrig.

Schmähkritik. Kritik zu üben ist eine der Hauptaufgaben der Medien („Wachhundfunktion der Medien"). Die hiermit verbundenen Werturteile müssen aber immer auf Tatsachen basieren. Eine Kritik, die lediglich dazu dient, eine andere Person schlecht zu machen und der jeder faktische Hintergrund fehlt (z. B. eine Aneinanderreihung unqualifizierter Schimpfworte o.ä.) ist unzulässig und wird von der Rechtsordnung nicht geschützt.

Schmerzensgeld → Geldentschädigungsanspruch

Sorgfaltspflicht, journalistische. Journalisten aller Medien sind dazu verpflichtet, vor einer Veröffentlichung sorgfältig zu recherchieren. Diese Pflicht ist in den Pressegesetzen sämtlicher Bundesländer verankert (meist § 5 LPresseG), sowie im Rundfunkstaatsvertrag für Rundfunkjournalisten (§ 10 RStV) und für die in den Neuen Medien Tätigen (§ 54 Abs. 2 RStV). Die journalistische Sorgfaltspflicht bedeutet nicht, dass nur Wahres berichtet werden dürfte, weshalb der teilweise zu lesende Begriff „journalistische Wahrheitspflicht" irreführend ist. Die Notwendigkeit aktueller Berichterstattung erfordert es häufig im Interesse des → öffentlichen Informationsinteresses, Informationen auch schon bei Verdacht zu veröffentlichen. Allerdings müssen die anerkannten Grundsätze journalistischer Recherchen eingehalten worden sein, zu denen es insbesondere gehört, dem von einer Medienäußerung Betroffenen vor der Veröffentlichung Gelegenheit zur Stellungnahme zu geben und sich nicht auf anonyme oder unsichere Quellen zu verlassen. Genügt der Journalist der journalistischen Sorgfaltspflicht nicht, so sieht das einschlägige Gesetz hierfür zwar keine Sanktion vor, indessen kann ein durch den Medienbericht Betroffener Schadensersatz- und Geldentschädigungsansprüche geltend machen. Zudem ist eine Strafbarkeit wegen → Beleidigung bzw. → übler Nachrede denkbar. Hat der Journalist der journalistischen Sorgfaltspflicht Genüge getan, so kann weder zivilrechtlich noch strafrechtlich gegen ihn vorgegangen werden.

Sperrfristen. Sperrfristen sind Vermerke insbesondere von Behörden, denen zufolge Informationen nicht vor dem angegebenen Zeitpunkt veröffentlicht werden sollen. Diese sind als solche rechtlich unverbindlich, wenn sich nicht der Journalist vertraglich verpflichtet hat, die Veröffentlichung erst nach einem bestimmten Zeitpunkt vorzunehmen.

Tatsachenbehauptung. Während Werturteile, solange sie nicht ehrverletzend sind, durch die Meinungsäußerungsfreiheit gedeckt sind, kann der Betroffene bei fehlerhaften Tatsachenbehauptungen Gegenansprüche wie → Gegendarstellung, → Berichtigung und → Schadensersatz geltend machen. Um eine Tatsachenbehauptung handelt es sich nur, wenn über die

Behauptung vor Gericht Beweis erhoben werden könnte. Dass der Beweis tatsächlich erbracht werden kann, ist nicht erforderlich. Die Behauptung, jemand habe einen Marsroboter manipuliert, kann zwar vielleicht im Augenblick nicht nachgewiesen werden, weil der Roboter sich auf dem Mars befindet und kein Zeuge bekannt ist, der die Manipulation beobachtet hat, dennoch ist es eine dem Beweis vor Gericht zugängliche Tatsachenbehauptung.

Telemedien. Telemedien sind elektronische Informations- und Kommunikationsdienste (mit Ausnahme von Telekommunikationsdiensten und Rundfunk). Dies sind faktisch alle Dienste, die Inhalte im Internet anbieten. Geregelt sind die Dienste im Telemediengesetz (TMG), soweit es sich um meinungsbildende, insbesondere journalistisch-redaktionelle Inhalte handelt, sind zudem die §§ 54 ff. Rundfunkstaatsvertrag (RStV) zu beachten.

Tendenzschutz. Jeder Verleger oder Herausgeber einer Zeitung ist berechtigt, die politische und weltanschauliche Ausrichtung seiner Zeitung festzulegen. Weder der Staat noch gesellschaftliche Gruppen oder der Betriebsrat dürfen ihn daran hindern, was mit dem Begriff Tendenzschutz umschrieben wird. Mitarbeiter des Blattes haben sich der Tendenz der Zeitung oder Zeitschrift zu unterwerfen. Die Grenze verläuft lediglich dort, wo der Journalist gezwungen werden soll, etwas unter seinem Namen zu veröffentlichen, was nicht seiner Überzeugung entspricht (publizistischer → Gewissensschutz, Gesinnungsschutz). Für private Rundfunksender gilt ebenfalls der Tendenzschutz, nicht jedoch für den öffentlich-rechtlichen Rundfunk, in dem die Pluralität der Meinungen zum Ausdruck kommen muss und nicht eine bestimmte Meinung ausschließlich vertreten werden darf.

Treuepflicht. Jeder festangestellte Journalist hat wie jeder andere Arbeitnehmer auch, die Interessen seines Arbeitgebers zu wahren. Dies wird mit dem Begriff „Treuepflicht" umschrieben. Im Bereich der Medien muss zudem die → Tendenz des jeweiligen Medienorgans beachtet werden.

Üble Nachrede. Unter den Ehrschutzdelikten der §§ 185 ff. StGB ist die üble Nachrede für das Medienrecht von besonderem Interesse. Wer über eine andere Person eine Tatsache behauptet, die ihn verächtlich machen oder in der öffentlichen Meinung herabwürdigen kann, muss die Wahrheit seiner Behauptung nachweisen können. Ist das nicht der Fall, so gilt beim Straftatbestand des § 186 StGB nicht die Unschuldsvermutung („in dubio pro reo") vielmehr ist der Straftatbestand der üblen Nachrede erfüllt. Eine

Strafschärfung ist vorgesehen, wenn die Tat durch Verbreitung von Schriften begangen wurde. Ein Journalist darf ehrenrührige Tatsachen somit nur dann behaupten, wenn er diese nachweisen kann oder wenn er sich von der Behauptung klar distanziert, indem er ihren Urheber angibt und hinzufügt, dass es sich lediglich um die Meinung eines Dritten handelt.

Unterlassungsanspruch. Wird jemand durch einen Medienbericht in seinem → allgemeinen Persönlichkeitsrecht beeinträchtigt, so kann er sich dagegen zur Wehr setzen. Er hat Ansprüche, die er notfalls gerichtlich durchsetzen kann. Im Vorfeld einer Veröffentlichung spricht man von einem Unterlassungsanspruch. Steht eine Erstveröffentlichung zu erwarten, so handelt es sich um eine vorbeugende Unterlassungsklage, die erst dann zulässig ist, wenn konkrete Anhaltspunkte für eine demnächst bevorstehende Veröffentlichung angeführt werden können. Ist eine Veröffentlichung bereits erfolgt und steht zu erwarten, dass diese wiederholt oder fortgesetzt wird, so ist eine Wiederholungsgefahr anzunehmen. Da ein Unterlassungsanspruch nach der Veröffentlichung nicht mehr sinnvoll ist, kann er im Verfahren des → einstweiligen Rechtsschutzes durchgesetzt werden. Ist eine Veröffentlichung bereits erfolgt, so sind andere Ansprüche denkbar, insbesondere auf → Gegendarstellung, → Berichtigung, → Schadensersatz und → Geldentschädigung.

Urheberrecht. Durch das Urheberrecht werden in umfassender Weise journalistisch relevante Werke wie Sprachwerke, Lichtbildwerke und Filme geschützt, so dass Journalisten bei ihrer Arbeit einerseits diese Rechte zu beachten haben, auf der anderen Seite aber selbst durch das Urheberrecht hinsichtlich ihrer eigenen Werke geschützt sind. Das Urheberrecht schützt sowohl urheberpersönlichkeitsrechtliche Interessen (insbes. das Recht auf Namensnennung des Urhebers) und Verwertungsinteressen. Geregelt ist das Urheberrecht im Urheberrechtsgesetz (UrhG).

Urheberpersönlichkeitsrecht. Das Urheberrecht schützt das Urheberpersönlichkeitsrecht und das Verwertungsinteresse des Urhebers. Das Urheberpersönlichkeitsrecht schützt den Urheber vor einer von ihm nicht gewollten Veröffentlichung seines Werks, es garantiert ihm die Nennung seines Namens im Zusammenhang mit dem Werk und schützt ihn vor Entstellungen und Veränderungen seines Werks (§§ 12 ff. UrhG).

Verantwortlicher Redakteur. In Medienunternehmen müssen verantwortliche Redakteure bestellt werden, damit zivilrechtliche Gegenansprüche, aber auch Strafnormen gegenüber der Redaktion durchgesetzt werden können. Die einschlägigen Gesetze (z.B. meist § 8 LandesPresseG) stellen daher besondere Anforderungen an den verantwortlichen Redakteur, der das 21. Lebensjahr vollendet haben muss, seinen ständigen Aufenthalt nicht außerhalb des Geltungsbereichs des Grundgesetzes haben darf und voll strafgerichtlich zu verfolgen sein muss.

Verbreiterhaftung. Verbreiterhaftung der Medien bedeutet, dass Journalisten nicht nur für eigene Äußerungen verantwortlich sind, sondern auch dann, wenn sie Aussagen Dritter wiedergeben, die → Persönlichkeitsrechte verletzen oder Straftatbestände erfüllen. Der Journalist darf sich mithin nicht hinter Äußerungen Dritter zurückziehen.

Verleumdung. Die Verleumdung ist neben der → Beleidigung und der → üblen Nachrede einer der drei Ehrschutzdelikte des Strafgesetzbuchs (§ 187 StGB). Von einer Verleumdung ist zu sprechen, wenn eine unwahre Tatsache behauptet oder verbreitet wird, die einen Anderen verächtlich zu machen oder in der öffentlichen Meinung herabzuwürdigen geeignet ist. Eine Verleumdung ist nur gegeben, wenn wider besseres Wissen diese unwahre Tatsache behauptet wurde und die Unwahrheit der Tatsache dem Täter nachgewiesen werden kann. Kann die Unwahrheit der Tatsache dem Täter nicht nachgewiesen werden, so kann zwar nicht wegen Verleumdung, wohl aber wegen → übler Nachrede verurteilt werden. Das Strafgesetzbuch sieht eine Strafschärfung vor, wenn die Verleumdung durch Verbreiten von Schriften begangen wird.

Verwertungsrecht. Das Verwertungsrecht ist neben dem → Urheberpersönlichkeitsrecht Teil des → Urheberrechts. Es schützt den Urheber hinsichtlich der körperlichen und unkörperlichen Verwertung seiner Werke, insbesondere durch Vervielfältigung und Verbreitung, der Aufführung oder auch der Sendung, bis hin zur öffentlichen Zugänglichmachung im Internet (§§ 16 ff. UrhG). Der Grundidee zufolge soll der Urheber an jeder Verwertungshandlung seines Werks finanziellen Anteil haben. In der Praxis werden die Ansprüche häufig von sog. Verwertungsgesellschaften geltend gemacht, die z.B. Kopierabgaben erheben und die Erlöse nach einem bestimmten Verteilungsschlüssel an die Urheber auskehren.

Vorbeugender Unterlassungsanspruch → Unterlassungsanspruch

Wahrheitspflicht → Sorgfaltspflicht, journalistische

Wahrnehmung berechtigter Interessen. Da Journalisten oftmals unter Zeitdruck arbeiten müssen, kann ihnen vor der Verbreitung von Tatsachen, die das → allgemeine Persönlichkeitsrecht beeinträchtigen können, nicht der gleiche Sorgfaltsmaßstab auferlegt werden, wie z.B. einem Gericht. Aus diesem Grund kann ein Journalist, der eine ehrenrührige Tatsache über einen Anderen behauptet, auch dann gerechtfertigt sein, wenn sich im Nachhinein herausstellt, dass seine Behauptung unwahr gewesen ist. Dies gilt sowohl im Hinblick auf eine Strafbarkeit wegen eines Ehrschutzdelikts als auch im Hinblick auf einen Anspruch auf → Schadensersatz oder → Geldentschädigung wegen einer Verletzung des → allgemeinen Persönlichkeitsrechts. Dieser Rechtfertigungsgrund greift im Interesse des → Informationsinteresses der Allgemeinheit, da andernfalls eine zeitnahe Medienberichterstattung kaum denkbar wäre. Voraussetzung für den Rechtfertigungsgrund der Wahrnehmung berechtigter Interessen ist allerdings immer, dass der Journalist seiner journalistischen Sorgfaltspflicht Genüge getan hat. Hierfür ist insbesondere erforderlich, dass er dem Betroffenen Gelegenheit zur Stellungnahme gegeben hat. Die Wahrnehmung berechtigter Interessen ist mithin eine Ausnahme von dem strafrechtlichen Grundsatz, demzufolge derjenige, der eine ehrenrührige Tatsache über einen anderen behauptet, diese immer beweisen muss. Andernfalls läuft er Gefahr, sich wegen → übler Nachrede gem. § 187 StGB strafbar zu machen.

Zeitgeschichtliches Ereignis → Ereignis von zeitgeschichtlicher Bedeutung

Zensurverbot. In Deutschland gilt das Verbot der Vorzensur (Art. 5 Abs. 1 Satz 3 GG) d.h. der Staat darf nicht verlangen, dass eine mediale Äußerung im Vorfeld der Veröffentlichung einer staatlichen Stelle vorgelegt wird. Hierdurch soll sichergestellt werden, dass kein Journalist in seinen Äußerungen beeinträchtigt wird, weil er an einen Zensor denkt („Schere im Kopf"). Die Regelung des Grundgesetzes bezieht sich allerdings nur auf staatliche Zensurmaßnahmen, weshalb Redakteure von ihren Mitarbeitern die Vorlage von Artikeln vor der Veröffentlichung verlangen können, ohne dass diese sich auf das Zensurverbot berufen könnten. Das Zensurverbot bezieht sich nicht auf staatliche Maßnahmen, die nach der Veröffentlichung ergriffen werden, wenn z.B. in einer Zeitung strafbare Inhalte gefunden werden. In einem solchen Fall kann es eine strafrechtliche Verfolgung der Journalisten geben, in deren Verlauf es zu Durchsuchungen und Beschlagnahmen in den Redaktionsräumen kommen kann.

Zeugnisverweigerungsrecht. Aufgrund des strengen → Informantenschutzes kann der Journalist nicht dazu gezwungen werden, den Namen seines Informanten vor Gericht preiszugeben (§ 52 StPO). Angaben machen muss er allerdings zu seiner Person.

Wichtige Rechtsvorschriften

Eine ausführliche Zusammenstellung der medienrechtlich relevanten Gesetze findet sich in der von Fechner/Mayer herausgegebenen und ständig aktualisierten Vorschriftensammlung „Medienrecht".

Grundgesetz

Art. 5 GG [Kommunikationsfreiheiten, insbes. Medienfreiheit; Kunst- und Wissenschaftsfreiheit].
(1) Jeder hat das Recht, seine Meinung in Wort, Schrift und Bild frei zu äußern und zu verbreiten und sich aus allgemein zugänglichen Quellen ungehindert zu unterrichten. Die Pressefreiheit und die Freiheit der Berichterstattung durch Rundfunk und Film werden gewährleistet. Eine Zensur findet nicht statt.
(2) Diese Rechte finden ihre Schranken in den Vorschriften der allgemeinen Gesetze, den gesetzlichen Bestimmungen zum Schutze der Jugend und in dem Recht der persönlichen Ehre.
(3) Kunst und Wissenschaft, Forschung und Lehre sind frei. Die Freiheit der Lehre entbindet nicht von der Treue zur Verfassung.

Kunsturhebergesetz

§ 22 KUG [Recht am eigenen Bild].
Bildnisse dürfen nur mit Einwilligung des Abgebildeten verbreitet oder öffentlich zur Schau gestellt werden. Die Einwilligung gilt im Zweifel als erteilt, wenn der Abgebildete dafür, dass er sich abbilden ließ, eine Entlohnung erhielt. Nach dem Tode des Abgebildeten bedarf es bis zum Ablaufe von 10 Jahren der Einwilligung der Angehörigen des Abgebildeten. Angehörige im Sinne dieses Gesetzes sind der überlebende Ehegatte oder Lebenspartner und die Kinder des Abgebildeten, und wenn weder ein Ehegatte oder Lebenspartner noch Kinder vorhanden sind, die Eltern des Abgebildeten.

§ 23 KUG [Ausnahmen zu § 22].
(1) Ohne die nach § 22 erforderliche Einwilligung dürfen verbreitet und zur Schau gestellt werden:
1. Bildnisse aus dem Bereich der Zeitgeschichte;

2. Bilder, auf denen die Personen nur als Beiwerk neben einer Landschaft oder sonstigen Örtlichkeit erscheinen;

3. Bilder von Versammlungen, Aufzügen und ähnlichen Vorgängen, an denen die dargestellten Personen teilgenommen haben;

4. Bildnisse, die nicht auf Bestellung angefertigt sind, sofern die Verbreitung oder Schaustellung einem höheren Interesse der Kunst dient.

(2) Die Befugnis erstreckt sich jedoch nicht auf eine Verbreitung und Schaustellung, durch die ein berechtigtes Interesse des Abgebildeten oder, falls dieser verstorben ist, seiner Angehörigen verletzt wird.

§ 24 KUG [Recht am eigenen Bild; Ausnahmeregelungen bei öffentlichem Interesse].

Für Zwecke der Rechtspflege und der öffentlichen Sicherheit dürfen von den Behörden Bildnisse ohne Einwilligung des Berechtigten sowie des Abgebildeten oder seiner Angehörigen vervielfältigt, verbreitet und öffentlich zur Schau gestellt werden.

§ 33 KUG [Strafvorschrift].

(1) Mit Freiheitsstrafe bis zu einem Jahr oder mit Geldstrafe wird bestraft, wer entgegen den §§ 22, 23 ein Bildnis verbreitet oder öffentlich zur Schau stellt.

(2) Die Tat wird nur auf Antrag verfolgt.

Urheberrechtsgesetz

§ 5 Amtliche Werke.

(1) Gesetze, Verordnungen, amtliche Erlasse und Bekanntmachungen sowie Entscheidungen und amtlich verfasste Leitsätze zu Entscheidungen genießen keinen urheberrechtlichen Schutz.

§ 48 Öffentliche Reden.

(1) Zulässig ist:

1. die Vervielfältigung und Verbreitung von Reden über Tagesfragen in Zeitungen, Zeitschriften sowie in anderen Druckschriften oder sonstigen Datenträgern, die im Wesentlichen den Tagesinteressen Rechnung tragen, wenn die Reden bei öffentlichen Versammlungen gehalten oder durch öffentliche Wiedergabe im Sinne von § 19a oder § 20 veröffentlicht worden sind, sowie die öffentliche Wiedergabe solcher Reden,

2. die Vervielfältigung, Verbreitung und öffentliche Wiedergabe von Reden, die bei öffentlichen Verhandlungen vor staatlichen, kommunalen oder kirchlichen Organen gehalten worden sind.

(2) Unzulässig ist jedoch die Vervielfältigung und Verbreitung der in Absatz 1 Nr. 2 bezeichneten Reden in Form einer Sammlung, die überwiegend Reden desselben Urhebers enthält.

§ 49 Zeitungsartikel und Rundfunkkommentare.

(1) Zulässig ist die Vervielfältigung und Verbreitung einzelner Rundfunkkommentare und einzelner Artikel aus Zeitungen und anderen lediglich Tagesinteressen dienenden Informationsblättern in anderen Zeitungen und Informationsblättern dieser Art sowie die öffentliche Wiedergabe solcher Kommentare und Artikel, wenn sie politische, wirtschaftliche oder religiöse Tagesfragen betreffen und nicht mit einem Vorbehalt der Rechte versehen sind. Für die Vervielfältigung, Verbreitung und öffentliche Wiedergabe ist dem Urheber eine angemessene Vergütung zu zahlen, es sei denn, dass es sich um eine Vervielfältigung, Verbreitung oder öffentliche Wiedergabe kurzer Auszüge aus mehreren Kommentaren oder Artikeln in Form einer Übersicht handelt. Der Anspruch kann nur durch eine Verwertungsgesellschaft geltend gemacht werden.

§ 50 Berichterstattung über Tagesereignisse.

Zur Berichterstattung über Tagesereignisse durch Funk oder durch ähnliche technische Mittel, in Zeitungen, Zeitschriften und in anderen Druckschriften oder sonstigen Datenträgern, die im Wesentlichen Tagesinteressen Rechnung tragen, sowie im Film, ist die Vervielfältigung, Verbreitung und öffentliche Wiedergabe von Werken, die im Verlauf dieser Ereignisse wahrnehmbar werden, in einem durch den Zweck gebotenen Umfang zulässig.

§ 51 Zitate.

Zulässig ist die Vervielfältigung, Verbreitung und öffentliche Wiedergabe, wenn in einem durch den Zweck gebotenen Umfang
1. einzelne Werke nach dem Erscheinen in ein selbständiges wissenschaftliches Werk zur Erläuterung des Inhalts aufgenommen werden,
2. Stellen eines Werkes nach der Veröffentlichung in einem selbständigen Sprachwerk angeführt werden, 3. einzelne Stellen eines erschienenen Werkes der Musik in einem selbständigen Werk der Musik angeführt werden

§ 57 Unwesentliches Beiwerk.

Zulässig ist die Vervielfältigung, Verbreitung und öffentliche Wiedergabe von Werken, wenn sie als unwesentliches Beiwerk neben dem eigentlichen Gegenstand der Vervielfältigung, Verbreitung oder öffentlichen Wiedergabe anzusehen sind.

§ 59 Werke an öffentlichen Plätzen [Panoramafreiheit].
(1) Zulässig ist, Werke, die sich bleibend an öffentlichen Wegen, Straßen oder Plätzen befinden, mit Mitteln der Malerei oder Grafik, durch Lichtbild oder durch Film zu vervielfältigen, zu verbreiten und öffentlich wiederzugeben. Bei Bauwerken erstrecken sich diese Befugnisse nur auf die äußere Ansicht.

Strafgesetzbuch

§ 201 StGB – Verletzung der Vertraulichkeit des Wortes.
(1) Mit Freiheitsstrafe bis zu drei Jahren oder mit Geldstrafe wird bestraft, wer unbefugt 1. das nichtöffentlich gesprochene Wort eines anderen auf einen Tonträger aufnimmt oder
2. eine so hergestellte Aufnahme gebraucht oder einem Dritten zugänglich macht.
(2) Ebenso wird bestraft, wer unbefugt
1. das nicht zu seiner Kenntnis bestimmte nichtöffentlich gesprochene Wort eines anderen mit einem Abhörgerät abhört oder
2. das nach Absatz 1 Nr. 1 aufgenommene oder nach Absatz 2 Nr. 1 abgehörte nichtöffentlich gesprochene Wort eines anderen im Wortlaut oder seinem wesentlichen Inhalt nach öffentlich mitteilt. Die Tat nach Satz 1 Nr. 2 ist nur strafbar, wenn die öffentliche Mitteilung geeignet ist, berechtigte Interessen eines anderen zu beeinträchtigen. Sie ist nicht rechtswidrig, wenn die öffentliche Mitteilung zur Wahrnehmung überragender öffentlicher Interessen gemacht wird.
(3) Mit Freiheitsstrafe bis zu fünf Jahren oder mit Geldstrafe wird bestraft, wer als Amtsträger oder als für den öffentlichen Dienst besonders Verpflichteter die Vertraulichkeit des Wortes verletzt (Absätze 1 und 2).
(4) Der Versuch ist strafbar.
(5) Die Tonträger und Abhörgeräte, die der Täter oder Teilnehmer verwendet hat, können eingezogen werden. § 74a ist anzuwenden.

§ 201a StGB – Verletzung des höchstpersönlichen Lebensbereichs durch Bildaufnahmen
(1) Mit Freiheitsstrafe bis zu zwei Jahren oder mit Geldstrafe wird bestraft, wer
1. von einer anderen Person, die sich in einer Wohnung oder einem gegen Einblick besonders geschützten Raum befindet, unbefugt eine Bildaufnahme herstellt oder überträgt und dadurch den höchstpersönlichen Lebensbereich der abgebildeten Person verletzt,

2. eine Bildaufnahme, die die Hilflosigkeit einer anderen Person zur Schau stellt, unbefugt herstellt oder überträgt und dadurch den höchstpersönlichen Lebensbereich der abgebildeten Person verletzt,

3. eine durch eine Tat nach den Nummern 1 oder 2 hergestellte Bildaufnahme gebraucht oder einer dritten Person zugänglich macht oder

4. eine befugt hergestellte Bildaufnahme der in den Nummern 1 oder 2 bezeichneten Art wissentlich unbefugt einer dritten Person zugänglich macht und dadurch den höchstpersönlichen Lebensbereich der abgebildeten Person verletzt.

(2) Ebenso wird bestraft, wer unbefugt von einer anderen Person eine Bildaufnahme, die geeignet ist, dem Ansehen der abgebildeten Person erheblich zu schaden, einer dritten Person zugänglich macht.

(3) Mit Freiheitsstrafe bis zu zwei Jahren oder mit Geldstrafe wird bestraft, wer eine Bildaufnahme, die die Nacktheit einer anderen Person unter achtzehn Jahren zum Gegenstand hat,

1. herstellt oder anbietet, um sie einer dritten Person gegen Entgelt zu verschaffen, oder

2. sich oder einer dritten Person gegen Entgelt verschafft.

(4) Absatz 1 Nummer 2, auch in Verbindung mit Absatz 1 Nummer 3 oder Nummer 4, Absatz 2 und 3 gelten nicht für Handlungen, die in Wahrnehmung überwiegender berechtigter Interessen erfolgen, namentlich der Kunst oder der Wissenschaft, der Forschung oder der Lehre, der Berichterstattung über Vorgänge des Zeitgeschehens oder der Geschichte oder ähnlichen Zwecken dienen.

(5) Die Bildträger sowie Bildaufnahmegeräte oder andere technische Mittel, die der Täter oder Teilnehmer verwendet hat, können eingezogen werden. § 74a ist anzuwenden.

§ 205 Strafantrag.

(1) In den Fällen des § 201 Abs. 1 und 2 und der §§ 201 bis 204 wird die Tat nur auf Antrag verfolgt.

§ 238 StGB – Nachstellung [„Stalking"].

(1) Wer einem Menschen unbefugt nachstellt, indem er beharrlich

1. seine räumliche Nähe aufsucht,

2. unter Verwendung von Telekommunikationsmitteln oder sonstigen Mitteln der Kommunikation oder über Dritte Kontakt zu ihm herzustellen versucht,

3. unter missbräuchlicher Verwendung von dessen personenbezogenen Daten Bestellungen von Waren oder Dienstleistungen für ihn aufgibt oder Dritte veranlasst, mit diesem Kontakt aufzunehmen,

4. ihn mit der Verletzung von Leben, körperlicher Unversehrtheit, Gesundheit oder Freiheit seiner selbst oder einer ihm nahe stehenden Person bedroht oder

5. eine andere vergleichbare Handlung vornimmt
und dadurch seine Lebensgestaltung schwerwiegend beeinträchtigt, wird mit Freiheitsstrafe bis zu drei Jahren oder mit Geldstrafe bestraft.

(2) Auf Freiheitsstrafe von drei Monaten bis zu fünf Jahren ist zu erkennen, wenn der Täter das Opfer, einen Angehörigen des Opfers oder eine andere dem Opfer nahe stehende Person durch die Tat in die Gefahr des Todes oder einer schweren Gesundheitsschädigung bringt.

(3) Verursacht der Täter durch die Tat den Tod des Opfers, eines Angehörigen des Opfers oder einer anderen dem Opfer nahe stehenden Person, so ist die Strafe Freiheitsstrafe von einem Jahr bis zu zehn Jahren.

(4) In den Fällen des Absatzes 1 wird die Tat nur auf Antrag verfolgt, es sei denn, dass die Strafverfolgungsbehörde wegen des besonderen öffentlichen Interesses an der Strafverfolgung ein Einschreiten von Amts wegen für geboten hält.

Strafprozessordnung

§ 53 [Zeugnisverweigerungsrecht aus beruflichen Gründen].
(1) Zur Verweigerung des Zeugnisses sind ferner berechtigt
[...]
5. Personen, die bei der Vorbereitung, Herstellung oder Verbreitung von Druckwerken, Rundfunksendungen, Filmberichten oder der Unterrichtung oder Meinungsbildung dienenden Informations- und Kommunikationsdiensten berufsmäßig mitwirken oder mitgewirkt haben. Die in Satz 1 Nr. 5 genannten Personen dürfen das Zeugnis verweigern über die Person des Verfassers oder Einsenders von Beiträgen und Unterlagen oder des sonstigen Informanten sowie über die ihnen im Hinblick auf ihre Tätigkeit gemachten Mitteilungen, über deren Inhalt sowie über den Inhalt selbst erarbeiteter Materialien und den Gegenstand berufsbezogener Wahrnehmungen. Dies gilt nur, soweit es sich um Beiträge, Unterlagen, Mitteilungen und Materialien für den redaktionellen Teil oder redaktionell aufbereitete Informations- und Kommunikationsdienste handelt.

(2) [...] Die Berechtigung zur Zeugnisverweigerung der in Absatz 1 Satz 1 Nr. 5 Genannten über den Inhalt selbst erarbeiteter Materialien und den Gegenstand entsprechender Wahrnehmungen entfällt, wenn die Aussage zur Aufklärung eines Verbrechens beitragen soll oder wenn Gegenstand der Untersuchung

1. eine Straftat des Friedensverrats und der Gefährdung des demokratischen Rechtsstaats oder des Landesverrats und der Gefährdung der äußeren Sicherheit (§§ 80a, 85, 87, 88, 95, auch in Verbindung mit § 97b, §§ 97a, 98 bis 100a des Strafgesetzbuches),
2. eine Straftat gegen die sexuelle Selbstbestimmung nach den §§ 174 bis 176, 179 des Strafgesetzbuches oder
3. eine Geldwäsche, eine Verschleierung unrechtmäßig erlangter Vermögenswerte nach § 261 Abs. 1 bis 4 des Strafgesetzbuches ist und die Erforschung des Sachverhalts oder die Ermittlung des Aufenthaltsortes des Beschuldigten auf andere Weise aussichtslos oder wesentlich erschwert wäre. Der Zeuge kann jedoch auch in diesen Fällen die Aussage verweigern, soweit sie zur Offenbarung der Person des Verfassers oder Einsenders von Beiträgen und Unterlagen oder des sonstigen Informanten oder der ihm im Hinblick auf seine Tätigkeit nach Absatz 1 Satz 1 Nr. 5 gemachten Mitteilungen oder deren Inhalts führen würde.

Rundfunkstaatsvertrag

§ 9a RStV Informationsrechte.
(1) Rundfunkveranstalter haben gegenüber Behörden ein Recht auf Auskunft. Auskünfte können verweigert werden, soweit
1. hierdurch die sachgemäße Durchführung eines schwebenden Verfahrens vereitelt, erschwert, verzögert oder gefährdet werden könnte oder
2. Vorschriften über die Geheimhaltung entgegenstehen oder
3. ein überwiegendes öffentliches oder schutzwürdiges privates Interesse verletzt würde oder
4. ihr Umfang das zumutbare Maß überschreitet.
(2) Allgemeine Anordnungen, die einer Behörde Auskünfte an Rundfunkveranstalter verbieten, sind unzulässig.
(3) Rundfunkveranstalter können von Behörden verlangen, dass sie bei der Weitergabe von amtlichen Bekanntmachungen im Verhältnis zu anderen Bewerbern gleichbehandelt werden.

55 RStV
(3) Für Anbieter von Telemedien nach Abs. 2 Satz 1 gilt § 9a entsprechend.

Die Symbole der kostenfreien Creative-Commons-Lizenzen.

Details in Antwort auf Frage 14 und Frage 31.

🛈	Namensnennung
🛈 ⊜	Namensnennung – Keine Bearbeitung
🛈 🛇	Namensnennung – Nicht Kommerziell
🛈 🛇 ⊜	Namensnennung – Nicht Kommerziell – Keine Bearbeitung
🛈 ↻ 🛇	Namensnennung – Nicht Kommerziell – Weitergabe unter gleichen Bedingungen
🛈 ↻	Namensnennung – Weitergabe unter gleichen Bedingungen

Übersicht über die Fälle und Mustertexte

Mustertexte

Stichwortverzeichnis